Useful Latin Words for Our Times

Compiled by
Fiore L. Cianflone

FIORE L. CIANFLONE
Cianflone Books
www.opusw.com

Useful Latin Words
For Our Times
All Rights Reserved
Copyright © 2019 Fiore Cianflone
This book may not be reproduced, transmitted, or stored in whole or in part by any means, including graphic, electronic, or mechanical without the express written consent of the publisher.
Cianflone Books
www.opusw.com
ISBN: 978-0-578-67042-3
Library of Congress Control Number: 2020906390
Printed in the United States of America

Preface

There have been recent attempts to revive the Latin language by bringing it into our everyday lives. It is an excellent way to further one's expertise in its use. The learning process is facilitated and made more enjoyable. One begins to appreciate a dimension of the language that modern languages so easily offer i.e. a connection to the present.

To name a few of these attempts or rather successful projects in this endeavor, there is The Finnish Broadcasting Service "Nuntii Latinii" which gives the news in Latin, "Vox Latina" a publication originating at the University of Saarlandes, Germany, S.A.L.V.I. North American Institute of Live Latin in California which holds conventions in Latin among other things. And, of course there are numerous study groups prevalent on the web.

This unshackling of the language from its academic prison and using it in the present everyday life is in my view an active recognition of the broader western civilization which we share. This shared treasure which we inherited is disappearing from academic circles and hence also our normal lives. Since it has always been a common ground or an arena if you will on which we debated our differences, it has also been a place where we used to meet (come together). It has in the past served us well but is lacking today in various institutions that vie for our children's minds.

This dictionary is a modest contribution to the cause in the form of a compilation of terms that are adaptable for our modern environment. Tricky words like; computer or washing machine can be found in this small book. Words and terms that have already floated around the internet and various publications and correspondence can be found here which proper notations.

This dictionary is intended for the student who already has a reasonable mastery of Latin. It lacks the usual notations of long syllables, irregular verb conjugations etc.

Abbreviations

abbr. abbreviatura
abl. casus abblativus
acc., a. casus accusativus
adi. adiectivum
adv. Adverbium
al. alibi (elsewhere)
am. American English
an. Anglice, English
anat. anatomia
arch. Architectura
Ba. Bacci
Bad. Badellino
bio. biologia
chem. res chemica
clsl. Classical Latin
Col. Moderato Columella,
Draco Centum Vocabula Computatralia
e.g. exempli gratia
e.l. explanatio Latina, explained in Latin
Eccl. ecclesiasticus
Egger Carolus Egger
f. genus femininum
geol. geologia
Graec. Graece
gram. grammatica
Ic. Latinitas Consueta vel Solita
idem same as entry, no other explanation
ig. Ignotum est
imp. imperative mood
incl. indeclinabile
Inl Lexicon Nominum Locorum
intr. intransitivus
it. Italice
ivl Imaginum Vocabularium Latinum 1998 (Vox Latina)
l. Latine

lma Latinitas mediae aetatis
lrl. Lexicon Recentis Latinitatis
lsa Latinitas serioris aetatis
m. genus masculinum
math. mathematica
mech. mechanica
med. medicina
met. metallicus
mil. res militaris
n. genus neutrum
naut. nauticus
nh Nuntii Hebdomadis
nl. Nuntii Latini
no. nomen vel substantivum, noun
org. origin
phil. philosofia
Phs. Physica
pl. numerus pluralis
pol. politica
psyc. psychologia
rete rete
stat. res statistica
Svet. Svetonius Tranquillus
syn. synonymon
Th.P. Theodorus Priscianus
Theo. Theodiscus
ThLL Thesaurus Linguae Latinae
tr. Transitivus
trans. Translate
Traup. Traupman
v. Verbum temporale
vl vulgaris Latinitas
vox l. Vox Latina
vulg. Latinitas vulgaris
zool. zoologia

English-Latin

Abbreviate — agnostic

abbreviate brevi-o -are *org* Irl *el*. *syn*:contraho, corripio *it*. abbreviare

abbreviation[1] abbreviatio -onis, *f org*. Irl *el*. *syn*: compendium *it*. abbreviazione

abbreviation[2] compendium -ii, *n. org*. Irl *e.l*. *syn*: abbreviatio, contractio *it*. abbreviazione

abduction abductio -onis, *f. org*. Ic *e.l*. raptio; etiam=hijacking,dirottamento *it*. rapimento

Abiogenesis abiogensis -is, *f* Irl *it*. Abiogenesi

ablation ablatio -onis, *f org*. Irl *el*. de chirurgia, amotio chirurgica *it*. ablazione

abortion abortus -us, *m. org*. Irl *el*. abortus artificialis *it*. aborto

about face vertimini -imp. *org*. Irl *el*. idem *it*. dietro front

abstraction abstractio -onis, *f*. Irl *it*. astrazione

abusively abusive -adi. *org*. Irl *el*. non legitime *it*. abusivamente

academy academia -ae, *f. org*. Irl *e.l*. ingenuarum artium, Lynceorum *it*. accademia

acceleration acceleratio -ionis, *f. org*. Irl *el*. velocitatis variatio *it*. accelerazione

accelerator[1] pedale gasi -is, *n. org*. ivl *e.l*. pedale accelerationis *it*. pedale dell'acceleratore

accelerator[2] acceleratorium -ii, *n org. el*. pedale adminiculum *it*. acceleratore

accident insurance assecuratio indemnitatis *f. org*. ivl *e.l*. Idem *it*. assicurazione

accordion[1] harmonica diductilis-ae, *f org* ivl *el*. idem *it*. fisarmonica

accordion[2] accordeon -ei, *n org* Bacci *el* (Helfer); organum diductile *it*. fisarmonica

acetone acetonium -ii, *n org* Irl *it* acetone

acetylene gas gasium acetaethylenicum -i, *n. org*. Irl e.l. idem *it*. acetilene

acholia (bile deficiency) acholia -ae, *f org* Irl *el*. bilis defectio *it*. acolia

acid[1] acidum -i, *n. org*. Irl *e.l*. idem *it*. acido

acid[2] **rain** pluvia acida *f org* Irl *it*. pioggia acida

acidity[1] aciditas -atis, *f org* nl *el*. acor *it* acidita

acitity[2] acor -oris, *m org*. Irl *e.l*. idem *it* acidita

acne pimple achne -es, *f* Irl *el*. palea, gluma *it* acne

acolyte, novice acolythus -i, *m org* Irl *el*. sequor, comitor *it*. accolito

acrobat funambulus -i, *m org*. Irl *it*. acrobata

acrostic acrostichis -idis, *f org*. Irl *it*. acrostico

activity actuositas -atis, *f org* nl *el syn*; agilitas, mobilitas *it*. attivita'

acupuncture acupunctura -ae, *f org*. Irl *e.l*. idem *it*. agopuntura

Adam's apple prominentia laryngica -ae, *f org* ivl *e.l*. pomum Adami *it*. pomo d'Adamo

Adam's apple[1] pomum Adami -i, *n. org*. ivl *el*. vide: 'nodus gutturis' *it*. pomo d'Adamo

Adam's apple[2] nodus gutturis -i, *m org*. ivl *el*. pomum Adami *it*. pomo d'Adamo

addicted addictus -a-um *org*. nl *e.l*. assuetus medicinae etc. *it*. dedido al formaco ecc.

additional additionalis -is-e *org* nl *el*. novus, addititius, adiunctus *it*. supplementare

address inscriptio cursualis *f org*. Irl *it* indirizzo

adenoid (med.) adenoides -is, *f org* Irl *el*. idem *it*. adenoide (med.)

adhesive tape fasciola glutinosa *f org* Irl *el* adhaerens *it*. nastro adesivo

adjustible seat sella plicatilis *f. org*. Irl *e.l*. de autocineto *it*. sedile ribaltabile

adrenalin (chem.) adrenalinum -i, *n org*. Bacci *e.l*. idem *it*. adrenalina

adultery adulterinus -i, *m org* nl *el*. adulterium *it*. adulterio

advertising commendatio -onis, *f org*. ivl *el*. idem *it*. pubblicita'

aeronautics aeronautica -ae, *f org*. Irl *e.l*. aeronauticus *it*. aeronautica

aesthetic aestheticus -a-um *org*. Irl *it* estetico

afternoon hours horae postmeridianae *f org* ls. *e.l*. e.g. hora secunda post meridiem *it*. hore del pomeriggio

agamic (asexual) agamicus -a-um *org* Irl *el* sine nuptiis *it*. agamico

agency[1] domus efecttoria *f. org*. Irl *el*. societas effectoria *it*. azienda

agency[2] procuratio -onis, *f. org*. Irl *it*. agenzia

agent e.g. insurance, bank curator -oris, *m org* Irl el. e.g. cautionum, nummularius it. agente e.g. assicurativo, banca

aggressor aggressor -is, *m. org*. nl *el*. oppugnator, provocator *it*. aggressore

agnosia (*med*.) agnosia -ae *f org*. Irl *it*. agnosia

agnostic agnosticus -a-um *org* Irl *it*. agnostico

agnosticism

agnosticism agnosticismus -i, *m org* ig. *el*. Agnostica docrina *it*. agnosticismo
agoraphobia agoraphobia -ae, *f. org*. Irl *el*. timor forensis *it*. agorafobia
agoraphobic agoraphobicus --a-um *org*. Irl *el*. idem *it*. agorafobico
agricultural agronomicus -a-um *org*. Irl *e.l*. idem *it*. agronomico
agriculturalist agronomus -i,*m* Irl *it* agronomo
agriculture policy agropoliticus -a-um *org*. nl *e.l*. consilium agriculturae *it*. politica agricola
agronomy agronomia -ae, *f. org*. Irl *el*. agri colendi disciplina *it*. agronomia
AIDS SCDI ---- *org*. Irl *el*. syndrome comparati defectus immunitatis *it*. AIDS
air beacon aeropharus -i, m. e *f. org*. Bacci *el*. idem *it*. aerofaro
air mattress culcita inflatilis *f. org*. ivl *el*. idem *it*. matarassino pneumatico
air ship (any) aerovehiculum -i, *n org* Irl *el*. aerium vehiculum *it*. aeromobile
air transporter aerius vector -*m. org*. Irl *e.l*. idem *it*. aviotrasportatore
airbag follis aerius (tutorius) -is, *m org* ivl *el*. idem *it*. airbag
aircraft aeronavis -is,*f org*. Bad. *el*. aeria navis; aerinavis *it*. aeronave
aircraft carrier navis aeroplanigera *f org* Irl *el*. idem *it*. nave portaerei
airplane aeroplanum -is,*n org*. Irl *it*. aeroplano
airplane of reconnaissance aeronavis exploratoria *f. org*. Irl *e.l*. aeroplanum exploratorium *it* apparecchio da ricognizione
airport[1] aeroportus -us, *m. org*. Irl *el*. *syn*; aeriportus adi; aeroportuensis *it*. aeroporto
airport[2] (refering to) aeroportuensis -e *org*. Irl *el*. idem *it*. aeroportuale
airway trames aerius -itis,*m org*, Irl *it* aviolinea
akenesia (Med.), moto-paralysis acinesia -ae, *f org*. Irl *e.l*. acinesis, is *it*. acinesia
alarm clock horologium excitatorium -i, *n. org*. ivl *e.l*. idem *it*. sveglia
albinism albinismus -i, *m. org*. Irl *it*. albinismo
albino homo albicomus -i, *m. org*. Irl *it*. albino
albuminoid albuminoides-is, *m org* Irl *el* idem *it*. albuminoide
alcohol, alcoholum, -i, *n. org*. Irl *it*. alcool
alcoholic alcoholicus -a-um *org*. Irlr *it* alcolico
alcoholism alcoholismus -i, *m*. Irl *it*. alcolismo

American

alcoholometer alcoholimetrum -i, *n org* Irl *el*. idem *it*. alcolometro
alexipharmic alexipharmacum -i, *n. org*. Irl *el*. idem *it*. alessifarmaco
algebra algebra -ae, *f. org*. Irl *it*. algebra
alienable alienabilis -e *org*. Irl *it*. alienabile
alkali (chem.) alcalium -ii, *n org* Irl *el*. sal potassicum *it*. alcali (chem)
alkalimeter alcalimetrum -i, *n* Irl *it* alcalimetro
alkaline alcalicus -a-um *org*. Irl *it*. alcalino
alkaloid alcaloides -is, *f. org*. Irl *it*. alcaloide
alkalosis (med) alcalosis -is, *f. org*. Irlr *el*. idem *it*. alcalosi (med)
allarm conclamatum -i,*n. org*. Irl *e.l*. periculum indicum *it*. allarme
allergist allergologus -i, *m org* Irl *it* alergologo
allergy allergia -ae, *f org*. Irl *el*. idem *it* allergia
alligator (zool) alligator -oris, *m*. Irl *el*. alligator
alliteration consonatio litterarum -iones, *f org* Irl *e.l*. agnominatio *it*. allitterazione
allopathy allopathia -ae, *f org* Irl *it* allopatia
almond[1] amygdala -ae, *f org* Irl *el*. amygdalum, arbor amygdalus *it*. mandorla
almond[2] cake amarellun -i,*n. org*. Irl *e.l*. crustuli (genus) *it*. amaretto
alpaca (*zool*) alpaca -ae, *f*. Irl *it*. alpaca (*zool*)
alpacca (*met*) alpacca -ae, *f. org*. Irl *it*. alpacca
alteration[1] alternamentum -i, *n* Irl *it* alternanza
alteration[2] (of vowels) apophonia -ae, *f org* Irl *el*. idem *it*. apofonia
alternating current fluentum alternum -i, *n org* ivl *el*. de electricitate *it* corrente alternata
altimeter hypsometrum -i,*n org*. Irl *e.l*. altimetrum *it*. altimetro
aluminium aluminium -ii, *n org*. Irl *it* aluminio
amalgam amalgama -ae, *f*. Irl *it*. amalgama
amaurosis (med) amaurosis -eos, *f. org*. Irl *e.l*. idem *it*. amaurosi (med)
ambidextrous ambidexter -a-um *org*. Irl *e.l*. idem *it*. ambidestro
ambient ambitalis -e. *org*. Irl *it*. ambientale
ambiguity amphibolia -ae, *f. org*. Irl *e.l*. ambiguitas *it*. anfibolia
ambulance[1] arcera automataria *f. org*. Irl *el*. autoarcera *it*. autoambulanza
ambulance[2] arcera -ae,*f. org*. Irl *it*. ambulanza
American Statuintensis -is, *m/f org* ig. *el*. civis, incola Foederatarum Civitatium Americae Septentrionalis *it*. statuintense

ammeter

ammeter amperometrum -i, *n. org.* Irl *el.* idem *it.* amperometro
ammonium ammonium -i, *n.* Irl *it.* ammonio
amortization gradalis solutio *f. org.* Irl *e.l.* idem *it.* ammortizzamento
amphetamine amphetamina -ae, *f. org.* Irl *el.* amphetilamina *it.* anfetamina
amphibious amphibius -a -um *org* Irl *it.* anfibio
anacoluthon anacoluthon -i, *n* Irl *it.* anacoluto
anaemia anhaemia -ae, *f. org.* Irl *it.* anemia
anaesthesia anaesthesia -ae, *f org* Irl *el.* idem, *adi.* anaestheticus *it.* anestesia
anagram anagramma -atis, *n* Irl *it* anagramma
analgesia indolentia -ae, *f. org.* Irl *el.* indoloria *it.* analgesia
analgesic[1] analgesicus -a -um Irl *it* analgesico
analgesic[2] pain preventing analgeticus -a-um *org.* nl *e.l.* analgesticus *it.* analgesico
analogy analogia -ae, *f. org.* ig. *it.* analogia
analysis analysis -is, *f. org.* Irl *it.* analisi
analytical analyticus -a -um *org.* Irl *it.* analitico
analytically analytice *org* Irl *it.* analiticamente
anamnesis anamnesis -is, *f. org.* Irl *e.l.* idem, *adi.* anamneticus *it.* anamnesi
anarchy anarchia -ae, *f. org.* Irl *e.l.* idem, *adi.* anarchicus *it.* anarchia
anastomosis anastomosis -is, *f. org.* Irl *e.l.* os hians *it.* anastomosi
anastrophe anastrophe -es, *f.* Irl *it.* anastrofe
anathema anathema -atis, *n org.* Irl *it* anatema
anathematize anathemizo -are *org* Irl *el* idem *it.* anatemizzare
anatomy anatomia -ae, *f. org.* Irl *el.* idem, *adi.* anatomicus *it.* anatomia
androgynous hermaphrodite androgynus -i, *m org.* Irl *e.l.* hermaphroditus *it.* androgino
anecdote narratiuncula -ae, *f.* Irl *it.* aneddoto
anemography anemographia -ae, *f. org.* Bacci *e.l.* idem *it.* anemografia
anemometer anemometrum -i, *n. org.* Irl *e.l.* idem *it.* anemometro
aneurism aneurysma -atis, *n org.* Irl *e.l.* dilatio arteriorum, *adi.* aneurysmaticus *it.* aneurisma
angina angina -ae, *f. org.* Irl *e.l.* idem *it.* angina
angioma angioma -ae, *f. org.* Irl *it.* angioma
Anglo-Saxon Anglus-Saxo -i-onis, *m org* lc *el.* idem *it.* anglosassone
animal car currus pecuarius -*m org* Irl *el.* currus pecori transferendo *it.* carro bestiame

anti-neutron

ankle brace fasciola talaris *f. org.* Irl *e.l.* fasciola elastica quam athletae adhibent *it.* cavigliera
anniversary anniversarium -i, *n org.* nl *el.* dies matrimonii *it.* data di matrimonio
annual annualis -is-e *org* nl. *el* annuus *it* annuale
anode (elect.) anhodus vel anhodos -i, *m/f org.* Irl *e.l.* adi. anhodicus *it.* anodo
anological analogicus -a -um Irl *it* analogico
anomy anomia -ae, *f. org.* Irl *e.l.* absentia legis *it.* anomia
anonymous anonymus -a-um *org.* nl *e.l.* sine nomine *it.* anomino
answering machine[1] responstrum -i, *n org* ivl *el.* de telephonio *it.* segretaria telefonica
answering machine[2] secretarius telephonicus -*m. org.* ig. *e.l.* idem *it.* segretario telefonico
antenna antenna -ae, *f. org.* Irl *it.* antenna
anthrax anthrax -cis, *m. org.* med. *e.l.* morbus qui efficitur Bacillo Anthracis *it.* antrace
anthropologic anthropologicus -a-um *org.* nl *el.* de anthropologia *it.* antropologico
anthropology anthropologia -ae, *f. org.* Irl *e.l.* idem, *adi.* anthropologicus *it.* antropologia
anthropomorphic anthropomorphicus -a-um *org.* Irl *e.l.* idem *it.* antropomorfico
anti-aircraft like antiaerius -a-um *org* Irl *el.* idem *it.* antiaereo
antibacterial antibactericus -a-um *org.* Irl *e.l.* idem *it.* antibatterico
antibiotic antibioticus -a-um *org* Irl *el.* idem *it* antibiotico
antibiotics antibioticum -i, *n org* Irl *e.l.* idem *it* antibiotico
anti-body anticorpus -oris, *n org* Irl *it* anticorpo
anticancerous anticancerosus -a-um *org* Irl *el* anticanceraticus *it.* anticanceroso
antichrist antichristus -i, *m org* Irl *it.* anticristo
anticoagulant anticoagulum -i, *n. org.* Irl *el.* idem *it.* anticoagulante
anti-freeze antigelidum -i, *n. org* Irl *el.* idem *it* anticongelante
antihistamine antihystaminicus -a-um *org.* Irl *e.l.* idem *it.* antistaminico
antimafia antimafia -ae, *f. org.* Irl *e.l.* antimafia *it.* antimafia
anti-matter antimateria -ae, *f* Irl *it* antimateria
anti-neutron antineutron -onis, *n. org.* Irl *e.l.* idem *it.* antineutrone

anti-nuclear antiatomicus -a-um *org*. Irl *el*. a-tomicae potentiae adversus *it*. antiatomico
antipasto promulsis -idis, *f org*. Irl *it*. antipasto
anti-pollution contra inquinamentum -i,*n org* Irl *e.l.* idem *it*. antinquinamento
anti-proton antiproton -is, *n* Irl *it* antiprotone
antipyretic, preventing fever antipyreticus -a-um *org*. Irl *e.l.* febrim sedans *it*. antipiretico
antipyrine antipyresis -is, *f org* Irl *el* idem, adi. antipyreticus *it*. antipiresi
antique dealer palaeopola -ae, *m*. *org*. Irl *e.l.* idem *it*. antiquario
antisemite antisemites -ae, *m org* Irl *el*. idem, adi. antisemiticus *it*. antisemita
anti-Semitism antisemitismus -i, *m*. *org*. Irl *el*. Semitarum odium *it*. antisemitismo
antisepsis (*med*.) antisepsis -is, *f org*. Bacci *el*. idem *it*. antisepsi (*med*)
antiseptic antisepticus -a-um *org*. Bacci *e.l.* idem *it*. antisettico
antispasmodic mitigatorium -ii, *n org*. Irl *e.l.* medicamentum mitigatorium *it*. antispasmodico
antiterrorism antitromocratia -ae, *f org*. Irl *el*. idem adi. antitromocraticus *it*. antiterrorismo
antithetical antitheticus -a-um *org* Irl *el*. idem *it*. antilogico
antracite anthracites -is, *m* org Irl *el* carbo fossilis *it*. antracite
aorta (*anat*) aorta -ae, *f org* Irl *el* arteria magna *it*. aorta (*anat*.)
apartheid segregation nigritarum -ionis, *f org*. Irl *e.l.* idem *it*. apartheid
apartment diaeta -ae, *f* Irl *it* appartamento
aphonia (loss of voice) aphonia -ae, *f org* Irl *el*. defectus vocis *it*. Afonia
aphorism aphorismus -i, *m*. *org*. lc *it* aforisma
aplasia aplasia -ae, *f*. *org*. Irl *it*. aplasia
apocalyptic apocalypticus -a-um *org*. Irl *it*. apocalittico
apocope (Gram.) apocopa -ae, f. org. Irl e.l. idem it. apocope (Gram)
apocryphal apocryphus -a -um *org*. Irl *e.l.* idem *it*. apocrifo
apodictic apodicticus -a -um Irl *it* apodittico
apodosis apodosis, -is, *f*. *org*. Irl *it*. apodosi
apointment constitutum -i, *n*. *org*. Irl *el*. idem *it*. appuntamento
apophasis (of the scapula) anat. acromium -ii, *n org*. Irl *e.l.* umeri pars *it*. acromio(anat.)

apoplexy (heart attack etc.} apoplexia et apoplexis (cardiaca etc.)-ae,*f* et is,*f*,ac *org*. Irl *e.l.* sanguinis ictus, adi. apopleticus,a-um *it*. Apoplessia (del cuore ecc.)
apostolic apostolicus -a-um *org* ls *it* apostolico
apothegm apophthegma -atis, *n org* Irl *el* sententia; dictum *it*. apoftegma
appartment building insula -ae, *f*. *org*. Irl *e.l.* idem *it*. casamento
appetiser propoma -atis, *n*. *org*. Irl *el*. potio apertiva *it*. aperitivo
application scheda inscriptionis -ae,*f org* ig *el*. idem *it*. applicazione,modula
application form schedula inscriptionis -ae, *f*. *org*. ivl *e.l.* idem *it*. modulo
apricot malum Armeniacum -i,*n* Irl *it*. albicocca
apricot tree malus Armeniaca -i, *f*. *org*. Irl *el*. idem *it*. albicoco
apron succinctorium -ii, *n org* Irl *it* grembiule
apsidal apsidalis -e *org*. Irl *e.l.* idem *it* absidale
apsis apsis -idis, *f*. *org*. Irl *e.l.* absis *it*. abside
arbergine melongena -ae, *f org* ivl *el*. Solanum melongena: Am. eggplant *it*. Melanzana
archaeology archaeologia -ae, *f org*. nl *el*. archaeologia *it*. archeologia
archery sagittatio -onis, *f*. *org*. ivl *e.l.* ars arcu utentis *it*. tiro all'arco
archipelago archipelagus -i, *m*. *org*. Irl *e.l.* mare insulis refertum *it*. arcipelago
architect architectus -*m*. *org*. ivl *e.l.* architectta *f*. *it*. architetta
architectual architectonicus -a-um *org*. nl *e.l.* de architectura *it*. architettonico
architecture architectura -ae, *f org* ls *el*. idem *it*. architettura
archive archivum -i, *n*. *org*. Irl *el*. tabularium *it* archivio
area code numerus praeselectorius -i,*m org* ivl *el*. de numero telephonico *it*. Prefisso
Arkansan Arcansiensis - e. *org*. Inl *el*. de vel ex Arcansia *it*. da Arkansas
arm rest brachiale, -is , *n*. *org*. Irl *it*. bracciale
armed group globus armatorum -i, *m*. *org*. Irl *el*. grex armatorum *it*. banda armata
armour ferrea lorica *f*. *org*. Irl *el*. protectio ferrata *it*. Blinda
army engineer miles faber -*m* Irl *it*. geniere
arrhythmia arhythmia -ae, *f org*. Irl *el*. adi. arhythmicus *it*. aritmia
arrival adventus -us, *m org* ivl *el* idem *it* arrivo

arsenal

arsenal officina armorum *f. org.* Irl *e.l.* armamentarium, ii,*n it.* arsenale
arsenic arsenicum -i, *n. org.* Irl *it*. arsenico
art gallery expositio artificiorum -onis, *f org* ivl *e.l.* idem *it.* galleria
art nouveau genus florale - *n. org.* ivl *e.l.* de architectura *it.* stile art nouveau
arteriography arteriographia -ae, *f org.* Irl *e.l.* idem *it.* arteriografia
artic arcticus -a-um *org.* Irl *e.l.* ad polum pertinens *it.* artico
article articulus -i, *m org* nl *el* caput in acta diurna *it.* articolo
articular (serum build-up) hydrarthrum -i,*n org* Irl *el* artus hydropicus; hydrarthron i, *n it* Idrartro
artificial insemination fecundatio artificiosa *f. org.* Badellino *e.l.* idem *it* fecondazione artificiale
artificial respiration respiratio artificiosa *f. org.* Irl *e.l.* osculum salutare; *it.* respirazione artificiale
artificially artificialiter - adv. *org.* nl *e.l.* transl. haud naturaliter *it.* artificiale
asbestos amiantus, -i, *m. org.* Irl *it.* amianto
asbestosis asbestosis -is, *f. org.* Irl *it* asbestosi
ashtray[1] vasculum cinerarium - *n. org.* Irl *e.l.* idem *it.* portacenere
ashtray[2] cinerarium -i, *n org* ivl *it* por-tacenere
asparagus asparagus -i, *m. org.* Irl *it.* asparago
asphalt bitumen -inis, *n. org.* Irl *el.* bitumare, spread asphalt *it.* Bitume
assembly language lingua machinalis -ae, *f org* Draco *e.l.* idem *it.* assemblatore
Assisi Assisium -ii, *n. org.* Inl *e.l.* idem *it.* assisi
assistant assistens -entis, *m. org.* ivl *e.l.* assistrix, icis, *f it.* assistente
asteroid asteroides -is, *m. org.* Irl *e.l.* stellae similis *it.* asteroide
asthma asthma -atis, *n. org.* Irl *el.* adi. asthmaticus *it.* asma
astigmatism astigmatismus -i, *n. org.* Irl *el.* idem *it.* astigmatismo
astronaut[1] astronauta -ae, *m. org.* Irl *e.l.* syn; nauta sideralis adi; astronauticus *it.* astronauta
astronaut[2] nauta sideralis -ae, *m org.* Irl *el.* astronauta *it.* astronauta
astronomy astronomia -ae, *f. org.* Irl *e.l.* idem *it.* astronomia
astrophysics astrophysica -ae, *f. org.* Irl *el.* idem *it.* astrofisica
asymmetric asymmeter -tra-trum *org.* Irl *el.* idem *it.* asimmetrico

aviator

asynchronous asynchronicus -a-um *org.* Irl *el.* idem *it.* asincrono
ataxia ataxia -ae, *f. org.* Irl *el.* adi. ataxicus *it.* atassia
ateriosclerosis arteriosclerosis -is, *f org.* Irl *el.* idem *it.* arteriosclerosi
atheism atheismus -i, *m org.* Irl *el.* nulla Dei fides *it.* ateismo
atheist atheisticus -i, *m. org.* nl *e.l.* irreligionis suasor, m *it.* ateista
atheletic agonisticus -a-um *org.* nl *el.* athleticus *it.* atletico
atheroma atheroma -atis, *n org* Irl *it* ateroma
athlete[1] agonista-ae,*m org* nl *el* athleta *it* atleta
athlete[2] athleta -ae, *m org* Irl *el* vir fortissimus, adi; athleticus *it.* atleta
athletics res athletica *f org* Irl *el* lusus *it* atletica
athletics ars atletica -tis, *f. org.* Irl *it.* atletismo
atmospheric atmosphaericus -a-um *org.* Irl *el.* de atmosphaera *it.* atmosferico
atoll insula corallica, *f org* Irl *el* atollus *it* atollo
atoll atollus -i, m Irl el. insula corallica it. atollo
atom atomus -i, *m. org.* Irl *e.l.* idem *it.* atomo
atomic arms arma atomica -*n*, pl. *org.* Irl *el.* idem *it.* armi atomiche
atomic bomb pyrobolus atomicus - *m. org.* Irl *e.l.* idem *it.* bomba atomica
atomic physics physica atomica *f org.* Irl *el.* idem *it.* atomistica
atresia atresia -ae, *f org* Irl *el.* atresia *it.* aresia
atrophy (of the heart) acardiotrophia -ae,*f org* Irl *e.l.* cordis extenuatio *it.* acardiotrofia
attractive attractivus -a, um *org.* Irl *el.* gratus; iucundus *it.* attrattivo
auditor[1] inspector -oris, *m. org.* Irl *it.* revisore
auditor[2] (books) rationum cognitor, - *m org* Irl *e.l.* corrector *it.* revisore dei conti
auditorium auditorium -i, *n. org.* ivl *it* sala
autochthon autochthon -onis, *m org* Irl *el.* indigena, ae, *m it.* autoctono
auto-insurance assecuratio vehicularia *f. org.* ivl *e.l.* idem *it.* assicurazione automobilistica
automatic automatico -a -um Irl *it* automatico
automatic weapons arma automataria-orum, *n. org.* nl *e.l.* idem it. armi automatici
autonomy autonomia *f. org.* Irl *it.* autonomia
avalanche labina nivalis -ae, *f org* ivl *it* valanga
Avellian Abellinensis -is, e *org.* Inl *it.* Aveliano
Aviator pilot, flyer aeronauta -ae, *m org.* nl. *el.* aeronavis gubernator *it.* pilota

azimuth azimutum -i, *n* Irl *el.* directio *it* azimut
azoic azoicus -a-um *org.* Irl *el.* E.g. aetas azoica *it.* azoico
Aztec Aztecus -i, *m. org.* Irl *e.l.* idem *it.* Azteco
Babel Babel -elis, *f.* Irl *el* et tumultus *it* babele
baboon cynocephalus -i, *m org* Irl *it.* babbuino
baby carriage chiramaxium -ii, *n org* Irl *el.* infantis carrulus; Anglice=pram *it.* carrozzina
baby-sitter infantaria -ae, *f. org.* Ic *el.* idem *it.* baby-sitter
bachelorship baccalaureatus -us, *m. org* Irl *el.* idem *it.* baccellierato
bacherlor baccalaureus -i, *m. org.* Irl *e.l.* idem *it.* baccelliere
bacillus (adj. of) bacilliformis - e. *org.* Ic *e.l.* ba-cillo pertinens *it.* bacillare
back stroke natatio supina -onis, *f. org.* ivl *e.l.* etiam natatio resupina *it.* nuoto a dorso
background reducta -orum, *n* pl. *org.* Irl *e.l.* idem *it.* background
backhand ictus inversus -us, *m. org.* ivl *e.l.* de teniludio *it.* rovescio
backhoe excavatrum -i, *n. org.* ivl *e.l.* machina fossoria *it.* escavatore
backpack sacciperium dorsuale -n *org.* Irl *el.* idem *it.* zaino
backstairs scalae famulares *f,* pl. *org.* Irl *e.l.* idem *it.* scala di servizio
badminton ludus pilae Badmintonicae *org.* i, *n org* ivl *el.* ludus pilae pinnatae *it* gioco del volano
bagage sarcina itineraria -ae, *f* ivl *el.* bagaglio
bagpipe fistula -ae, *f. org.* Irl *el.* syn: calamus; avena *it.* cennamella
bahaism bahaismus -i, *m. org.* Irl *it.* bahaismo
bahaist bahaistes -ae, *m org* Irl *el.* bahista, ae, *f. it.* bahaista
baked brick coctilis -eris, *m org.* ivl *el.* de molitione *it.* mattone
baker¹ panifex -icis, *m. org.* Irl *e.l.* pistor *it.* panettiere
baker² pistrix -icis, *f. org.* ivl *e.l.* panifica (*f*); vide: 'panifex' *it.* fornaia
baker's shop furnaria -ae, *f.* ivl *it.* panetteria
bakery panificium -ii, *n el* pistrina *it* panificio
balalaika cithara balalaica -ae, *f. org.* Irl *el.* genus chitarae Russicae *it.* balalaica
balance beam tignum aequilibrii -i, *n. org.* ivl *e.l.* de gymnastica *it.* trave
balauster columella -ae, *f. org.* Irl *e.l.* syn. balaustium (arch.) *it.* balaustro

balcony¹ maenianum -i, *n. org* Irl *it.* balconata
balcony² (small) podiolum -i, *n. org.* Irl *e.l.* parvum maenianum *it.* balconcino
ball point pen graphium sphaeratum -i, *n org.* ivl *e.l.* de scriptione *it.* biro
ballet ballatio scaenica *f. org.* ivl *it.* balletto
ballistics ars ballistaria -tis, ae *f.* Irl *it.* balistica
ballistite pulvis Nobelianus -eris, *m. org.* Irl *el.* pulvis pyrius fumo carens *it.* balistite
ballot scidula comitialis *f. org.* Irl *e.l.* tabella suffragio ferendo *it.* scheda
ball-pen stilus sphaeratus -i, *m. org* ivl *el.* vide: 'graphium sphaeratum' *it.* biro
ballpoint pen sphaerigraphum -i, *n org.* Irl *el.* idem *it.* penna a sfera
baloon aerostatum -i, *n org.* ivl *it.* mongolfiera
balustrade (arch) saeptum loricae -i, *n org.* Irl *el.* idem *it.* balaustrata (arch)
banana¹ banana -ae, *f. org.* Irl *it.* banana
banana² bananarius -a -um *org.* Irl *it* bananiero
banana grove bananetum -i, *n org* Irl *el.* idem *it.* bananeto
bancruptcy¹ cesso bonorum -onis, *f org.* ivl *el.* vide: 'decoctio' *it.* fallimento
bancruptcy² concursus creditorum -*m org.* ivl *e.l.* idem *it.* fallimento
band member symphoniacus -i, *m. org.* Irl *el.* musicus *it.* bandista
banister adminiculum -i, *n org.* ivl *it.* ringhiera
banisters epimedion -ii, *n. org.* ivl *it.* ringhiera
bank argentaria -ae, *f. org.* Irl *e.l.* mensa nummularia *it.* banca
bank account computus -i, *m org.* ivl *el.* idem *it.* conto bancaria
bank counter ostiolum argentarium -i, *n. org.* ivl *e.l.* idem *it.* sportello bancario
bank employee mensarius -i, *m org* ivl *el.* qui in argentaria laborat *it.* impiegato di banca
bank transfer translatio argentaria *f org* ig *el.* Translation electronica *it.* trasferimento bancario
banker¹ argentarius -ii, *m. org.* Irl *el.* nummularius, mensarius *it.* banchiere
banker² nummularius -i, *m. org.* ig. *el.* vide: 'argentarius' *it.* banchiere
banknote¹ charta nummaria -ae, *f. org.* Irl *e.l.* idem *it.* banconota
banknote² schedinummus -i, *m org* ivl *el.* vide: 'moneta chartacea' *it.* banconota
banknote³ moneta chartacea -ae, *f. org.* ivl *el.* idem *it.* banconota

bankruptsy

bankruptsy decoctio -ionis, *f org*. Irl *el*. argentariae dissolutio; vide concursus creditorum *it*. bancarotta
banner taenia amplissima *f org* Irl *it* striscione
Bantu Bantuenses -ium, *m pl. org*. Irl *e.l*. Bantuensis, *it*. Bantu
Bar[1] (American) oecus potorius -ii, *n org*. vox l. *el*. thermopolium *it*. mescita
Bar[2] (coffee,liquor etc.) thermopolium -ii,*n org* Irl *el* caupona, ubi calida venduntur, bibaria *it* bar
bar maid ministra cauponaria *f org* Irl *el*. Theo. kellnerin *it*. chellerina
bar stool[1] seliquastrum -i, *n. org*. ivl *e.l*. vide: 'sedile praealtum' *it*. sgabello
bar stool[2] sedile praealtum -i, *n. org*. ivl *e.l*. idem *it*. sgabello
bar tender triclinarius -i, *m. org*. ivl *e.l*. vide: 'thermopola et inservitor' *it*. barista
barbecue grill craticula -ae, *f. org*. ivl *el*. idem *it*. graticola(griglia)
baritone[1] barytonista -ae, *m. org*. ivl *e.l*. vide: 'barytonus' *it*. baritone
baritone[2] barytonus -i, *m org* Irl *el*. gravis vocis cantor *it*. baritono
baritone[3] (like) barytonalis - e Irl *it*. baritonale
barmaid copa -ae, *f. org*. lc. *it*. ostessa
barman inservitor -oris, *m. org*. ivl *e.l*. triclinarius *it*. barista
barn, hanger receptaculum -i, *n org*. Irl *el* magnum repositorium *it*. capannone
barograph barographum -i, *n. org*. Irl *e.l*. scribendi instrumentum *it*. barografo
barometer barometrum -i, *n org* Irl *it* barometro
barometer [with tape to register history] barographum, -i, *n. org*. Irl *el*. barometrum instrumento scribendi *it*. barografo
Baron baro nobilis - *m. org*. Irl *e.l*. homo imperiosus *it*. barone
Baroness baronissa -ae, *f org*. Irl *it*. baronessa
baronet baronulus, -i, *m. org*. Irl *it*. baronetto
baroque genus barocum -eris, *n. org*. ivl *el*. de architectura *it*. stile barocco
barracks castra stativa *f. org*. Irl *e.l*. syn: militum statio *it*. caserma
barrel organ organum manubriatum -i, *n org*. ivl *e.l*. idem *it*. pianola
bartender[1] cafaeopola -ae, *m. org*. Irl *el*. minister tabernae potoriae *it*. barman

beard

bartender[2] thermopola -ae, *m org* Irl *el* tabernae potoriae minister *it*. barista
barysphere barysphaera -ae, *f. org*. Irl *el*. mediarum scilicet terrarum massa ex nikelio ferroque confecta *it*. barisfera
basalt basaltes -is, *m org* Irl *el*. syn: basanites, ae *it*. basalto
baseball[1] follis bassus -is, *m org* ivl *el*. vide: 'ludus basipilae' *it*. baseball
baseball[2] ludus basipilae -i, *m*. Irl *it*. baseball
baseball[3] pila tabellaris -ae, *f org* ivl *el*. de ludo basipilae *it*. palla
basket (sport) canistrum -i, *n. org*. Irl *e.l*. idem *it*. canestro (sport)
basketball[1] ludus canistri -*m. org*. ig. *e.l*. ludus pilae et canistri *it*. pallacanestro
basketball[2] follis bascaudarius -is, *m org* ivl *el*. vide: 'ludus canistri' *it*. pallacanestro
basketball[3] canistripila -ae, *f. org*. Irl *el*. canistrifollis *it*. pallacanestro
basrelief anaglypta -orum, *n pl. org*. Irl *el*. adi. anaglyptus *it*. bassorilievo
bass singer bassista -ae, *m. org*. ivl *e.l*. cantor vocis imae *it*. basso
bassoon-player fagotista -ae, *m. org*. Badellino *el*. tibiae magnae modulator *it*. fagottista
bat lignum pulsorium -i, *n. org*. ivl *e.l*. de ludo basipilae *it*. mazza
bathe balneo -are *org* ivl *el*. idem *it* fare bagno
bath towel gausapina -ae, *f org* ivl *el*. idem *it*. asciugamano da bagno
bathtub pyelus -i, *m org*. ivl *it*. vasca da bagno
bathing trunks subligar balneare -aris, *n. org*. ivl *e.l*. idem *it*. calzoncini da bagno
bathroom balneum -i, *n org*. ivl *it*. bagno (WC)
bathymeter bathymetrum -i, *n org* Irl *el*. batimetria *it*. batimetro
bathysphere bathysphaera -ae, *f. org*. Irl *el*. idem *it*. batisfera
batter battutor -oris, *m org* ivl *el*. de folle battuere *it*. battitore
batterey pila electrica *f org* Irl *el*. idem *it*. pila
battery accumulatrum -i, *n org* ivl *el*. adhibetur in electricitate servanda *it*. accumulatore
bay window proiectura -ae, *f org* ivl *el*. genus fenestrae *it*. bovindo
bayonet mucro Baionensis -onis, *m org*. Irl *el*. idem *it*. baionetta
beach acta -ae, *f org*. lc. *e.l*. idem *it*. spiaggia
beard barba -ae, *f. org*. ivl *e.l*. idem *it*. barba

bears (of) arctologus -a-um *org* ls *el*. de studio ursorum *it*. orsi (di)
beekeeper apiarius -ii, *m*. *org*. Irl *it*. apicoltore
beekeeping, apiculture melificium -ii, *m* org Irl *e.l*. idem *it*. apicoltura
beer cervisia -ae, *f*. *org*. Irl *e.l*. cerevisia, cervesia *it*. birra
beer maker cervisiarius -ii, *m org*. Irl *el*. cervisiae confector *it*. birraio
beer mug urceus cervesarius -i, *m*. *org*. ivl *e.l*. idem *it*. boccale da birra
beer-shop, pub cervisiaria taberna -ae, *f*. *org*. Irl *e.l*. idem *it*. birreria
belay firmamen iunctionis -inis, *n*. *org*. ivl *el*. idem *it*. sicura
bell clocca -ae, *f org* ivl *el*. etiam campana -ae, *f*. *it*. campana
bell tower[1] campanarium -i,*n.org*. ivl *e.l*. campanile-is,*n it*. campanile
bell tower[2] turris campanaria -is, *f*. *org*. ivl *e.l*. idem *it*. campanile
bellows follis ferrarius -is, *m org* ivl *it* soffietto
beneficiary beneficiarius -ii, *m org* Irl *el*. idem *it*. donatario
beret pilleus Vasconicus -i, *m*, *org*. ivl *it*. basco
biconcave biconcavus -a -um Irl *it*. biconcavo
biconvex biconvexus -a-um*org*. Irl *e.l*. idem *it*. biconvesso
bicycle birota -ae,*f org* Irl *el*. idem *it*. bicicletta
bicycle chain catena birotalis -ae, *f org*. ivl *e.l*. idem *it*. catena
biennial biennalis -e *org*. Irl *it*. biennale
bifocal bis flexus -*m*. *org*. Irl *it*. bifocale
bilaterale synalagmaticus-a-um *org*. Bacci *e.l*. mutuus, e.g conventio synalagmatica *it*. bilaterale
bill ratio nummaria -onis, *f org* ivl *el* ratio debiti *it*. conto
binary binaris -is -e adi. *org*. Draco *e.l*. numerans tantum duobus *it*. binario (math)
binoculars[1] telescopium -ii, *n*. *org*. Irl *e.l*. idem *it*. cannocchiale
binoculars[2] binoculus -i, *m*. *org*. Irl *el*. telescopium geminatum *it*. binocolo
binomial binomium -ii, *n*. *org*. Irl *e.l*. algebrica summa duorum monomiorum *it*. binomio
bioclimatology bioclimacologia -ae,*f org* Irl *el*. adi. bioclimatologicus *it*. bioclimatologia
biogenesis biogenia -ae, *f*. *org*. Irl *e.l*. generationis cursus *it*. biogenia

biogenetic biogeneticus -a-um *org*. Irl *el*. idem *it*. biogenetico
biogeography biogeographia -ae, *f*. *org*. Irl *el*. idem *it*. biogeografia
biography biographia -ae, *f org*. Irl *el*. idem *it*. biografia
biologist biologus -i, *m*. *org*. Irl *it*. biologo
biology biologia -ae, *f org*. Lrl *it*. biologia
biometry biometria -ae, *f org* Irl *it*. biometria
biophysics biophysica -ae, *f org* Irl *el*. adi. biophysicus *it*. biofisica
biopsy biopsis -is, *f*. *org*. Irl *e.l*. idem *it*. biopsia
biosphere biosphaera -ae, *f org*. Irl *it* biosfera
biotechnology biotechnologia -ae, *f org*. Irl *el*. idem *it*. biotecnologia
biotope biotopus -i,*m org* Irl *el* idem *it* biotopo
bipolar bipolaris -e *org*. Irl *el*. idem *it*. bipolare
birch tree betulla - ae, *f*. *org*. ivl *it*. betulla
birthday party festum deii natalis -*n org* ivl *el*. idem *it*. compleanno
biscuit paxamatium -i, *n org* ivl *el*. panis bicoctus *it*. biscotta
bisexual bisexualis, -e *org*. Irl *it*. bisessuale
bit bitus -i, *m org* Draco *el*. binaris digitus *it* Bit
bithyscaphe bathyscapha -ae, *f* Irl *it* batiscafo
bitter-sweet dulcacidus -a-um *org*. Irl *el*. suaviter asper *it*. agrodolce
black berry cerasum marascum -i, *n org*. Irl *el*. idem *it*. amarasca
black magic ars magica malefica *f org*. Irl *el*. idem *it*. magia nera
black market mercatura clandestina *f*. *org*. Irl *el*. annona excandefacta (Bacci) *it*. mercato nero
blackboard tabula scriptoria -ae, *f*. *org*. ivl *e.l*. vide: 'tabula literaria' *it*. lavagna da muro
blackboard tabula litteraria. *f org* Irl *el*. tabula nigra scriptoria *it*. lavagna
blancmange erneum -i, *n org* ivl *it*. budino
blast-furnace fornax metallorum -acis, *f org* Irl *el*. aeraria fornax *it*. altoforno
bleaching dealbatio -onis, *f org* Irl *el*. dealbandi ratio *it*. candeggio
blender rudis -is, *f org*. ivl *el*. instrumetum coquinarium *it*. frullino
blind alley via interclusa *f org* Irl *it* vicolo cieco
blouse pellusia, -ae, *f*. *org*. ivl *it*. camicetta
blouse indusiolum -i, *n*. *org*. Irl *e.l*. amictorium *it*. camicetta
boathouse casa scaphara *f*. *org*. ivl *el*. idem *it* rimessa (barche)

body

body (of car) ploxenum -i, *n. org.* Irl *e.l.* de autocineto *it.* carrozzeria
Boer Boerus -i, *m. org.* Irl *el.* Burus, m *it.* Boero
boldface litterae crassiores *f. org.* Irl *e.l.* impudens, insolens *it.* neretto, grassetto
bolshevism bolsevismus-i, *m org* Irl *el* adi. bolsevicus *it.* Bolscevismo
bolt lock sera -ae, *f. org.* lc *el.* idem *it.* chiavistello
bomb pyrobolus -i, *m org* Irl *el.* pyrobolum-i, *n it.* Bomba
bomber pyrobolarius -i, *m. org.* Irl *e.l.* e.g. aeronavis pyrobolaria. *it.* bombardiere
bombing coniectio pyrobolorum *f org.* Irl *el.* idem *it.* bombardamento
book cover tegimentum -i, *n. org.* ivl *el.* tegimentum librarium *it.* copertina
bookbinder bibliopegus -i, *m org.* Irl *el.* etiam bibliopega-ae, *m* (ivl) *it.* rilegatore
booking-office tesserarum diribitorium -*n org* Irl *el.* idem *it.* biglietteria
bookmaker acceptor pignorum -oris, *m org* ivl *e.l.* in codicem relator Irl. *it.* allibratore
bookmobile bibliotheca cinetica *f org.* Irl *el.* idem *it.* autolibro, bibliobus
boot caliga -ae, *f. org.* ivl *e.l.* idem *it.* stivale
booting-up initiation systematis -ionis, *f. org.* Draco *e.l.* idem *it.* inizio del computer
borax borax -acis, *m* Irl *el.* boracium *it.* borace
botany herbaria, -ae, *f. org.* Irl *it.* botanica
botton globulus i, *m* Irl *el* malleolus *it.* bottone
bowling alley via conaria -ae, *f. org.* ivl *e.l.* de luso conorum *it.* pista dei birilli
bowling pin conus lusoricus -i, *m. org.* ivl *e.l.* idem *it.* birillo
box (on ears) alapa -ae, *f. org.* ivl *it.* schiaffo
box of sweets (etc.) bellariolotheca *f org* Irl *el.* bellariolorum theca *it.* bomboniera
boxer pugil -ilis, *m. org.* Irl *e.l.* idem *it.* boxer
boyscout puer explorator - *m.* Irl *it.* boyscout
bra[1] strophium, -i, *n. org.* ivl *it.* reggiseno
bra[2] mamillare -is, *n. org.* ivl *it.* vide: 'strophium' *it.* reggiseno
brachycephaly brachycephalus -i, *m org* Irl *el.* idem *it.* brachicefalo
bradycardia bradycardia -ae, *f.org.* Irl *e.l.* idem *it.* bradicardia
brake sufflamen -inis, *n org* Irl (*mech*) *it.* freno
brake pedal pedale freni -is, *n. org.* ivl *e.l.* de autocineto *it.* pedale a freno

brush[2]

branch (office) sedes vicaria *f. org.* Irl *el.* minor sedes *it.* succursale
brandy vinum adustum -i, *n org* ivl *it* acquavite
breadcrumbs tritus panis - *m. org.* Irl *e.l.* idem *it.* pangrattato
breakfast[1] ientaculum -i, *n.org.* lc. *e.l.* idem *it.* prima colazione
breakfast[2] (to) iento -are *org.* ivl *el.* facere ientaculum *it.* fare colazione
breast stroke natatio prona -onis, *f. org.* ivl *el.* de natatione *it.* nuoto a rana
brewery bracina -ae, *f org.* ivl *el.* idem *it.* fabbrica di birra
brick factory lateraria -ae, *f org.* Irl *el.* idem *it* mattonificio
bricklayer murarius -i, *m. org.* ivl *e.l.* etiam 'murator' *it.* muratore
bridge[1] pons gubernaroris -*m org* Irl *it.* plancia
bridge[2] pier pila pontilis -ae, *f. org.* ivl *e.l.* idem *it.* pila del ponte
brief visit (call) visitatiuncula -ae, *f. org.* Irl *e.l.* brevis salutatio *it.* capatina
briefcase[1] theca -ae, f *org.* ivl *el.* idem *it* borsa
briefcase[2] tabellarum theca *f. org.* Irl *e.l.* idem *it.* portacarte
brigadier proefectus catervae -*m org* Irl *it.* brigadiere
brigadier general dux cohortis - *m. org.* Irl *e.l.* idem *it.* brigadiere generale
broadcasting station instrumentum emissorium - i, *n. org.* ivl *el.* statio emissoria; vide: emistrum *it.* stazione trasmittente
broccoli brassica Sabellica *f org* Bacci *el.* idem *it.* broccolo
broker[1] chrematista -ae, *m. org.* ivl *el.* idem *it.* intermediario
broker[2] sequester -tri, *m. org.* Irl *e.l.* mediator oeconomicus *it.* intermediario
bronchial pneumonia bronchopneumonia ae, *f. org.* Irl *el.* idem *it.* broncopolmonite
bronchitis bronchitis -is, *f. org.* Irl *it.* bronchite
bronze metal nomisma aereum -atis, *n org* ivl *el.* de Olympionicis; nomisma argenteum, aureum *it.* medaglia di bronzo
broom scopae -arum *pl org* ivl *el* idem *it* scopa
bruise (like) ecchymoticus -a-um *org* Irl *el* idem *it.* ecchimosi (*med.*)
brush[1] everriculum -i, *n. org.* ivl *it.* scopetta
brush[2] (small) peniculus -i, *m org* Irl *el.* e.g. peniculus dentarius *it.* spazzolino

bryology bryologia -ae, *f. org.* Irl *it.* briologia
bucket situla -ae, *f. org.* lc *el.* idem *it.* secchio
Buddhism Buddhismus-i, *m org* Irl *it* buddismo
Buddhist Buddhista -ae, *m. org.* Irl *it.* Buddista
Buffalo wings alae Buffalenses *f org* ig. *el* alae frixae cuius origo Buffalum est *it.* ale fritte
bug mendun -i, *n org* Draco *el* cimex computatorium *it.* cimice (computer)
buliding (relating to) aedificatorius -a, um *org.* Irl *e.l.* idem *it.* fabbricativo
bulimia bulimus -i, *m. org.* Irl *e.l.* fames inexplebilis *it.* bulimia
bulldog canis taurinus -*m org* Bacci *it* bulldog
bulldozer[1] machina terrae complanandae *f org* Irl *el.* idem *it.* ruspa
bulldozer[2] chamulcus automatarius -*m org* Irl *el.* idem *it.* bulldozer
bullet glans ignita *f org* Bacci *el.* glans metalica *it.* pallottola
bumblebee[1] bombylius -i, *m. org.* ivl *e.l.* vide: 'bombus' *it.* bombo
bumblebee[2] bombus -i, *m. org.* lc *it.* bombo
bumper sudis antipulsoria -is, *f. org.* ivl *e.l.* de autocineto *it.* paraurti
bunker receptaculum loricatum - *n. org.* Irl *e.l.* cella loricata *it.* bunker
buon appetito bene comede -xxx org Irl *el* vel bene comedite *it.* buon appetito
bureaucracy grapheocrates-ae, *f org.* Irl *el* adi. grapheocraticus *it.* burocrate
bus autocinetum laophorum -i, *n org* Irl *el.* populum portans *it.* autobus
bus[1] coenautocinetum -i, *n org* ivl *el.* vide: 'laophorum" *it.* autobus
bus[2] laophorum -i, *n org* Irl *el.* idem *it* autobus
bus[3] (computer) magistrale -is, *n org.* Draco *el.* idem *it.* bus *s.m. inv.*
bus stop statio coenautocinetica -onis, *f org* ivl *e.l.* idem *it.* fermata dell'autobus
bus coach autoraeda laophorica -ae, *f org* Irl *el* idem *it.* autobus
buter factory butyrificium -i, *n* Irl *it.* burrificio
button buto -onis, *m. org.* ivl *it.* bottone
byte octetus -i, *m org* Draco *el.* octo biti *it* byte *s.m. inv.*
cab meritoria -ae, *f* Irl *e.l.* raeda publica *it.* taxi
cabernet (wine etc.) vinum Girundensis -*n org* Irl *e.l.* idem *it.* Cabernet
cable[1] (as adj. in TV,etc.) caplaris -e *org.* nl *el.* ad caplum pertinens *it.* cavetto (come in TV, ecc.)

cable[2] (TV,etc.) caplum -i, *n. org.* ig. *el.* capulum coaxiale *it.* cavetto (TV,ecc.)
cablegram capligramma -atis, *n. org.* Irl *e.l.* idem *it.* cablogramma
cableway aereus currus funalis -*m. org.* Irl *el.* vide: 'funivia' *it.* funivia
cabnet maker faber scriniarius -bri, *m. org* ivl *el.* idem *it.* ebanista
cacophony cacophonia -ae, *f. org.* Irl *el.* idem, adi. cacophonicus *it.* cacofonia
cactaceae cactaceae -arum *f. pl* Irl *it.* cactacee
cactus cactus -i, *m. org.* Irl *e.l.* idem *it.* cactus
caenozoic caenozoicus -a-um *org.* Irl *el.* tertianus (geol.) *it.* cenozoico
café cafeum -i, *n. org.* ivl *e.l.* idem *it.* cafeteria
caffeine cafaeina -ae, *f. org.* Irl *e.l.* cafaeinum, i, *n it.* cafeina
cake torta -ae, *f. org.* ivl *e.l.* placenta *it.* torta
calcinosis calchaemia -ae, *f org.* Irl *it.* calcemia
calendar calendarium -i, *n.* ivl *it.* calendario
calibre diametrum, -i, *n. org.* Irl *it.* calibro
Calligraphy calligraphia -ae, *f.* Irl *it.* calligrafia
calm (sea) malacia -ae, *f. org.* Irl *e.l.* maris tranquillitas *it.* bonaccia
Calomel calomelanum -i, *n.* Irl *it.* calomelano
calorie calorium -ii, *n. org.* ig. *e.l.* caloris mensura, phs. *it.* caloria
calorimeter calorimetrum -i, *n. org.* Irl *e.l.* caloris index, adi. calorimetricus *it.* calorimetro
calorimetry calorimetria -ae, *f. org.* Irl *e.l.* caloris metiendi ratio *it.* calorimetria
calvinist Calvinianus -i, *m. org.* Irl *e.l.* professor Relgionis Calvinianae *it.* Calvinista
cam camma -ae, *f. org.* Irl *e.l.* mech. *it.* camma
Camaldoli monk Camaldulensis -is, *m. org.* Irl *e.l.* idem *it.* Camaldolese
Camera[1] photomachina -ae, *f org* ivl *el.* idem *it.* macchina fotografica
Camera[2] cinematographica machinula -ae, *f* org Irl *el.* idem *it.* cinepresa
Camera[3] (photo) machina photographica *f org* Irl *el.* idem *it.* macchina fotografica
camera man cinematographicus artifex -*m org* Irl *e.l.* idem *it.* cinematografaro
camp tendo -ere *org.* Irl *it.* campeggiare
camp-bed militaris lectulus - *m. org.* Irl *e.l.* lectus versatilis *it.* branda
camper domuncula autocinetica *f org.* Irl *el.* idem *it.* camper
camphor camphora. -ae, *f. org.* Irl *it.* canfora

campsite campus tentorius - *m. org.* ivl *e.l.* idem *it.* campeggio
can opener aperculum -i, *n org.* ivl *el.* idem *it* apriscatole
canal boat burculum -i, *n. org.* lrl *e.l.* phaselus *it.* burchio
canary avis Canaria *f org* lrl *el* idem *it* canarino
cancerous canceraticus -a-um *org.* lrl *e.l.* idem *it.* canceroso
candidate petitor -oris, *m. org.* ivl *e.l.* de politica; candidatus nl. *it.* candidato
candle (*short*) candelula -ae, *f* lrl *it* candelloto
candy¹ pastillus sacchari - *m. org.* lrl *e.l.* glandula durati sacchari *it.* caramella
candy² dulciolum -i, *n. org.* ivl *e.l.* genus dulcis *it.* caramella
cannibal anthropophagus -i, *m org.* lrl *e.l.* carne humana vescens *it.* cannibale
cannibalism anthropophagia -ae, *f org* lrl *el.* idem *it.* antropofagia
cannon¹ tormentum belilcum - *n. org.* lrl *e.l.* idem *it.* cannone
cannon² (small) tormenticulum -i, *n. org.* lrl *e.l.* idem *it.* cannoncino
canoe cymbula -ae, *f org.* lrl *e.l.* idem *it.* canoa
canopy fastigium -ii, *n. org.* lrl *e.l.* aedicula velo tecta *it.* baldachino
cape involucre -is, *n org* ivl *el* adhibitum in tonstrina *it.* mantellina
capital letter littera maiuscula -ae, *f org* ivl *el.* idem *it.* lettera maiuscola
capitalism capitalismus -i, *m* lrl *it.* capitalismo
capitalization anatocismus -i, *m. org.* lc *el.* idem *it.* anatocismo
capitalize anatocizo -are *org.* lrl *el.* pecuniam fenori do, Anglice = present value, turn into capital *it.* capitalizzare
captain nauarchus -i, *m. org.* ivl *e.l.* de navibus etc. *it.* capitano
car autocinetum -um, *n org* lrl *el.* automataria raeda *it.* automobile
car accident calamitas autocinetica *f org* ivl *el.* idem *it.* incidente stratale
car door¹ foris -is, *f. org* ivl *el.* de autocineto *it* portiera
car door² ostium -i, *n. org.* ivl *e.l.* de autocineto *it.* portiera
car repair shop officina autocinetica *f. org.* lrl *e.l.* idem *it.* autofficina

car wash autocineti lavatio *f org* lrl *el.* idem *it* autolavaggio
carabine carabina -ae, *f. org.* lrl *it.* carabina
caravan domuncula subrotata -ae, *f org* ivl *el.* parvus domuncula autocinetica *it.* caravana
carbohydrates carbonii hydrata -n *pl org* lrl *el* idem *it.* carboidrati
carbolic phoenicus -a -um *org.* lrl *it.* fenico
carbon paper charta duplicatoria *f. org.* lrl *e.l.* idem *it.* carta carbone
card (or file) tessera -ae, *f. org.* lrl *e.l.* tabella; scheda; scida *it.* scheda
card game lusus chartularum -us, m *org* ivl *el.* idem *it.* partita di carte
card index schedarium -i, *n. org.* ig. *e.l.* schedae indicis *it.* schedario
cardboard charta densata *f.* Egger *it.* cartone
career muneris gradus -m, *pl org* lrl *el* curriculum *it.* carriera
caricature imago ridicula *f. org.* lrl *el.* idem *it.* caricatura
carmine coccum -i, *n. org.* lrl *it.* carminio
carnauba carnauba -ae, *f org.* lrl *it.* carnauba
carnival saturnalia -ium, *pl org* ivl *it.* carnevale
carnival (like) bacchanalia -ae, *f org.* lrl *el.* bacchatio; trans. = ridicula *it.* carnevalata
carot ceratium -ii, *n. org.* lrl *e.l.* pondus quoddam; obolus siliquis tribus appenditur *it.* carato
carotid¹ caroticus -a -um *org.* lrl *it.* carotideo
carotid² arteria carotis *f org.* lrl *el.* arteriae carotides, f pl (Bacci) *it.* carotide
caroussel rotaculum -i, *n. org.* ivl *el.* vide: 'circumvectabulum' *it.* giostra
carpenter faber lignarius -bri, *m. org.* ivl *it* falegname
carriage petorritum -i, *n. org.* lrl *el.* nobile petorritum *it.* carrozza
cartel chartellum -i, *n. org.* ivl *e.l.* grex negotiatorium *it.* cartel
cartesianism doctrina cartesiana *f. org.* lrl *e.l.* adi. cartesianus *it.* cartesianismo
cartography chartographia -ae, *f. org.* lrl *e.l.* idem *it.* cartografia
cartomancy chartomantea -ae, *f. org.* lrl *e.l.* idem *it.* cartomanzia
cartoon¹ imaguncula Disneyana *f. org.* lrl *e.l.* idem *it.* cartone animato
cartoon², sketch imaguncula -ae, *f org* lrl *el* lepida imago *it.* Ignetta

cartridge

cartridge capsula ignifera *f. org.* Irl *e.l.* capsula vacua= cartuccia a salve *it.* cartuccia
cartridge belt taenia embolorum *f. org.* Irl *e.l.* genus cinguli saepe tenentis proiectilibus *it.* cartucciera
casein caseina -ae, *f. org.* Irl (chem.) *it* caseina
casein (product of) galalithes - is, *f. org.* Graec. *e.l.* idem *it.* galalite
casemate cella munitissima *f. org.* Irl *e.l.* idem (mil.) *it.* casamatta
cashier arcarius -ii, *m org* Irl *el.* syn: mensarius *it.* cassiere
casino aleatorium -ii, *n. org.* Irl *it.* casino
casserole caccabus -i, *m. org.* Irl *e.l.* syn: sartago; coculum *it.* casseruola
cassette caseta -ae, *f. org.* ivl *e.l.* caseta taeniolam continens; vide: "taeniola magnetophonica" *it.* Cassetta
cassette recorder casetophonium -i, *n org* ivl *el.* idem *it.* registratore
cassiterite stannum oxydatum-*n org* Irl *el* syn: cassiteritum *it.* cassiterite
castle arx -cis, *f. org.* ivl *e.l.* idem *it.* castello
catabolism catabolismus -i, *m org.* Irl *e.l.* syn: disiunctio chemica *it.* catabolismo
catachresis catachresis -is, *f org* Irl *el* syn:abusio *it.* catacresi
cataclysm cataclysmus -i, *m org* Irl *el.* diluvies, ei, *f;*vehementissima aquae aspersio *it* cataclisma
catacomb arenarium -ii, *n org.* Irl *el.* Blaise; catacumbae, *f pl. it.* catacomba
catalogue catalogus -i, *m. org.* Irl *it* catalogo
catamaran biscapha -ae, *f.* Irl *it.* catamarano
catarrh catarrhus -i, *m org.* Irl *el adi.* Catarrhosus *it.* catarro
catarrhal catarrhalis - e. *org.* Irl *el.* syn: ad catarrhum pertinens *it.* catarrale
catcher captor -oris, *m. org.* ivl *e.l.* de ludo basipilae *it.* ricevitore
catechism catechismus -i, *m org.* Irl *el.* idem *it* catechismo
category categoria -ae, *f. org.* Irl *e.l.* adi. categoricus *it.* categoria
catenary catenaria -ae, *f. org.* Irl *it.* catenaria
caterpillar lorry vehiculum ericatum -i, *n org.* ivl *e.l.* vehiculum sine rotis *it.* veicolo cin-golato
catharsis catharsis -is, *f. org.* Irl *e.l.* syn: purificatio; adi. catharticus *it.* catarsi
cathedral ecclesia cathedralis *f. org.* ivl *it.* cattedrale

center of gravity

catheter catheter -eris, *m. org* Irl *it.* catetere
cathode cathodus -i, *m. org.* Irl *e.l. adi.* cathodicus it. catodo
catoptric catoptricus -a-um *org* Irl *it* catottrico
cauliflower caulis floridus - *m org.* Irl *e.l.* brassica botryodes *it.* cavolfiore
cauterization cauterisatio -onis, *f org.* Irl *e.l.* idem *it.* cauterizzazione
cauterize cauterizo -are *org* Irl *it* cauterizzare
cautery cauter -eris, *m. org.* Irl *e.l.* syn. cauterium *it.* cauterio
cautery (electrically) electrocauterium-ii, *n org* Irl *e.l.* electricus cauter *it.* galvanocauterio
caviar ova acipenseris -*n* pl. *org.* Irl *it.* caviale
cayman crocodilus caimanus -i, *m. org.* Irl *el.* idem *it.* caimano
cedilla caudula subscripta *f. org.* Irl *e.l.* idem (gram.) *it.* cediglia
celebration festum -i,*n* ivl *el* celebratio *it* festa
cell cellula -ae, *f org* Irl *e.l.* idem (bio.) *it* cellula
cell phone[1] telephoniolus -i, *m. org.* ig. *e.l.* telephonicium cellulare *it.* telefonino
cell phone[2] telephonulum gestabile -i, *n. org.* ivl *e.l.* vide: 'telephoniolus' *it.* telefonino
cellar cellarium subterraneum -i, *n. org.* ivl *e.l.* idem *it.* cantina
cello violoncellum -i, *n. org.* ivl *it.* violoncello
cellophane materia cellophanica *f. org.* Irl *e.l.* cellophanus *it.* cellophane
cellulare cellularis - e. *org.* Irl *e.l.* e.g. telephonium cellulare *it.* cellulare
cellulite cellulitis -idis, *f. org.* Irl *e.l.* cellulites is, *f. it.* cellulite
celluloide celluloides -is, f. Irl *it.* celluloide
cellulose cellulosa -ae, *f org* Irl *el* cellulosa tela *it.* celluloso
cement[1] caementum -i, *n. org.* ivl *it.* cemento
cement[2] lithocolla -ae, *f org* Irl *el.* caementum; adi.= lithocollaris, -e *it.* cemento
cement factory ergasterium lithocollare -*n. org* Irl *e.l.* idem *it.* cementificio
cenesthesis caeneathesis -is, (eos) *f org.* Irl *el.* sensus communis (psyc.) *it.* cenestesi
cenobite coenobita -ae, *m org* Ir *el.* vir rigidae vitae *it.* cenobita
censor's office or data (pertaining) anagramficus -a-um *org.* Irl *e.l.* adi. *it.* anagrafico
center of gravity barycentrum -i, *m org* Irl *el.* centrum gravitatis corporum (Bacci) *it* baricentro

centigrade centigradus -a-um *org* Irl *el*. ingradus centum diductus (Bacci) *it*. centigrado

centigram centigramma -atis, *n org*. Irl *e.l*. centesima grammatis pars (Bacci) *it*. centigrammo

centiliter centilitra - ae, *f. org*. Irl *it*. centilitro

centimeter centimetrum -i, *n. org*. Irl *e.l*. idem *it*. centimetro

centopede centipeda -ae, *f org* Irl *it* centopiedi

central centralis - e. Irl *e.l*. medius *it*. centrale

central heating calefactio -onis, *f. org*. ivl *e.l*. idem *it*. riscaldamento

centralization conglobation -onis,*f org* Irl *el*. idem *it*. accentramento

centrifugal centrifugus -a-um Irl *it*. centrifuga

ceramics figulinum -i, *n. org*. Irl *it*. ceramica

ceramics expert figulus -i, *m*. Irl *it*. ceramista

cerastes cerastes -ae, *f. org*. Irl *e.l*. nomen serpentis *it*. ceraste

cerate ceratina, -ae, *f. org*. Irl *it*. cheratina

cerbral[1] (in shape) cerebriformis -e. *org*. Irl *e.l*. praeditus cerebri forma *it*. cerebriforme

cerebal[2] (illness) cerebropathia -ae, *f. org*. Irl *e.l*. idem *it*. cerebropatia

cerebral[3] cerebralis - e *org*. Irl *e.l*. rationalis, -e *it*. cerebrale

cerebrospinal cerebrospinails - e *org*. Irl *e.l*. idem *it*. cerebrospinale

cerium cerium -ii, *n. org*. Irl *e.l*. idem *it*. cerio

certification testificatio -onis, f org Irl el idem *it*. certificazione

certified mail epistula certificata -ae, *f org* ivl *el*. idem *it*. lettera raccomandata

certify testificor -ari *org*. Irl *it*. certi-ficare

cervical cervicalis -e. *org*. Irl *it*. cervicale

chairlift[1] telepherica sellaris -ae, *f org* ivl *el*. de nartatione, vel: pegma sellare *it*. seggiovia

chairlift[2] pegma sellare -atis, *n. org*. Irl *e.l*. vel: telepherica sellaris *it*. seggiovia

chalk[1] creta -ae, *f org*. ivl *el*. de schola *it*. gesso

chalk[2] lapillus cretaceus -m. *org*. Irl *it*. gessetto

champagne vinum Campanese - n. *org*. Irl *e.l*. idem *it*. sciampagna

champion certator princeps - *m. org*. Irl *e.l*. idem *it*. campione(sport)

championship principatus ludorum -*m org* Irl *el*. idem *it*. campionato

chancellor cancellarius -i, *m* ivl *it* cancelliere

change gears denticulationem muto -are *org*. ig *e.l*. de autocineto *it*. cambiare marcia

characterology characterologia -ae, *f. org*. Irl *e.l*. idem *it*. caratterologia

charged (electrical) electrophilus -a-um *org* Irl *el*. idem *it*. eletrofilo

chartographer chartographus -i, *m.org*. Irl *e.l*. idem *it*. cartografo

chassis quadrum -i, *n org*. ivl *e.l*. compages autocineti etc. *it*. telaio

chaulmoogra hydnocarpus -i, *m. org*. Irl *e.l*. idem *it*. chaulmoogra

check[1] syngrapha -ae, *f. org*. ig. *e.l*. assignatio argentaria; viatica; personalis; etc. *it*. assegno

check[2] perscriptio pecuniae *f org* Irl *it* cheque

check[3] mandatum nummarium -*n org*. Bacci el. idem *it*. assegno

cheese factory ergasterium casearium -ii, *n. org*. Irl *e.l*. idem *it*. caseificio

chef archimagirus -i, *m. org*. Irl *el*. coquorum ductor; syn: archicoquus *it*. cuoco

cheilites cheilites -is, *f. org*. Irl *e.l*. inflammatio labrorum *it*. cheilite

chelonian chelones -um, *m.pl. org*. Irl *e.l*. gens testudinium *it*. cheloni

chemical chemicus -a-um *org*. Irl *e.l*. etiam de viro=chemicus-i, m, vide chemica *it*. chimico

chemical factory fabrica chemica *f org* ivl *el*. idem *it*. fabbrica di chimica

chemisier superindusium -ii, *n org*. Irl *e.l*. idem *it*. chemisier

chemist chemica -ae, *f. org*. Irl *it*. chimica

chemistry chemia -ae, *f. org*. Irl *it*. chimica

chemoreceptor chemioreceptorium -ii, *n. org*. Irl *e.l*. idem *it*. chemiorecettore

chemosynthesis chemiosynthesis -is, *f. org*. Irl *e.l*. idem *it*. chemiosintesi

chemotherapy chemitherapia -ae, *f org* Irl *el*. iderm *it*. chemioterapia

chemotropism chemiotropismus -i, *m org*. Irl *el*. idem *it*. chemiotropismo

cheque assignatio argentaria *f* ivl *it* assegno

chess[1] ludus scacorum -i, *m org*. ivl *it*. scacchi

chess[2] tabula latruncularia *f org* ig. *it* scacchiera

chess[3] (adj) latruncularius -a-um *org* Irl *el* idem *it*. scachistico

chess-player lusor latrunculorum -*m org* Irl *el*. idem *it*. scacchista

chest[1] (of drawers) arca loculata f. *org*. Irl *e.l*. idem *it*. canterano

chest[3] (of drawers) armarium multiplex n. *org*. Irl *e.l*. syn: arca vestiaria *it*. cassettone

chestnut tree hippocastanus -i, *m. org.* ivl *e.l.* castanea (arbor) *it.* castagno

chewing gum[1] cummis Americana *f org* ig. *el.* cummis mandendi *it.* gomma americana

chewing gum[2] cummis masticabilis -is, *f. org.* ivl *e.l.* idem *it.* gomma da masticare

chic exquisitus -a-um *org* lrl *el.* expolitus, elegans *it.* chic

chief editor redactor princeps -oris, *n. org.* ivl *el.* idem *it.* redattore capo

child safetyseat sedecula puerilis *f org.* ig. *e.l.* de autocineto *it.* seggiolino (sicurezza)

chimneysweep purgator caminorum -oris, *m. org.* ivl *e.l.* idem *it.* spazzacamino

china factory fabrica porcellanica *f org* ivl *e.l.* idem *it.* fabbrica di porcellane

chip talus (integratus) -i, *m org.* draco *el.* idem *it.* chip, microchip

Chiropodist medicus callorum -i, *m.org.* lrl *e.l.* idem *it.* callista

chocolate socolata -ae, *f. org.* lrl *it.* cioccolata

chocolate drink cocoa -ae, *f. org.* ivl *e.l.* idem *it.* cioccolata

choir chorus -i, *m. org.* ivl *e.l.* idem *it.* coro

choreography choreographia -ae, *f org.* lrl *e.l.* saltatio scaenica *it.* coreografia

chrematistics chrematistica ars *f. org.* ig. *e.l.* idem *it.* crematistica

Christmas festum nativitatis Dominicae -i, *n. org.* ivl *e.l.* idem *it.* natale

Christmas tree arbor natalicia -oris, *f. org.* lrl *e.l.* idem *it.* albero di natale

church ecclesia -ae, *f. org.* ivl *e.l.* templum religiosum praesertim Christianum *it.* chiesa

church organ organum musicum -i, *n org* ivl *el.* idem *it.* organo

cigar bacillum nicotianum *n org.* lrl *it.* sigaro

cigar sigarum -i, *n. org.* ivl *e.l.* vide: 'bacillum nicotianum' *it.* sigaro

cigarette sigarellum, -i, *n org.* ivl *it.* sigaretta

cigarette lighter ignitabulum nicotianum -i, *n. org.* lrl *e.l.* incendibulum nicotianum *it.* accendisigaro

cinema cinematographeum -i, *n org.* lrl *e.l.* adj cinematographicus *it.* cinema

cinema film pellicula cinematica -ae, *f. org.* ivl *e.l.* vide: 'pellicula cinematographia' *it.* film

cinema screen album -i, *n org.* lrl *e.l.* othone, es,*f it.* schermo cinematografico

cinematic cinematicus -a-um *org.* lrl *e.l.* idem *it.* cinematico

circus performance spectaculum circense -i, *n. org.* ivl *e.l.* idem *it.* gioco da circo

circus tent tentorium circense -i, *n. org.* ivl *e.l.* idem *it.* tendone del circo

citrus fruit pomum acre -i, *n org.* lrl *it* agrume

civilian clothes vestis civilis -m *org* lrl *el* civile vestimentum *it.* borghese

clarinet tibia clarisona -ae, *f org* lrl *it* clarinetto

classroom conclave scholare -n *org* ivl *it* aula

cleaning rag drappus -i, *n org* ivl *it* stofinaccio

clearing (of checks etc.) circuitio argentaria -ionis, *f. org.* lrl *e.l.* ratio argentaria *it.* bancogiro

clef clavis musicalis *f org.* ivl *e.l.* idem *it.* chiave

cliché chalcotypta -ae, *f. org.* lrl *it.* cliché

client cliens -tis, m,*f. org.* nl *e.l. e.g.* cliens iurisconsulti *it.* cliente

climatology climatologia -ae, *f org.* lrl *e.l.* idem *it.* climatologia

climbing rope funis scansorius -is, *m org* ivl *el.* de athletica montana *it.* corda

clockhand index -icis, *m. org.* ivl *e.l.* de horologio *it.* lancetta

clothes drier machina siccatoria *f. org.* Th.P. *e.l.* idem *it.* asciugatrice

clothes rack susstentaculum lineorum -n. *org.* lrl *e.l.* idem *it.* stendibiancheria

clothes shop taberna textilium -ae, *f org* ivl *el.* idem *it.* negozio di abbigliamento

clotheswasher machina linteorum lavatoria -ae, *f. org.* lrl *el.* idem *it.* lavatrice

clown[1] ridicularius -ii, *m org* lrl *el* sannio; ludius *it.* pagliaccio

clown[2] scurra -ae, *m/f org* ivl *el.* ridicularius lrl *it.* pagliaccio

club consociatio -onis, *f org.* lrl *e.l.* idem *it* club

clutch[1] pedale iuntionis -is, *n. org.* ivl *e.l.* pedale copulationis *it.* pedale della frizione

coach[2] raeda Pullmaniana *f. org.* lrl *e.l.* autoconetum pullmamianum *it.* autopullman

coach[3] coenautocinetum periegeticum -i, *n org* ivl *e.l.* idem *it.* pullman

coach[4] sella reclinatoria *f org.* lrl *el.* molle subsellium, *n* (Bacci) *it.* poltrona

coal mine fodina carbonaria -ae, *f org.* ivl *el.* idem *it.* miniera di carbone

coat pellis -is, *f org* ivl *el.* de animalibus *it* pelo

coat tunicula manicata *f. org.* lrl *it.* giubba

coaxial cable

coaxial cable funis coaxialis - *m. org.* ig. *e.l.* idem *it.* cavo coassiale
cobalt cobaltum -i, *n. org.* lrl *it.* cobalto
cocain cocainum -i, *m. org.* lrl *it.* cocaina
cockpit¹ cella aeroplani *f. org.* ivl *it.* carlinga
cockpit² scapha aeronavis *f. org.* lrl *it.* carlinga
cocoa theobroma -atis, *n. org.* lrl *e.l.* faba Mexicana *it.* cacao
cod fish asellus -i, *m. org.* lrl. *it.* merluzzo
coelom coeloma -atos, *n. org.* lrl. *it.* celoma
coffee cafaeum -i,*n org* lrl*el* Arabica potio(Bacci) *it.* caffè
coffee grinder molina cafaearia *f org* lrl *el.* pistrilla *it.* macinacaffè
coffee maker machina cafearia -ae, *f org* ivl *el* idem *it.* macchina da café'
coffee pot hirnea cafearia -ae, *f. org.* ivl *el.* hirniola cafearia *it.* caffettiera
coffee shop taberna cafaearia -ae,*f* org lrl *el.* idem *it.* caffeteria
cognac coniacum -i, *n org* ivl *el.* idem *it* cognac
coin (papel) badiolus -i, *m. org. eccl. e.l.* nummulus *it.* baiocco
cold coryza -ae, *f. org.* ivl *it.* raffreddore
collective agreement contractus collectivus -*m. org.* ivl *e.l.* idem *it.* contratto collettivo
collegian collegialis - e. *org* lrl *el.* syn: communis *it.* collegiale
collision collisio -onis, *f org* lrl *el* idem *it* cozzo
cologne aqua Coloniensis -ae, *f. org.* lrl *e.l.* idem *it.* acqua di colonia
colorless achromasia -ae, *f org.* lrl *e.l.* sine colore, achromaticus, a, um. *it.* acrornasia
Colour-blind daltonìcus -a-um *org* lrl *el* achromatopticus *it.* daltonico
combat sports athletica gravis *f. org.* ivl *e.l.* idem *it.* atletica pesante
comedy comoedia -ae, *f. org.* ivl *e.l.* de theatro *it.* commedia
comet¹ stella crinita -ae, *f* ivl *el* idem *it* cometa
comet² cometa -ae, *f. org.* lrl *e.l.* stella cincinnata; stella crinita *it.* cometa
comet³ cometes -ae, *m. org.* ivl *e.l.* vide: 'cometa' *it.* cometa
comet tail cauda cometae *f. org.* ivl *e.l.* idem *it.* coda della cometa
comic book scaenographicus -i, *m. org.* Helfer *e.l.* libellus pictographicus *it.* fumetto
command issum -i, *n org* Draco *el.* iussum in computatro *it.* comando

contrabass

committee consilium -ii, *n org.* lrl *it.* comitato
communication communicatio -onis, *f org* ivl *el.* idem *it.* comunicazione
compass¹ pyxis magnetica -idis, *f. org.* ivl *e.l.* vide: 'pyxis autica' *it.* bussola
compass² pyxis nautica *f org.* lrl *e.l.* acus magnetica nautica *it.* bussola
competition competitio commercialis *f. org.* ivl *e.l.* idem *it.* concorso
compile compilo - are *org.* Draco *e.l.* idem *it.* compilare
compressor cylindrus pressorius - *m. org.* lrl *e.l.* idem *it.* compressore
computer¹ ordinatrum -i, n. *org.* ivl e.l. vide: 'computratum' *it.* computer
computer² computratum -i, *n. org.* Draco *e.l.* machina quae computat *it.* computer
concert¹ concentus musicus -us, *m. org.* ivl *e.l.* idem *it.* concerto
concert² symphonia -ae, *f. org.* lrl *it.* concerto
condomium compossessio -onis, *f. org.* lrl *e.l.* idem *it.* condominio
conductor¹moderator musicorum -oris,*m. org.* ivl *e.l.* praefectus musicus *it.* maestro
conductor² praefectus musicus -i, *m org* ivl *el* vide: 'moderator musicorum' *it.* directore
conductor³ concentus magister -*m. org.* lrl *e.l.* idem *it.* concertatore
confectioner cuppedinarius -ii, *m. org.* lrl *e.l.* crustularius; siliginarius; dulciarius; pistor *it.* pasticcero
confectionery taberna cuppedinaria *f. org.* lrl *e.l.* idem *it.* pasticceria
confusing babelicus -a-um *org.* lrl *e.l.* mixtus atque confusus *it.* babelico
connecting rod (mech.) biellia -ae, *f org* lrl *el.* idem *it.* biella
consortium complexus mercatorius -us, *m. org.* ivl *e.l.* consortium; consortio negotiosa *it.* consorzio
constable, chief of police barigildus -i, *m. org.* lrl *e.l.* ministrorum dux, urbanae custodiae *it.* bargello
construction¹ res exstructoria -ae, *f org* lrl *el.* ars fabricandi *it.* edilizia
construction² (as adj.) exstructorius-a-um *org* lrl *e.l.* idem *it.* edile
consul publìcus procurator -*m org* lrl *it* console
contrabass tuba tuba contrabassica -ae, *f org.* ivl *e.l.* de musica *it.* contrabasso

20

contractor

contractor ergolabus -i, *m. org.* Irl *e.l.* susceptor operum *it.* Imprenditore
contralto altistria -ae, *f. org.* ivl *e.l.* cantrix vocis altae *it.* contralto
conventional arms arma usitata *n, pl. org.* Irl *e.l.* idem *it.* armi convenzionali
conversation (lively) sermocinatio -onis,*f. org.* Irl *e.l.* collocutio *it.* chiacchierata
convertible decontegibile -is,*n org.* ig. *e.l.* autocinetum velorio contectum *it.* decappottabile
conveyor belt taena transportatoria -ae,*f org.* ivl *e.l.* adhibetur materia movenda *it* nastro trasportatore
convoy curruum agmen -*n org.* Irl *it.* convoglio
cooking pot coctorium -i, *n org* ivl *it* pentola
cooling refrigeratorius -a-um *org.* Irl *e.l.* idem *it.* refrigerante
cooper cuparum opifex - *m. org.* Irl *e.l.* doliorum *it.* barilaio
copernican copernicanus -a -um *org.* Irl *e.l.* idem *it.* copernicano
coprocessor coprocessorum -i, *n org* Draco *el* idem *it.* coprocessore
copy[1] exscribo - ere *org.* Irl *e.l.* idem *it.* copiare
copy[2] copio -are *org.* Draco *e.l.* transcribere *it.* copiare
copy[3] (exact) apographon -i, *n org* Irl *el.* exemplar *it.* apografo
corkscrew extraculum -i, *n. org.* ivl *e.l.* instrumentum *it.* cavatappi
corn maiza -ae, *f. org.* Egger *e.l.* maizium, -i, *n;* ivl. *it.* mais
cornea (inflamation) ceratites -is, *f. org.* Irl *e.l.* idem *it.* cheratite
corner kick iactus angularis -us, *m. org.* ivl *e.l.* de pedifollio *it.* calcio d'angolo
cosmography cosmographia -ae, *f. org.* Irl *e.l.* idem *it.* cosmografia
cosmonaut cosmonauta -ae, *m. org.* Irl *e.l.* idem *it.* cosmonauta
costume person scaenicus vestifex -*m org.* Irl *e.l.* actorum vestitor vel vestificus *it.* costumista
cottage villùla -ae, *f org.* Irl *e.l.* idem *it* cottage
couch lecticula -ae, *f. org.* Irl *e.l. syn:* pulvinar *it.* divano
count down computation inversa *f org.* Irl *el.* idem *it.* conto alla rovescia
country road via regionalis -ae, f *org.* ivl *e.l.* idem it. strada maestra
cowboy armentarius -ii, *m. org.* Irl *it.* cowboy

currant

crawl natatio canina -onis, *f. org.* ivl *e.l.* etiam natatio indiana *it.* nuoto a braccio
creativity vis creatnix, *f. org.* Irl *it.* creatività
credit[1] creditum -i,*n org.* Bad. *e.l.* credita; fides *it.* credito
credit[2] pecunia credita -ae, *f. org* ivl *it* credito
credit card charta creditoria *f. org.* vox.L. *e.l.* idem *it.* carta creditoria
crew aeronautici -orum, *m.pl. org.* ivl *e.l.* idem *it.* equipaggio
cricket ludus baculi pilaeque -i, *m org* ivl *el.* de athletica *it.* cricket
criminology criminologia -ae, *f. org.* Irl *e.l.* crimìnum scientia *it.* criminologia
critic aestimator -oris, *m org.* nl *it.* critico
croissant crustulum -i, *m. org.* ivl *it.* foccacina
cross country cursus silvestris - *m. org.* ivl *e.l.* idem *it.* corsa campestre
cross country sking cursus campester -us, *m. org.* ivl *e.l.* de nartatione per silvam *it.* fondo
crossbow balea -ae, *f. org.* ivl *it.* balestra
crossword puzzle crucigramma -atis, *n. org.* Hefner *e.l.* verba decussata *it.* parole incrociate
cruise circumvectio nautica *f.* Irl *it.* crociera
crutch fulcimen vestiarium - *n. org.* Irl *e.l.* idem *it.* stampella
cryptogram cryptogramma -atos, *n org.* Irl *e.l.* idem *it.* criptogramma
cryptography cryptographia -ae, *f. org.* Irl *e.l.* idem *it.* criptografia
cuff-links globuli gemmi -orum, *pl. org.* ivl *e.l.* de vestimento *it.* gemelli
culinary ars coquinaria. *f. org.* Irl. *it.* culinaria
culinary art ars culinaria *f. org.* Irl *e.l.* ars coquinaria *it.* arte culinaria
cult (like) cultualis -e. *org.* Irl *e.l.* ad cultum pertinens *it.* cultuale
curb bit postromis -idis, *f. org.* ivl *e.l.* de equitatione *it.* freno
cure (by mineral water) hydropinotherapia -ae, *f org* Irl *el.* cura aquis medicatis *it* Idropinoterapia
curler involucrum crispatorium -i,*n. org.* ivl *e.l.* de tonstrina *it.* bigodino
curling ludus glacialis conorum -i, *m. org.* ivl *e.l.* luditur in Canada *it.* curling
curling stone conus manubriatus - *m. org.* ivl *el.* etiam 'discus manubriatus' *it.* pietra da curling
currant ribesium -i, *n. org.* ivl *e.l.* genus pomorum *it.* ribes

current

current flurntum electricum -i, *n. org.* ivl *e.l.* idem *it.* corrente

current year annus currens -i, *m org.* nl. *e.l.* hic annus *it.* anno corrente

current (topical) actualis -is -e, adi. *org* nl. *e.l.* vulgaris, usitatus *it.* corrente, odierno

curtain cortina -ae, *f. org.* vulg. *it.* tenda

customs portorium -ii, *n. org.* lrl *it.* dogana

cutlery setting instrumenta escaria - *n, pl. org* ivl *e.l.* idem *it.* posata

cyanide syanidium -i, *n. org.* nl *it.* cianuro

cyberspace cyberspatium -i, *n. org.* Draco *e.l.* spatium cyberneticum *it.* cyberspazio

cycling birotalis -e. *org.* lrl *e.l.* cyclisticus (Badellino) *it.* ciclistico

cyclist[1] birotarius -ii, *m org.* lrl *e.l.* birotaria-ae, *f it.* ciclista

cyclist[2] birotularius -i, *m. org.* ivl *e.l.* vide: 'birotarius' *it.* ciclista

cynism cynismus -i, m. *org.* lrl *it.* cinismo

dadaism, dada dadaismus -i, *m. org.* lrl *e.l.* idem *it.* dadaismo

dadaist dadaistes -ae, *m. org.* lrl *e.l.* dadaismi fautor *it.* dadaista

daily newspaper ephemeris -idis, *f org* ivl *el.* acta diurna *it.* giornale quotidiano

daisy bellis -idis, *f org* ivl *el.* idem *it.* magarita

Dali-lama Daiailama -ae, m. *org.* lrl *e.l.* magister Buddhistarum Tibetanorum *it.* dalailama

dalmatic dalmatica -ae, *f Eccles it.* Dalmatica

daltonism daltonismus --i, *m org.* lrl *e.l.* achromatopsis *it.* daltonismo

dance[1] celebritas saltatoria *f. org.* ivl *e.l.* ballatio *it.* ballo

dance[2] ballatio -onis, *f org* lrl *el.* chorea *it* ballo

dancer ballator -oris, *m. org.* ivl *e.l.* ballatrix-icis, *f it.* ballerino

Dantean Dantesque Dantianus -a -um *org.* lrl *e.l.* pertinens ad Dantem Alagherium *it.* dantesco

dark room capsula obscura *f. org.* lrl *e.l.* capsa photographica *it.* camera oscura

darwinian Darvinianus -a -um *org.* lrl *e.l.* pertinens ad doctrinam Darvinii *it.* darviniano

darwinism darvinismus -i, *m. org.* lrl *e.l.* Darviniana doctrina *it.* darvinismo

dashboard[1] tabula indicatoria -ae, *f. org.* ivl *e.l.* vide: 'tabula instrumentorum' *it.* cruscotto

dashboard[2] tabula instrumentorum *f org* lrl *el.* de autocineto *it.* cruscotto

delivery

data data -orum, *n. org.* Draco *e.l.* informationes *it.* dati

data bank thesaurus indiciorum -i, *m org* lrl *el* elementorum certorum thesaurus *it* banca di dati

data card scidula mechanographica *f. org.* lrl *e.l.* idem *it.* scheda meccanografica

data processing mechanographia -ae, *f. org.* lrl *e.l.* idem *it.* meccanografia

database datarum ordinatrum -i, *n. org.* Draco *e.l.* idem *it.* base dati

date dactylus -i, *m. org.* lc. *e.l.* genus pomi *it.* dattero

dawn diluculum -i, *n. org.* ivl *e.l.* idem *it.* alba

dean decanus -i, *m. org.* ivl *e.l.* decana, ae; in unversitate *it.* preside

decagram decagramma -atis, *n. org.* lrl *e.l.* idem *it.* decagramma

decaliter decalitrum -i, *n. org.* lrl *it.* decalitro

decalogue decalogus -i, *m. org.* lrl it. decalogo

decameter decametrum -i, *n. org.* lrl *e.l.* idem *it.* decametro

decapoda decapodae -arum, *f.pl. org.* lrl *e.l.* decem et pes *it.* decapodi

decasyllable decasyllabus -a-um *org.* lrl *e.l.* idem *it.* decasillabo

decathlon decathlon -i, n *org.* lrl *it.* decathlon

decimal[1] decumanus -a -um *org.* lrl *e.l.* decimalis, decimanus *it.* decimale

decimal[2] system decimalis ratio *f. org.* lrl *el.* idem *it.* sistema decimale

decimeter decimetrum -i, *n. org.* lrl *e.l.* idem *it.* decimetro

deci-millimeter decimillimetrum -i, *n. org.* lrl *e.l.* idem *it.* decimillimetro

decision praevalentia punctorum -ae, *f org.* ivl *el* de gymnastica; decretum de victore *it* giudizio

deckchair[1] sedile cubitorium -i, *n. org.* ivl *e.l.* sedes adhibitur foris *it.* sedia a sdraio

deckchair[2] sellula reclinis *f. org.* lrl *e.l.* idem *it.* sedia a sdraio

deed conscriptio -onis, *f. org.* lrl *e.l.* perscriptio *it.* rogito

deep-freeze arca gelatoria *f. org.* ivl *e.l.* arca gelufica *it.* congelatore

defence lawyer patronus -i, *m. org.* lrl *e.l.* defensor *it.* avvocato difensore

defender defensor -oris, *m. org.* ivl *e.l.* pedifollio *it.* defensore

delivery subministratio -onis, *f org* ivl *e.l.* cum res emptae advenient *it.* consegna

demolition bomb

demolition bomb pyrobolus lanians - *m. org.* Irl *e.l.* idem *it.* bomba dirompente
demonstration protestatio popularis -onis, *f. org.* ivl *e.l.* idem *it.* dimostrazione
dental (med) odontoiatricus -a -um *org.* Irl *e.l.* idem *it.* odontoiatrico
dental technician ondontotechnicus -i, *m org* Irl *el* artifex dentibus sarciendis *it* odonto-tecnico
dentist odontoiatra --ae, *m. org.* Irl *e.l.* mecticus dentarius *it.* odontoiatra
dentist medicus dentarius - *m. org.* Bacci *e.l.* idem *it.* dentista
denture prothesis dentalis -is, *f. org.* ivl *e.l.* idem *it.* dentiera
departure area profectio -onis, *f org.* ivl *e.l.* de statione ferriviaria *it.* partenza
depost account computus conditorius -*m. org.* ivl *e.l.* videm *it.* conto di risparmio
design ars designandi -artis, *f. org.* nl *e.l.* idem *it.* disegno, progetto
desk[1] pulpitum -i, *n e.l.* de schola *it.* cattedra
desk[2] mensa scriptoria -ae, *f org.* ivl *it* scrivania
destroyer navis deletrix -icis, *f. org.* Irl *e.l.* navis venatoria *it.* cacciatorpediniere
detective indagator -oris, *m. org.* ivl *e.l.* f= indagatrix *it.* investigatore
detergent lomentum -i, *n. org.* ivl *e.l.* sapo de machina lavatoria *it.* detersivo
diagram (sonograph) echogramma -atis, *n org.* Irl e.l. idem it. ecogramma
dial tabula horaria -ae, *f. org.* ivl *e.l.* facies horologii *it.* quadrante
dichotomy dichotomia -ae, *f. org.* Irl *e.l.* idem *it.* dicotomia
dictating machine dictaphonum -i, *n. org.* Irl *e.l.* genus magnetophonium; etiam dictaphonium *it.* dittafono
dictionary lexicon -i, *n. org.* Irl *e.l.* thesaurus verborum; vocabularium *it.* dizionario
didactics ars didactica *f. org.* Irl *e.l.* ars docendi; adi. didacticus *it.* didattica
diesel diselianus -a-um *org* Irl *el* idem *it* diesel
diesel fuel, heating oil gasioleum -i, *n org* Irl *el* gasiuni oleosum, gasii oleique mixtura *it.* gasolio
diesel locomotive Diseliana machina vectoria *f. org.* ivl *e.l.* idem *it.* diesel locomotiva
diesel oil naphtha -ae, *f. org.* Irl *e.l.* oleum bituminosum; terrigenum *it.* nafta
dietetic diaeteticus -a-um *org.* Irl *e.l.* de diaetetica *it.* dietetico

diuresis

digital digitalis -is-e *org.* Draco *e.l.* de computrato etc. *it.* digitale
digital watch horologium digitale -i, *n. org.* ivl *e.l.* idem *it.* orologio digitale
dihedron dihedrum -i, *n org.* Irl *it* diedro
dimension matrix -icis, *f* Draco *it.* dimensione
dinghy[1] cumba Indica *f org* Irl *el* idem *it* dinghy
dinghy[2] scapha -ae, *f* Irl *el.* cymba *it.* canotto
dining car currus escarius - *m. org.* ivl *e.l.* idem *it.* vagone ristorante
dining hall cenatio -onis, *f. org.* ivl *e.l.* invenitur in deversoriis, cauponis *it.* sala da pranzo
dining room cenaculum -i, *n org.* ivl *el.* invenitur in domibus *it.* sala da pranzo
dining table mensa escaria -ae, *f.* lvl *it.* tavola
diode dihodus -i, *m. org.* Irl *e.l.* idem *it.* diodo
dioxane dioxinum -i, *n. org.* Irl *it.* diossina
direct current fluentum continuum -i, *n. org.* ivl *e.l.* de electricitate *it.* corrente continua
director[1] dispositor -oris, *m org.* ivl *el.* de cinematographeo *it.* regista
director[2] moderator cinematographicus -*m. org.* Irl *e.l.* idem *it.* Regista
director[3] (stage) scaenarum dispositor -oris, *m org.* ivl *el.* idem *it.* regista
directory index plicarum -icis, *m org.* Draco *el.* idem *it.* direttorio
disc brake sufflamen disci forma -*n org.* Irl *e.l.* idem *it.* freno a disco
disc throw iactus disci -us, *m. org.* ivl *e.l.* de athletica *it.* lancio del disco
discotheque discotheca -ae, *f. org.* Irl *e.l.* taberna discothecaria *it.* discoteca
dishwasher[1] machina elutoria -ae, *f org.* ivl *el* idem *it.* lavastoviglie
dishwasher[2] escariorum lavator -oris, *m. org.* Irl *e.l.* patinarum lotor vel machina escariorum lavatoria *it.* lavastoviglie
disk discus -i, *m. org.* Draco *e.l.* discus compactus, discus durus *it.* disco
disk drive statio discorum -ionis, *f. org.* Draco *e.l.* idem *it.* drive
diskette disculus -i, *m. org.* Draco *it* dischetto
dismissal renuntiatio -onis, *f org.* ivl *e.l.* de labore etc. *it.* licenziamento
distributor (system) spintherogenum -i, *n. org.* Irl *e.l.* de autocineto *it.* Spinterogeno
diuresis diuresis -is, *f. org.* Irl *e.l.* urinae profluvium, diureticus, a, um *it.* diuresi

diviner

diviner cabbalista -ae, *m. org.* lrl *e.l.* idem, adi. cabbalisticus *it.* cabalista
divorce divortium -i, *n. org.* ivl *it.* divorzio
dock murus crepidinis -i, *m org* ivl *el.* navale *it.* banchina
doctor (of gerontology) gerontoiatra -ae, *m. org.* lrl *e.l.* medicus senectutis *it.* gerontoiatra
doctoral doctoralis -e. *org.* ThLL *it.* dottorale
documents (files) documenta -orum, *n org* ivl *el.* etiam acta-orum, *n it.* Atti
dog track cynodromus -i, *m* lrl *it.* cinodromo
dog-kennel canis cubile - *n. org.* lrl *it.* canile
dollar dollarium -ii, *n. org* lrl *el* nummus Americanus *it.* dollaro
door frame postis -is, *m. org.* clsl. *it.* stipite
dose dosis -is, *f. org.* ThLL *el.* idem *it.* quantita
dossier fasciculus chartarum - *m. org.* lrl *e.l.* idem *it.* dossier
double sosia -ae, *m. org.* lrl *e.l.* homo homini simillimus *it.* sosia
doubles ludus bis binorum -i,*m. org.* ivl *e.l.* ludere tenisiam cum quattuor hominibus *it.* doppio
doubt (of all things) acatalepsia -ae,*f. org.* lrl *el.* incomprehensibilitas *it.* acatalessia
downhill racing decursio simplex *f. org.* ivl *e.l.* de nartatione *it.* discesa libera
dowser aquilex -egis, *m. org.* Bacci *e.l.* rhabdomantes, is *it.* rabdomante
dowsing rhabdomantia -ae, *f org* lrl *el* adi habdomanticus *it.* rabdomanzia
doxology doxologia -ae, *f org* lrl *it.* dossologia
drawbridge pons sublevabilis -tis, *m org* ivl *el.* idem *it.* ponte levatoio
drawer[1] forulus reciprocus -i, *m. org.* ivl *el.* de mensa scriptoria vel armario *it.* cassetto
drawer[2] loculus -i, *m. org.* lrl *it.* cassetto
dress circle cavea prima -ae, *f. org.* ivl *it.* de theatro *it.* prima fila
dressing gown amiculum balneare -i, *n. org.* ivl *e.l.* idem *it.* accappatoio
dressmaker[1] sartor -oris, *m. org.* ivl *it.* sarto
dressmaker[2] vestifex -icis, *m. org.* ivl *e.l.* vide: 'vesticus' *it.* sarto
dressmaker[3] vestifica -ae, *f org.* lrl *it.* sarta
drill motor terebra machinalis -ae, *f. org.* ivl *el.* idem *it.* perforatrice
drinking-straw n cannula -ae, *f. org.* lrl *e.l.* idem *it.* cannuccia
drive (car) guberno -are *org.* ivl *e.l.* quoad vehi autocinetum *it.* guidare

echidna

driver[1] autoraedarius -i, *m. org.* ivl *e.l.* vide: 'gubernator autocineti' *it.* autista
driver[2] autocinetistes -ae, *m. org.* lrl *e.l.* autoraedarius (Bacci) *it.* autista
driver[3] gubernator autocineti -oris, *m org* ivl *el.* vide: 'autoraedarius' *it.* autista
driving license diploma gubernationis -atis, *n. org.* ivl *e.l.* vide: 'diploma' *it.* patente
driving school[1] schola autocinetica *f org* lrl *el.* idem *it.* scuolaguida
driving school[2] schola autocinetistarum *f org.* lrl *e.l.* idem *it.* autoscuola
drug money narcodollarium -i, *n org* lrl *el* dollarium e medicamentis stupefactivis proveniens *it.* narcodollaro
drum tympanum -i, *n org.* ivl *e.l.* de musica *it.* timpano
drummer tympanista -ae, *f. org.* lrl *e.l.* tympanotriba *it.* tamburino
dualism dualismus -i, *m. org.* lrl *it.* dualismo
duality dualitas -atis, *f. org.* lrl *it.* dualità
duchess ducissa -ae, *f. org.* lrl *it.* duchessa
due exigibilis -e lrl *el.* Boni nominis *it.* esigibile
duel-opoly duopolium -ii, *n. org.* lrl *e.l.* de oeconomiis *it.* duopolio
duet bicinium -ii, *n. org.* lrl *e.l.* idem *it.* duetto
dumbwaiter ferculorum anabathrum - *n. org.* lrl *e.l.* idem *it.* montavivande
dumpling offa -ae, *f* ivl *el* de cibo *it* gnocco
dustpan vatillum -i, *n org.* ivl *el.* de instrumentis domesticis *it.* paletta
dynamics dynamice -es,*f. org.* lrl *e.l.* doctrina de motu *it.* dinamica
dynamite dynamites -is, *f. org.* lrl *it.* dinamite
dynamo dynamon -i, *n. org.* Bacci *it.* dinamo
dyscrasia dyscrasia -ae, *f org.* lrl e.l. mixtio mala; trans. perturbatio *it.* discrasia
eagle owl bubo -onis, *m org* ivl *el* idem *it* gufo
earthquake terraemotus -us,*m* lc *it* terremoto
easel eculeus -i, m org lrl el. ligneus eculeus *it.* cavalletto
easy chair lectulus -i, *m org.* lrl *it.* dormeuse
ebonite ebenum ficticium -i, *n. org.* lrl *e.l.* hebenum assimulatum *it.* ebanite
ecclesiastic ecclesialis - e. *org.* lrl *it.* ecclesiale
ecclesiology ecclesiologia -ae,*f. org.* lrl *e.l.* idem *it.* ecclesiologia
eccymosis ecchymosis -is, *f. org.* lrl *e.l.* vibix, icis, *f. it.* ecchimosi
echidna echidna -ae, *f. org.* lrl *it.* echidna

echinococcus ecchinococcus -i, m. org. Irl e.l. idem it. echinococco
echinoderm echinodermata -um, n pl. org. Irl e.l. idem it. echinodermi
echo location echogoniometrum -i, n. org. Irl e.l. idem it. ecogoniometro
echo sounder echometrum -i, n. org. Irl e.l. idem it. ecometro
echolalia echolalia -ae, f. org. Irl e.l. voces repercussae it. ecolalia
eclecticism eclectismus -i, m. org. Irl e.l. adi. eclecticus it. eclettismo
eclipse eclipsis -is, f org. Irl el. adi eclipticus it. eclissi
ecologist oecologistes -ae, m org Irl el. oecologus it. ecologista
ecology oecologia -ae, f. org. Irl e.l. adi. oecologicus it. ecologia
econometrix oeconometria -ae, f. org. Irl e.l. idem it. econometria
economic cycle condicio oeconomica f. org. ivl el. idem it. congiuntura
economically oeconomice adv. org. Irl it economicamente
economy oeconomia -ae, f org. Irl e.l. oeconomicus it. economia
ectomy ectomia -ae, f. org. Irl e.l. chirurgica sectio it. ectomia
Ecuator Aequatoria -ae, f org. Irl e.l. syn; Aequator adi; Aequatorianus it. Ecuator
ecumenicity universalitas -atis, f. org. Irl e.l. idem it. ecumenicita'
ecumenism oecumenismus -i, m. org. Irl e.l. adi. oecumenicus it. ecumenismo
eczema (med) eczema -atis, n. org. Irl e.l. impetigo- inis, f it. eczema
eden eden - indecl. org. Irl e.l. paradisus terrestris, adi. edenicus it. Eden
edition publication editio -onis, f org Irl e.l. divulgatio operum it. edizione
editor[1] editor -oris, m org Irl el. idem it editore
editor[2] redactor -oris, m. org. ivl e.l. de actis diurnis it. redattore
effervescence ebullitio -onis, f. org. Irl e.l. idem it. effervescenza
effervescent effervescens -entis org. Irl e.l. fervens (Badellino) it. effervescente
eggbeater pistillum -i, n org. Irl e.l. rudicula it. frullino
egg yolk vitellus -i, m org ivl el de cibo it rosso d'uovo

egyptologist aegyptologus -i, m org Irl it egittologo
egyptology aegyptologia -ae, f org. Irl it egittologia
eidetic eideticus -a-um org Irl el. cognitionlis it eidetico
Einsteinian Einsteinianus -a-um org. Irl e.l. idem it. einsteiniano
elasticity elastica -vis, f. org. Irl e.l. flexibilitas, adi. elasticus it. elasticita'
election election -onis, f. org. ivl it. lezione
elector, voter elector -oris, m. Irl it. electore
electorial seat sedes comitialis f. org. Irl e.l. idem it. seggio elettorale
electric electricus -a-um org. Irl e.l. pertinens ad genus vis it. elettrico
electric cable[1] funis electricus -m. org. ig. el. vide: 'funiculus' it. cavo elettrico
electric cable[2] funiculus electricus -i, m org ivl el. funis tenuis de electricitate it. cavo
electric chair sella electrica f. org. Irl e.l. idem it. sedia elettrica
electric heater fornacula electrica - ae, f. org. ivl el. idem it. termoventilatore
electric light lumen eletricum - inis, n. org. ivl el. idem it. luce elettrica
electric meter electrometrum -i, n. org. ivl e.l. idem it. contatore
electric pen stilus electronicus -m. org. Irl e.l. graphium electronicum it. penna elettronica
electric pole malus electricus -i,m. org. ivl e.l. etiam 'malus telephonicus' it traliccio da elettrico
electric razor rasorium electricum -i, n org ivl el. de tonstrina it. rasoio elettrico
electric wire filum electricum - i, n org. ig e.l. de electricitate it. filo elettrico
electrical shop (cars) officina electrautocinetica f. org. Irl e.l. idem it. elettrauto
electrician- electricista -ae, m. org. Irl e.l. artifex electridis it. elettricista'
electricity[1] electricitas -atis, f. org. ivl e.l. idem it. elettricita'
electricity[2] electris -idis, f. org. Irl e.l. genus vis it. elettricita'
electrobiology electrobiologia -ae, f org Irl el. idem it. elettrobiologia
electrocardiogram electrocardiogramma -atis, n. org. Irl e.l. idem it. elettrocardiogramma
electrocardiograph electrocardiograhia -ae, f org. Irl e.l. idem it. elettrocardiografia

electrochemistry

electrochemistry electrochemia -ae, *f. org.* Irl *e.l.* idem *it.* elettrochimica
electrode electrohodus -i, *f org* Irl *it* elettrodo
electrodynamic electrodynamicus -a-um *org.* Irl *e.l.* idem *it.* elettodinamico
electrodynamometer lectrodynamometrum -i, *n. org.* Irl *e.l.* idem *it.* elettrodinamometro
electrogenic electrogenus -a-um *org.* Irl *e.l.* idem *it.* elettrogeno
electrolysis electrolysis -is, *f.* Irl *it.* elettrolisi
electrolyte electrolytum -i, *n.* Irl *it.* elettrolito
electrolytic electrolyticus -a-um *org.* Irl *e.l.* idem *it.* elettrolitico
electro-magnet magnes electricus -m. *org.* Irl *e.l.* idem *it.* elettrocalamita
electromagnetic nelectromagneticus -a -um *org.* Irl *el.* idem *it.* elettromagnetico
electromagnetism electromagnetismus -i, *m. org.* Irl *el.* idem *it.* elettromagnetismo
electromechanics nelectromachinalis disciplina *f. org.* Irl *e.l.* idem *it.* elettromeccanica
electrometallurgy metallurgia electrica *f org.* Irl *el.* electrometallurgia *it.* elettrometallurgia
electronic pump antlia electronica *f. org.* Irl *el.* idem *it.* pompa elettronica
elementary gymnasialis -e *org.* Irl *e.l.* de schola *it.* ginnasiale
elementary school schola elementaria -ae, *f.-org* ivl *el.* vide: 'gymnasium' *it* schola elementaria
elephantiasis (med) elephantiasis -is, *f. org.* Irl *e.l.* morbus *it.* elefantiasi
elevation view orthographia -ae, *f org* Ic. *el.* de architectura *it.* proiezione veritcale
elevator[1] anabathrum -i, *n. org.* Irl *e.l.* pegma scansorium, cellula scansoria, machina scansoria *it.* ascensore
elevator[2] (cable) pensilis cellula *f org* Bacci *el.* genus anabathri, machina scansoria *it.* ascensore
elk alces -is, *f.* org. ivl *e.l.* idem *it.* alce
e-mail[1] cursus electronicus -us, *m* org. nl *el.* litterae electronicae *it.* e-mail
e-mail[2] epistula electronica -ae, *f. org.* ivl *el.* Idem *it.* posta elettronica
emergency brake frenum necessitatis-i,*n org* ivl *el.* etiam frenum subitae *it* segnale d'alarme
employee locator operae -oris, *m org.* ivl *el.* idem *it.* prestatore d'opera
employer conductor operae - *m. org.* ivl *e.l.* idem *it.* datore di lavoro

eucalyptus

engine driver machinarius -i, *m org* ivl *el* vide: 'machinator', Irl *it.* macchinista
engineer[1] doctor machinarius -i, *m. org.* Irl *e.l.* idem *it.* Ingegnere
engineer[2] ingeniarius -i, *m. org.* ivl *e.l. f.* ingeniaria *it.* ingegnere
engineer[3] (train) machinator -oris, *m org* Irl *el.* machinae ductor *it.* macchinista
engraving chalcographia -ae, *f. org.* Irl *e.l.* idem *it.* calcografia
entrance hall, **passage** andron -onis, *m. org.* Irl *e.l.* vestibulum *it.* androne
envelope involucrum -i,*n org.* Irl *e.l.* tegumentum *it.* busta
envelope involucrum epistulare -i, *n org* ivl *el.* vide: 'involucrum' *it.* busta
epee dolo -onis, *m. org.* ivl *e.l.* genus spadii de arte battuendi *it.* spada
ephelis freckle ephelis -idis, *f org* Irl *it.* efelide
equality aequabilitas -atis, *f org.* nl. *el.* aequalitas de iuribus *it.* parita'
equilibrium aequilibrium -i, *n* Ic *it.* equilibrio
eraser cummis deletilis -is, *f. org.* Irl *e.l.* idem *it.* gomma (cancellare)
eregesis exegesis -is, *f. org.* ThLL *it.* esegesi
ergonomics ergonomia -ae, *f* Irl *it.* ergonomia
escalator scalae volubiles -arum , *f org* ivl *el* scalae modernae; gradus movent *it.* scala moble
escalope copadium -i, *n org.* ivl *it.* scaloppina
eschatology eschatologia -ae, *f org* Irl *el* idem *it.* escatologia
esoteric esotericus -a-um *org.* Irl *it.* esoterico
Esperanto lingua Zamenhofiana *f. org.* Irl *e.l.* Zamenhof, nomen inventoris huius sermonis *it.* Esperanto
esplosive explosivus -a-um *org.* Badellino *e.l.* idem *it.* esplosivo
espresso coffee cafea expressa *f. org.* ivl *e.l.* idem *it.* espresso
Estonia Aestonia -ae, *f org.* nl *it.* Estonia
ethane aethanum -i, *n org* Irl *el.* idem *it.* Etano
Ethiopia Aethiopia -ae, *f. org.* Egger *e.l.* adi. Aethiopes -um, Aethiops- is *it.* Etiopia
Ethiopian Aethiopicus -a-um *org.* Egger *e.l.* Aethiops *it.* Etiope
ethnic cleansing purgation gentica *f. org.* Irl *e.l.* idem *it.* pulizia etnica
ethnology ethnologia -ae, *f.* Irl *it.* etnologia
etiology aetiologia -ae, *f. org.* Irl *it.* eziologia
eucalyptus eucalyptus -i, *f. org* Irl *it.* eucalipto

eudaemonism eudaemonia -ae, *f. org.* Irl *e.l.* res prosperae *it.* eudemonia

eudiometer eudiometrum -i, *n. org.* Irl *e.l.* idem *it.* eudiometro

euphemism euphemismus -i, *m org* Irl *el* syn: euphemia; adi. euphemisticus *it.* eufemismo

euphony euphonia -ae, *f org* Irl *el* gratus sonus; adi. euphonicus *it.* eufonia

euphotic euphoticus - a-um *org* Irl *it* eufotico

euro[1] euro -onis, *m org* vox I. Europea *it* euro

euro[2] eurus (os) -i, *m. org.* ig. *e.l.* moneta europaea *it.* euro

euthanasia euthanasia -ae, *f.* Irl *it.* eutanasia

euthenics euthenica -ae, *f. org.* Irl *e.l.* ratio bene vivendi *it.* eutenica

evening hours horae vespertinae *f. org.* lc. *el. eg.* hora octava semis nocte (ivl) *it* hore di sera

exhaust (system) emissarium -i, *n org* ivl *el.* de autocineto *it.* scarico

existence exsistentia -ae, *f org.* Irl *it.* esistenza

existential exsistentialis -e Irl *it.* esistenziale

existing exsistens, -entis. *org.* Irl *it.* esistente

exogenous exogenus -a-um *org.* Irl *e.l.* extrarius *it.* esogeno

exorcism exorcismus -i, *m org.* Irl *it* esorcismo

exoteric exotericus –a-um *org.* Irl *it* essoterico

expell (from field) relego a campo -are *org.* ivl *el.* de pediludio *it.* ammonizione

experimental experimentalis -e.*org.* med. aet. *e.l.* idem *it.* sperimentale

explosive (from Cheddes) chedditis -itis, *f. org.* Irl *e.l.* pyrius pulvis scilicet maxima vi dirumpendi praeditus *it.* cheddite

express letter epistula accelerata -ae, *f. org.* ivl *e.l.* idem *it.* lettera espressso

express train[1] tramen celere -inis, *n. org.* ivl *e.l.* idem *it.* treno espresso

express train[2] tramen rapidum -inis, *n. org.* ivl *e.l.* idem *it.* treno rapido

expressionism expressionismus -i, *m. org.* Irl *e.l.* idem *it.* espressionismo

exsistentialismus exsistentialismus -i, *m. org.* Irl *e.l.* idem *it.* esistenzialismo

extra persona mutua -ae, *f. org.* ivl *e.l.* actor extraneus *it.* comparsa

extrapolate extrapolo -are Irl *it.* estrapolare

eye ansa -ae, *f org* ivl *el.* genus anuli adhibitum in colligatione; ansula *it.* anello

eye doctor medicus ocularius -i, *m. org.* Irl *e.l.* idem *it.* Oculista

eye swelling buphthalmia -ae, *f. org.* Irl *e.l.* idem *it.* buftalmia

eyeglasses vitra ocularia -n, *pl.* Irl *it.* Occhiali

eyelash ciliorum pilus -*m org* ivl *el* idem *it* cilia

F.B.I. O.F.V. - *n. org.* Irl *e.l.* Officium Foederatum Vestigatorium *it.* F.B.I.

façade frons aedificii -tis, *f. org.* Irl *it.* facciata

face towel drappus lavatorius - *m. org.* ivl *e.l.* idem *it.* strofinaccio per lavare

facial facialis - e. *org.* Irl *e.l.* ad faciem pertinens *it.* facciale

factory[1] fabrica -ae, *f. org.* ivl *e.l.* ergasterium industriale *it.* fabbrica

factory[2] ergasterium -i,*n. org.* Irl *e.l.* domus fabricatoria *it.* fabbrica

factory[3](coldcuts) officina salsamentaria *f. org.* Irl *e.l.* idem *it.* salumificio

Fahrenheit Fahrenheitiana mensura -ae,*f. org.* Irl *e.l.* caloris gradus secundum Fahrenheit *it.* fahrenheit

Fair[1] mercatus annuus -us, *m. org.* ivl *e.l.* idem *it.* parco di divertimento

Fair[2] (centre) aedes nundinales -ium, *f org.* nl *e.l.* idem *it.* centro di fiera

fairground pratum festivum -i, *n.* ivl *it.* park

fairgrounds area festiva *f.* ivl *it.* area festiva

fakir fakirus -i, *m. org.* Bacci *e.l.* pauper Arabicus *it.* fachiro

falconer falconarius -i, *m. org.* Badellino *e.l.* idem *it.* falconiere

falconry ars falconaria *f. org.* Irl *it.* falconeria

faldstool episcopal seat, faldistorium -i, *n org.* eccl. *e.l.* poncificale subsellium *it.* faldistorio

fallible fallibilis -e *org* Irl *el* subdolus *it* fallibile

family tree stemma -atis,*n. org.* Irl *e.l.* gentis stemma *it.* albero genealogico

fanfare, brass band tibicines -um, *m pl. org.* Irl *e.l.* idem *it.* fanfara

farm villa rustica *f. org.* Irl *e.l.* idem *it.* cascina

fascism fascalis factio *f. org.* Irl *e.l.* restituti fasces, fascale regimen. *it.* fascismo

fascist fascalis -is, *m org* Irl *el.* idem *it.* fascista

fashion designer artifex vestiarius -icis, *m. org.* nl *e.l.* idem *it.* designer da moda

fasten accingo -ere *org* ivl *el.* quoad cingulum tutorium *it.* allacciarsi

faucet epitonium -ii, *n. org.* Irl *it.* rubinetto

fault (geol.) fallita -ae, *f. org.* vl *e.l.* fractura terrarum crustae (geol.) *it.* faglia

fauna

fauna fauna -ae, *f. org.* ls. *e.l.* animalium genera *it.* fauna
faunistic faunisticus -a-um o*rg* ls. *it.* faunistica
fax[1] telecopia -ae, *f. org.* ivl *e.l.* nuntius factus ab telecopiatro *it.* telefax
fax[2] machine telecopiatrum -i, *n. org.* ivl *el.* machina moderna nuntiaria *it.* telefax
fear[1] (of speaking) lalophobia -ae, *f. org.* lrl *e.l.* horror loquendi *it.* lalofobia
fear[2] of bears arctophobia -ae, *f. org.* nl *e.l.* timor ursi *it.* paura dei orsi
febrifuge febrifugum -i, *n. org.* lrl *e.l.* medicamentum febrifugium *it.* febbrifugo
fedayeen fedahini -orum, *m. pl. org.* lrl *e.l.* clandestinus Bellator Palaestinensis *it.* fedayin
federal foederativus -a -um lrl *it.* federativo
federalism foederalismus -i, *m. org.* lrl *e.l.* idem *it.* federalismo
federalist foederalista - ae, *f/m. org.* lrl *e.l.* idem *it.* federalista
feed (factory) pabulificium -ii, *n. org.* lrl *e.l.* officina pabuli *it.* mangimificio
felt tip pen graphium coactile -i, *n. org.* ivl *e.l.* de scriptione *it.* pennarello
feminism feminismus - i, *m.* lrl *it.* feminismo
feminist feminista -ae, *m org.* ig. *e.l.* fautor feminismi *it.* feminista
fencing ars battuendi *f. org.* ivl *it.* scherma
fender luticipulum -i, *n. org.* lrl *e.l.* obiex adversus cineres *it.* Paracenere
ferry navis traiectoria *f.* lrl *It.* nave tragletto
field (*sport*) campus lusorius -i, *m. org.* ivl *e.l.* idem *it.* campo (*sport*)
field-marshal marescalcus summus -i, *m. org.* Du Cange *e.l.* idem *it.* feldmaresciallo
fift gear denticulatio quinta -onis, *f. org.* ig. *e.l.* de autocineto *it.* marcia alta
fighter plane aeroplanum insectatorium -i, *n. org.* nl *e.l.* idem *it.* apparecchio da caccia
figure skating patinatio artificiosa -onis, *f. org.* ivl *e.l.* idem *it.* pattinnaggio artistico
file (person) scidula anagraphica *f. org.* lrl *e.l.* idem *it.* scheda anagrafica
file-holder collectorium -i, *n. org.* ivl *e.l.* etiam *it.* raccoglitore schedario
files acta -orum, n, pl. org. ivl e.l. item 'documenti' (*it.*) et *it.* atti
filing cabnet[1] loculamentum -i, *n. org.* lrl *e.l.* chartularium. syn: armarium *it.* cartelliera

first class

filing cabnet[2] armarium actorum *n. org.* ivl *e.l.* idem *it.* armadio
film[1] pellicula cinematographica -ae, *f. org.* lrl *e.l.* taeniola, visifica pellicula *it.* film
film[2] pellicula imprimo -ere org. lrl *it* filmare
film camera[1] instrumentum cinematographicum -i, *n. org.* ivl *e.l.* vide: 'cinematographeum' *it.* cinepresa
film camera[2] instrumentum cinematicum -i, *n. org.* ivl *el* vide: 'cinematographeum' *it* cinepresa
film projector proiectorium cinematographicum -i, *n. org.* ivl *e.l.* proiectorium cinematicum *it.* proiettore
film studio technyphion cinematicum -ii, *n. org.* ivl *e.l.* officina cinematica *it.* studio cinematografico
filter filtrum -i, *n. org.* ivl *e.l.* idem *it.* filtro
final result status finalis -us, *m. org.* ivl *e.l.* de pedifollio etc. *it.* risultato finale
finalist selectus athleta - *m. org.* lrl *e.l.* selecta caterva *it.* finalista
finance res nummaria, *f. org.* lrl *it.* finanza
financial nummarius -a -um ig. *it.* finanziario
finger print impressio digitalis *f. org.* lrl *e.l.* idem *it.* impronta digitale
fingerprints (examination) dactyloscopia -ae, *f. org.* lrl *e.l.* idem *it.* dattiloscopia
finish line terminus -i, *m. org.* ivl *e.l.* de cursu athletico *it.* meta
finishing line meta - ae, *f. org.* ivl *e.l.* terminus cursus *It.* arrivo
fir cone nucamentum -i, *n org.* ivl *el.* de abiete *it.* cono
fir needle seta abiegna -ae, *f. org.* ivl *e.l.* idem *it.* ago sell'abete
fire escape scalae securitatis *f. pl. org.* lrl *e.l.* idem *it.* scala di sicurezza
fireworks spectaculum pyrotechnicum -n org. Egger *e.l.* idem *it.* fuochi artificiali
firearms arma ignifera -orum, *n org* nl *el* idem *it.* armi da fuoco
firecracke pyrobolus chartaceus -*m org* lrl *el* idem *it.* bomba carta
fireman siphonarius -ii, *m. org.* lrl *e.l.* idem *it.* vigile del fuoco
fireman's ladder scalae aeronavis *f. org.* lrl *e.l.* idem *it.* scala aerea
fire-ship navis incendiaria *f. org.* lrl *e.l.* navis ad incendendum praeparata. *it.* brulotta
first class diaeta primae classis *f. org.* ivl *el.* diaeta secunda classis etc. *it.* prima classe

first floor

first floor pedeplana -orum, *n, pl. org.* Irl *e.l.* idem *it.* pianterreno
first gear denticulatio primaria -onis, *f. org.* ig. *e.l.* de autocineto *it.* marcia bassa
first-lady princeps domina *f org* Irl *it* first-lady
firtree abies -etis, *f. org.* ivl *e.l.* idem *it.* Abete
fishing piscatus hamatilis -us, *m. org.* ivl *e.l.* piscari *it.* Pesca
fishing rod harundo piscatoria -inis, *f. org.* ivl *e.l.* idem *it.* canna da pesca
fixed disk horreum ordinatrale -i, *n. org.* ivl *e.l.* vide: 'discus' *it.* disco rigido
fixed term deposits pecunia determinata -ae, *f org.* ivl *e.l.* idem *it.* denaro legato in banca
flag ship praetoria navis *f org* Irl *it* ammiraglia
flame thrower vomitorium ignium -ii, *n. org.* Irl *e.l.* instrumentum ignes evomens *it.* Lanciafiamine
flashing light[1] micans signum - *n. org.* Irl *e.l.* idem *it.* segnale luminoso
flashing light[2] lumen intermittens -inis, *n. org.* ivl *e.l.* idem *it.* segnale intermittente
flashlight lampadium mauale -ii, *n. org.* Irl *e.l.* idem *it.* lampadina tascabile
flat habitatio -onis, *f org* Ic. *it* appartamento
flight path curriculum aeronavium - *n. org.* Irl *e.l.* idem *it.* pista di volo
flint-lock igniarium chalybeium -i, *n org.* Irl *e.l.* idem *it.* acciarino
floor-polisher everriculum hirtum - *n org* Irl *el* idem *it.* spazzolone
flute tibia -ae, *f. org.* Ic *el.* de musica *it.* flauto
foil dolo bullatus - *m. org.* ivl *e.l.* spadium in arte battuendi *it.* fiorettto
folder[1] coopercolum -i, *n. org.* Draco *e.l.* idem *it.* cartelletta, raccoglitore
folder[2] integumentum astrictorium -i, *n. org.* ivl *e.l.* idem *it.* cartella
folding rule mensura plicatilis -ae, *f. org.* ivl *e.l.* de ferris *it.* metro pieghevole
folding seat sellula plicatilis *f. org. e.l.* idem *it.* strapuntino
font typus -i, *m. org.* Draco *e.l.* genus litterarom de computrato *it.* font *s.m. inv.*
food kitchen ptochotropheum -i, *n org* Irl *el.* idem *it.* mendicomio
food processor machina coquinaria -ae, *f. org.* ivl *e.l.* cibum miscere; vide: 'machina mixtoria' Irl. *it.* macchina elettrica multiusu

front-line player

football[3] pedifollis -is, *m. org.* ivl *e.l.* follis adhibitus in pedifollio *it.* pallone
football[2] (Am.) harpastum Americanum - i, *n. org.* ig. *e.l.* idem *it.* football americano
football[3] soccer (Amer.) pediludium -ii, *n org.* Irl *e.l.* folliludium (Bacci) *it.* calcio
footnote didascalia -ae, *f. org.* Irl *e.l.* explicatio *it.* didascalia
forehand ictus directus -us, *m. org.* ivl *e.l.* de teniludio *it.* diritto
foreign money pecunia extranea -ae, *f. org.* ivl *e.l.* idem *it.* valuta estera
foreign trade commercium externum - *n. org.* ig. *e.l.* idem *it.* commercio estero
forest ranger saltuarius -ii, *m. org.* Irl *e.l.* silvarum tuitor *it.* guardia forestale
forger temerator -oris, *m. org.* Irl *e.l.* falsarius e.g. monetae adulterator *it.* falsario
fork[1] deverticulum -i, *n. org.* ivl *e.l.* locus quo via primaria divertit *it.* Bivio
fork[2] fuscinula -ae, *f. org.* ivl *it.* forchetta
format[1] conformo - are *org.* Draco *e.l. e.g.* discum conformare *it.* formattare
format[2] (of a disc) compositio -ionis, *f org* Draco *e.l.* forma disci *it.* formato
forward oppugnator - oris, *m. org.* ivl *e.l.* de pedifollio *it.* attracante
foul poenaliter ago -ere *org.* ivl *e.l.* de pedifollio *it.* fallo
foundling hospital brephotropheum -i, *n org.* Irl *e.l.* idem *it.* brefotrofio
foundry fusoria officina *f. org.* Irl *it.* fonderia
fountain pen stilographum -i, *n. org.* Irl *e.l.* idem *it.* penna stilografica
fountain pen graphium replebile -i, *n. org.* ivl *e.l.* de scriptione *it.* penna stilografica
free style natatio libera -onis, *f. org.* ivl *e.l.* de natatione *it.* stile libero
freemason Francomurarlus -ll, *m. org.* Irl *e.l.* idem *it.* massone
freight train tramen onerarium -inis, *n. org.* ivl *e.l.* idem *it.* treno di merci
French bean phaseolus -i, *m.* Irl *it.* fagiolino
Freudian Freudianus -a-um *org.* Irl *it* freudiano
fringe antiae -arum, *f. org.* ivl *e.l.* de capillis *it.* frangetta
front seat sedes anterior -is, *f. org.* ivl *e.l.* de autocineto etiam posterior *it.* sedile anteriore
front-line player retiarius -i, *m. org.* ivl *e.l.* de folle volatico *it.* giocatore a rete

frown

frown corrugatio frontis *f. org.* ivl *e.l.* idem *it.* aggrottamento

fruit juice- sucus pomarius -i, *m. org.* ivl *e.l.* idem *it.* succo di frutta

fruit platter- lanx pomaria *f org* lrl *it* fruttiera

fruit tree arbor pomifera *f. org.* ivl *e.l.* idem *it.* albero da frutta

fruit vendor pomarius -i, *m. org.* lrl *e.l.* pomorum venditor *it.* fruttivendolo

fruit-cocktail- poma – conditiva -*n, pl org* lrl *el* conditiciorum pomorum commixtio *it* Macedonia

full time munus pleni temporis - *n. org.* lrl *e.l.* syn: professio plenaria *it.* full time

fund, *e.g.* IMF aerarium -i, *n org* nl *el* aerarium Internationale *it.* fondo, capitale

furniture supell-ex -lectilis, *f org.* lc *it.* mobili

fuselage aeronavis alveus -*m. org.* lrl *el.* habitculum *it.* fusoliera

gal (1cm./sec) Gal -*indecl. org.* lrl *e.l.* mensura accelerationis - 1 cm. Singulis secundis *it.* Gal

galactic galacticus -a -um *org.* lrl *it.* galattico

galaxy galaxias -ae, *m. org.* lrl *it.* galassia

galenic Galenicus -a -um *org.* lrl *it.* galenico

Galilean Galileanus -a -um *org.* lrl *it* galileiano

gallery[1] cavea summa -ae, f. *org.* ivl *e.l.* de theatro *it.* terza fila

gallery[2] locus superior -i, *m. org.* ivl *e.l.* de theatro *it.* terza fila

gallery of casts gypsotheca -ae, *f. org.* lrl *el.* aedificium, in quo servantur simulacra vel partes architectonicae *it.* gipsoteca

galley carabus -i, *m. org.* lrl *it.* caravella

gallop cursus citatus -*m. org.* ivl *e.l.* idem *it.* corsa al galoppo

galosh calceamenta cummea *f. org.* Bacci *el.* calcei indumentum (Helfer) *it.* soprascarpa

galvanic Galvanicus -a-um *org.* lrl *it.* galvanico

Galvanism galvanismus -i, *m. org.* lrl *el.* electricarum pilarum studium *it.* Galvanismo

galvanization electrica stimulatio *f. org.* lrl *e.l.* zinci inductio, vivificatio, onis, *f it* galvanizzazione

galvanize stimulo electrice -are *org.* lrl *e.l.* Galvanica ratione moveo, zinco illino *it.* dalvanizzare

galvanometer galvanometrum -ii, *n org* lrl *el.* electrometrum; adi. galvanometricus, a-um *it* galvanometro

galvanoplasty, electro -deposition galvanoplastica -ae, *f. org.* lrl *e.l.* electrolithica impressio (Badellino) *it.* galvanoplastica

gastronome

galvanoscope gralvanoscopium -ii, *n org* lrl *el* electroscopium (Badellino) *it.* galvanoscopio

galvano-tecnics electrotechnice - es, *f. org* lrl *e.l.* electrochemicus usus *it.* galvanotecnica

gametogenesis gametogenesis -is, *f org* lrl *el* idem *it.* gametogenesi

gangrene gangraena -ae, *f. org.* lrl *e.l.* adi. gangraenosus *it.* cancrena

gangster praedo gregalis -onis, *m. org.* lrl *e.l.* idem *it.* gangster

gangway scalae ambulatoriae -arum, *pl. org.* ivl *e.l.* scalae de aeroplano *it.* passerella

garage[1] conditorium -i, *n. org.* lrl *e.l.* autocrinetorum receptaculum *it.* autorimessa

garage[2] stabulum autocineticum -i, *n. org.* ivl *e.l.* idem *it.* rimessa

garbage man scoparius -i, *m.* lrl *it.* spazzino

garden fountain silanus -i, *m.org.* ivl *e.l.* fons artificialis in horto *it.* fontana a zampillo

garden hose uter horticus -tris, *m. org.* ivl *e.l.* aquam fert *it.* Tubo

gardenia (*bot*) gardenia-ae, *f org* lrl *it* gardenia

garlic allium -i, *n. org.* ivl *e.l.* idem *it.* aglio

gas[1] gasium -ii, *n. org.* lrl *e.l.* aeriformis substantia *it.* gas

gas[2] (for car) benzinium -ii, *n. org.* lrl *e.l.* benzinum *it.* benzina

gas can vas benzini -sis, *n. org.* ivl *e.l.* idem *it.* tanica di benzina

gas pipe ductus gasii - *m. org.* lrl *it.* gasdotto

gas station statio benzinaria -onis, *f. org.* ivl *el.* statio autocinetorum, lrl. *it.* stazione di rifornimento

gas tank[1] conceptaculum -i, *n. org.* lrl *e.l.* expiculum, de autocineto *it.* serbatoio

gas tank[2] immissarium benzini -i, *n org.* ivl *e.l.* idem *it.* sebatoio

gaseous, gassy gasiosus -a-um *org.* lrl *e.l.* aeriformis, vaporosus (Badellino) *it.* gassoso

gas man, gas fitter gasarius -ii, *m org.* lrl *e.l.* faber gasarius; gasii domestici distributor *it* gassista

gastric gastricus -a-um *org.* lrl *e.l.* stomachicus *it.* gastrico

gastritis gastritis -is, *f. org.* lrl *e.l.* inflammatio stomachi *it.* gastrite

gastroenteric gastroentericus -a-um *org.* lrl *el.* idem *it.* gastroenterico

gastronome (expert) gastronomus -i, *m. org.* lrl *e.l.* cuppedinarius *it.* gastronomo

gastronomy

gastronomy gastronomia -ae, *f org* Irl *el* ad culinam pertens *it* gastronomia, adi. gastronomi-cus
gastroscope gastroscopia -ae, *f org.* Irl *e.l.* idem *it.* gastroscopia
gear box capsula Carteriana *f. org.* Irl *it.* carter
gear system iunctio velocitatum -onis, *f org.* ivl *e.l.* vide: "denticulatio" Irl. *it.* ingranaggio
gearing denticulatio -onis, *f. org.* Irl *e.l.* machinamentum denticulatum (Bacci) *it.* ingranaggio
gearwheel rota dentaria -ae, *f. org.* ivl *e.l.* vide: 'denticulatio' *it.* ruota dentata
gemmology gemmologia -ae, *f org.* Irl *el.* margaritarum disciplina *it.* gemmologia
gene gen -*incl.* org Irl *el* genum (Helfer) *it* gene
general meeting coetus generalis *m. org.* ivl *e.l.* idem *it.* assemblea generale
genetics doctrina genetica *f. org.* Irl *e.l.* idem, adi. geneticus *it.* genetica
genocide genocidium -i, *n org* Irl *it.* genocidio
genotype genotypus -i, *m. org.* Irl *it.* genotipo
gentian gentiana, -ae, *f. org.* ivl *it.* genziana
geocentric geocentricus -a-um *org.* Irl *e.l.* idem *it.* geocentrico
geodesy geodaesia -ae, *f. org.* Irl *e.l.* terrarum formae studium, adi. geodaeticus *it.* geodesia
geodynamics doctrina geodynamica *f. org.* Irl e.l. geodynamica *it.* geodinamica
geographer geographus -i, *m.* Irl *it.* geografo
geoid geoides -is, *m org* Irl *el.* idem *it* geoide
geologist geologus -i, *m. org.* Irl *e.l.* peritus de geologia *it.* geologo
geology geologia -ae, *f. org.* Irl *e.l.* idem; adi. geologicus *it.* geologia
geo-lunar geolunaris -e *org.* Irl *it.* geolunare
geomagnetic geomagneticus -a-um *org* Irl *el* de geomagnetismo *it.* geomagnetico
geomancy geomantia -ae, *f. org.* Irl *e.l.* idem *it.* geomanzia
geophysics geophysica -ae, *f. org.* Irl *e.l.* geophysice- es, *f*; adi.=geophysicus *it.* geofisica
geo-solar geosolaris -e *org.* Irl *it.* geosolare
geothermic (study of) geothermica doctrina *f. org.* Irl *e.l.* geothermica; adi. geothermicus *it.* geotermica
geotropism geotropismus -i, *m. org.* Irl *e.l.* idem *it.* geotropismo
geriatrics[1] geriatria -ae, *f. org.* Irl *e.l.* medicina senectutis *it.* geriatria
geriatrics[2] gerontoiatria -ae, *f. org.* Irl *el.* geriatria *it.* gerontoiatria

golosh

German measles boa -ae, *f. org.* Irl *e.l.* bova *it.* rosolia
gerontologist gerontologus -i, *m. org.* Irl *e.l.* idem *it.* gerontologo
gerontology gerontologia -ae, *f. org.* Irl *e.l.* idem *it.* gerontologia
gillette lamina rasoria *f. org.* Irl *it.* gillette
gingerbread libum mellitum -i, *n org.* ivl *el.* idem *it.* panpepato
giraffe camelopardalis -is, *f. org.* Irl *it.* giraffa
glacier glaciate moles *f. org.* Irl *it.* ghiacciaio
gland decease adenopathia -ae, *f. org.* Irl *e.l.* glandulae dolor *it.* adenopatia
glass hyalus -i, *m. org.* ivl *e.l.* e.g. hyalus cervesarius, vinarius etc. *it.* bicchiere
glass paper charta vitraria *f. org.* Irl *e.l.* idem *it.* carta vetrata
glass showcase dactyliotheca -ae, *f org.* Irl *el.* idem *it.* bacheca
glasses perspicillum -i, *n. org.* ivl *it.* occhiali
glider[1] velivolum -i, *n. org.* ivl *it.* veleggiatore
glider[2] anemoplanum; vide: 'aeronavis velifera' -i, *n. org.* ivl *el.* idem *it.* veleggiatore
glider[3] aeronavis velifera -is, *f org.* Irl *e.l.* anemoplanum ivl. *it.* aliante
gliding[1] velificatio aerea *f.* Irl *it.* volovelismo
gliding[2] libratus volatus *m. org.* Irl *e.l.* volatus labens *it.* planamento
glossolalia glossolalia -ae, *f.* Irl *it.* glossolalia
glove chirotheca -ae, *f. org.* ivl *it.* guanti
gloves digitabula -orum, *n pl. org.* ivl *it.* guanti
gnome gnomum -i, *n org* Irl *el.* idem *it* gnomo
go shopping res emo -ere ivl *it.* fare le spese
goal porta -ae, *f org* ivl *el.* de pedifollio *it* porta
goal area area portaria *f.* ivl *it.* area di porta
goal post palus portae -i, *m. org.* ivl *e.l.* de pedifollio *it.* palo della posta
goalkeeper[1] ianitor -oris, *m. org.* ivl *e.l.* de pedifollio *it.* portiere
goalkeeper[2] portarius -i, *m org* ivl *el.* de pedifollio *it.* portiere
golf club clava -ae, *f org* ivl *it.* bastone da golf
golf course campus pilamallei -i, *m org.* ivl *el.* idem *it.* campo da golf
golfer lusor pilamallei *m. org.* Irl *e.l.* follis fustisque lusor *it.* golfista
golosh supercalceamentum -i, *n. org.* Irl *e.l.* idem *it.* galoscia

gondolier

gondolier gubernator cymbulae *m. org.* lrl *e.l.* gubernator navis cubiculata; navicularius *it.* gondolieri

Gothic style genus Gothicum *n. org.* ivl e.l. de architectura *it.* stile gotico

government administratio -onis, *f. org.* nl *e.l.* syn; gubernatio; etiam administration (an.) *it.* governo

graduating with doctorate promotio doctoralis -onis, *f. org.* ivl *e.l.* de academia *it.* laurea

grammar school gymnasium -i, *n. org.* ivl *e.l.* idem *it.* ginnasio

grand piano clavile aliforme -is, *n. org.* ivl *e.l.* idem *it.* pianoforte a coda

grandfather clock horologium stativum -i, *n. org.* ivl *e.l.* idem *it.* orologio a pendolo

graph cartogramma -atos, *n. org.* lrl *e.l.* dem (stat.) *it.* cartogramma

graphic pictorial icasticus -a-um *org.* lrl *e.l.* ut imago picta accurata *it.* icastico

gratuity, tip corollarium -ii, *n. org.* lrl *e.l.* mercedula *it.* buonamano

great toe hallux -ucis, *m. org.* ivl *it.* alluce

gringo Americanulus -i, *m. org.* lrl *it.* gringo

grocery (greens) taberna holitoria -ae, *f. org.* ivl *e.l.* idem *it.* negozio di verdura

grocery store taberna alimentaria -ae, *f. org.* ivl *e.l.* idem *it.* negozio di alimentari

groundplan (arch.) ichnographia -ae, *f org* lrl *e.l.* adi. ichnographicus *it.* icnografia

grow in intensity aggravesco -ere *org.* lc *ol.* idem *it.* intensificare

guerilla bellator tectus *m.* lrl *it.* guerrigliero

guerilla warfare bellum tectum *n. org.* lrl *e.l.* idem *it.* guerriglia

guest advena -ae, *m/f org* ivl *el* hospes *it* ospite

guest room hospitaculum -i, *n. org.* lrl *e.l.* hospitale cubiculum *it.* camera degli ospiti

guinea-pig bestiola experimentalis *f. org.* lrl *e.l.* idem *it.* cavia

guitar cithira Hispanlca -ae, *f org* lrl *it* chitarra

guitar player citharista -ae, *m. org.* lrl *e.l.* citharistria, *f* (Badellion) *it.* chitarrista

gutter stillicidium-i, *n org* ivl *it* canale di gronda

gym shoes calceamenta campestria *n,pl* ivl an sneakers *it.* scarpa ginnastica

gymnasium aula athletica *f. org.* ivl *it* palestra

gymnast palaestrita -ae, *m. org.* lrl *e.l.* athleta palaestricus *it.* ginnasta

handbag

gymnastic palaestricus -a-um *org.* lrl *e.l.* gymnicus *it.* ginnastico

gymnastics[1] gymnastica -ae, *f. org.* ivl *e.l.* ars palaestrica *it.* ginnastica

gymnastics[2] ars gymnastica *f.* ivl *it.* ginnastica

gynecologist gynaecologus -i, *m. org.* lrl *e.l.* idem *it.* ginecologo

gynecology gynaecologia *f. org.* lrl *e.l.* adi. gynaecologicus *it.* ginecologia

gypsy hamaxobius -ii, *m. org.* lrl *e.l*

gyroscope gyroscopium -i, *n.* lrl *it.* giroscopio

gyrostat gyrostatum -i, *n. org.* lrl *e.l.* adi. gyrostaticus *it.* girostato

h bomb pyrobolus hydrogenicus *m. org.* lrl *e.l.* idem *it.* bomba h

habitat sedes naturalis *f. org.* lrl *e.l.* habitatio accommoda, habitatio instructa *it.* habitat

hagiographist hagiographus -i, *m. org.* lrl *e.l.* idem *it.* agiografo

hagiography hagiographia -ae, *f org.* lrl *el.* ars hagiographica *it.* agiografia

hair drier favonius -i, *m.* ivl *it.* asciugacapelli

hair lotion liquor fixatorius -oris, *m org* ivl *el* de capillis *it.* fissatore

hairbrush peniculus comatorius -ii, *m. org.* ivl *e.l.* de capillis *it.* spazzolo

hairpin acus comatoria -us, *f. org.* ivl *e.l.* etiam 'acus crinalis' *it.* forcina

hairstyle[1] comptus -us, *m.* ivl *it.* acconciatura

hairstyle[2] oppexus -us, *m. org.* ivl *e.l.* de capillis *it.* acconciatura

halberd hasta ansata -ae, *f. org.* lrl *it.* alabarda

half dimidium tempus *n. org.* ivl *e.l.* de athletica *it.* primo tempo

hamburger isicium Hamburgense *n org.* Egger *el.* idem *it.* hamburger

hammer throwing iacultio mallei -onis, *f org.* ivl *e.l.* idem *it.* lancio del martello

hammock[1] cubile pensile *n. org.* lrl *it.* amaco

hammock[2] matta pensils -ae, *f org.* ivl *e.l.* lectulus pensilis *it.* amaca

hand (of a clock) index horarum *m. org.* lrl *e.l.* idem *it.* lancetta

hand brake sufflamen manuale *n. org.* lrl *e.l.* idem *it.* freno a mano

hand grenade pyrobolus manualis *m. org.* lrl *e.l.* idem *it.* bomba a mano

hand towel manutergium -ii, *n org.* lrl *el.* idem *it.* asciugamani

handbag perula, -ae, *f. org.* ivl *it* borsetta

handball manufollis -is, *m org* ivl *it* pallamano
handbook memorialis -is, *m. org.* lrl *e.l.* libellus manualis, m; *it.* prontuario
handbrake[1] frenum manuale -i, *n. org.* ivl *e.l.* de autocineto etc. *it.* freno a mano
handbrake[2] sufflamen stativum *n. org.* lrl *e.l.* idem *it.* freno di stazionamento
handle bars manubrium -i, *n. org.* ivl *e.l.* de birota *it.* manubrio
handwork, handicraft artificium manu factum -i,*n. org.* nl *e.l.* idem *it.* mestiere
handwriting scriptura manualis -ae, *f. org.* ivl *e.l.* idem *it.* scrittura
hangar[1] tugurum aeroplani -i, *n* ivl *it.* hangar
hangar[2] aeronavium receptaculum *n. org.* lrl *e.l.* idem *it.* aviorimessa
hanger[3] aeroplanorum -i, *n org.* lrl *it.* angar
hang-up (tel.) religo -are *org.* lrl *e.l.* iterum conecto *it.* riagganciare
hanseatic hanseaticus -a-um *org.* lma *e.l.* idem *it.* anseatico
hara-kiri harakirium -ii, *n. org.* lrl *e.l.* mors voluntaria; voluntaria scissio ventris *it.* carachiri
hard snow nix duriuscula -vis, *f. org.* ivl *e.l.* de nartatione; nix gelata *it.* neve gelata
hardware armatura (electronica) -ae, *f. org.* Draco *e.l.* idem *it.* hardware (computer)
harmonium (reed organ) harmonium -ii, *n. org.* lrl *e.l.* harmonicum instrumentum *it.* harmoniurn
hashish hasisum -i, *n. org.* Egger *e.l.* indicum soporiferum; sucus cannabinus *it.* hascisc
hat petasus -i, *m. org.* ivl *e.l.* idem *it.* cappello
hatch ostiolum -i, *n. org.* lrl *el.* idem *it* portello
hatchback (*car*) autocinetum subversatile *n. org.* lrl *e.l.* idem *it.* hatchback
headache[1] dolor capitis -oris, *m. org.* ivl *e.l.* idem *it.* mal di testa
headache[2] cephalalgia -ae, *f org.* lrl *it.* cefalea
headless acephalous acephalus -a, um *org.* lrl *e.l.* sine capite *it.* acefalo
headlights fax electrica -cis, *f. org.* lrl *e.l.* pharus autocineticus *it.* faro
health insurance assecuratio valetudinaria *f. org.* ivl *e.l.* idem *it.* assicurazione di malattie
hearing acusma -atis, *n org.* lrl *e.l.* auditio *it.* acusma
hearse currus funestus *m.* lrl *it.* carro funebre
heart enlargement macrocardia -ae, *f org* lrl *el.* idem *it.* macrocardia

heat (blistering) aestus -us, *m.* ivl *it.* gran caldo
heather calluna -ae, f. *org.* ivl *it.* erica
heavenly paradisiacus -a -um *org.* lrl *e.l.* caelestis *it.* paradisiaco
Hebrew Hebraismus -i, *m. org.* lrl *e.l.* religio Hebraica *it.* ebraismo
hectare hecatontarea -ae, *f. org.* lrl *e.l.* syn: hectarium *it.* ettaro
hectogram hecatogramma -atos, *n. org* lrl *el.* centum scripula (Bacci) *it.* ettogramma
hedonism hedonismus -i, *m. org.* lrl *e.l.* delectatio, adi. = hedonisticus *it.* edonismo
hedonist hedonista -ae, *m. org.* lrl *it.* edonista
Hegelian Hegelianus -a-um *org* lrl *it* hegeliano
helicopter helicopterum -i, *n.* lrl *it.* elicottero
hemp field cannabetum -i, *n org* lrl *it* canapaia
hemp-like cannabiarius -a-um lrl *it.* canapiero
heraldry ars heraldica *f. org.* lrl *it.* araldica
hermaphroditism androgynaecismus -i,*m org* lrl *e.l.* hermaphroditismus *it.* androginia
hermeneutic hermeneuta -ae, *m. org.* lrl *e.l.* interpres; explicator hermeneuticus *it* ermeneuta
hermit anchorite anachoreta -ae, *f org.* lrl *e.l.* idem *it.* anacoreta
herpes herpes -etis, *m org* lrl *el* idem *it* erpete
herpetology herpetologia -ae, *f. org.* lrl *e.l.* herpetum scientia *it.* erpetologia
herring harengus -i, *m. org.* lrl *e.l.* aringus (Bacci) *it.* aringa
heterotopy heterotopia -ae, *f* lrl *it.* eterotopia
heuristic heuretice -es, *f. org.* lrl *e.l. adi.* heureticus *it.* euristica
hexadecimal sedecimalis -is-e *org.* Draco *e.l.* idem *it.* esadecimale
hierocracy hierocratia -ae, *f. org.* lrl *e.l.* sacerdotale imperium, adi. hierocraticus *it.* ierocrazia
high diving saltus de turri -us, *m. org.* ivl *e.l.* idem *it.* tuffo dal trampolino
high jump saltus in altum -us, *m. org.* ivl *e.l.* de athletica levi *it.* salto in alto
highway[1] strata autocinetica -ae, *f. org.* ivl *e.l.* via autocinetica *it.* autostrada
highway[2] via autocinetica *f. org.* lrl *e.l.* idem *it.* autostrada
hike meo -are *org.* ivl *e.l.* ambulare per silvam *it.* caminare
hit ico -ere *org.* ivl *e.l.* de ictu artis battuendi; etiam tangere *it.* stoccata(fare)
Hitlerian Hitlerianus -a-um *org.* lrl *e.l.* ad Adolfum Hitler pertinens *it.* hitleriano

hockey

hockey pilamalleus -i, m. *org.* Irl. *it.* hockey
hockey ball pila alsulegiae -ae, *f. org.* ivl *e.l.* idem *it.* palla da hockey
hockey player alsulegiarius -i, m. *org.* ivl *e.l.* idem *it.* giocatore (hockey)
hockey puck discus -i, m. *org.* ivl *e.l.* de alsulegia glaciali *it.* disco da hockey
hockey stick[1] ferula percussionalis *f. org.* ivl *e.l.* malleus repandus, ivl. *it.* bastone da hockey
hockey stick[2] malleus repandus -i, m. *org.* ivl *e.l.* 'ferula percussionalis' *it.* bastone da hockey
hoe sarculum -i, n. *org.* ivl *e.l.* idem *it.* zappa
hoist anabathrum onerarium n. *org.* Bacci *el.* idem *it.* montacaricli
hole scrobiculus -i, n. *org.* ivl *e.l.* de pillamalleo *it.* buca
home page pagina domestica -ae, *f org* ig. *el.* idem *it.* home page
homework pensum scholasticum n *org* Irl *el* idem *it.* compito
hook uncus -i, m. *org.* ivl *e.l.* de ascensione montium *it.* chiodo
hop lupulus -i, m ivl *el* genus plantae *it* luppolo
horizonal bar ferrum transversum n. *org.* ivl *e.l.* de gymnastica *it.* sbarra
hormone hormo -onis, m *org.* Irl *it* ormone
horn (car) bucina -ae, *f. org.* ivl *it.* clacson
horoscope horoscopica -ae, *f.* Irl *it.* oroscopia
horse eculeus -i, m. *org.* ivl *el.* de gymnastticis *it.* cavallo
horse radish raphanus -i, m *org.* Irl *it.* rafano
horsepower equipotentia -ae, *f. org.* Irl *e.l.* idem *it.* cavallo vapore
horticultural hortulanus -a-um *org* Irl *e.l.* hortensis; hortensius *it.* orticolo
hospital nosocomium -ii, n Irl *it.* nosocomio
hospital ship navigium valetudinarium n. *org.* Irl *e.l.* idem *it.* nave ospedale
host amphitryon -onis, m, *f. org.* ig. *e.l.* etiam amphitruo; qui alios hospitaliter excipicit in aedibus *it.* anfitrione
hostel iuvenale diversoriolum n *org.* Irl *el.* hospitiolum *it.* ostello
hotel[1] deversorium -ii, n. *org* . Irl *it.* albergo
hotel[2] xenodochium -ii, n. *org.* Irl *it.* albergo
hotel manager curator deversorii -oris, *f. org.* ivl *e.l.* idem *it.* albergatore
hotplate discus coctorius m *org.* ivl *e.l.* instrumentum de coquina *it.* fornello

hydroelectric

House of Parliament aedes comitiales -ium, *f. org.* nl *e.l.* oratorum popularium coetus *it.* parlamento
house painter dealbator -oris, *f. org.* Ic *e.l.* dealbatrix, *f;* pictor aedium *it.* imbianchino
household appliances instrumenta domestica -n, *pl. org.* ivl *e.l.* idem *it.* utensili da casa
housewife domiseda -ae, *f org.* Irl *it.* casalinga
hovel casula -ae, *f. org.* Irl *e.l.* syn: tuguriolum *it.* casipola
hrdro-extractor hydroextractorium -ii, n. *org.* Irl *e.l.* humorum instrumentum extractorium *it.* idroestrattore
human relations necessitudines *f, pl. org.* Irl *el.* idem *it.* relazione umana
humanism humanismus -i, m. *org.* Irl *e.l.* studia humanitatis, artes liberales *it.* umanesimo
hunderdth centesima -ae, *f. org.* Irl *e.l. e.g.* quinque centesimae vel 5% *it.* percentuale
hundred times centuplicatus -a-um *org.* Irl *e.l.* idem *it.* centuplicato
hundred-fold centuplum -i, n Irl *it.* centuplo
hunting dog canis venatorius m. *org.* ivl *e.l.* idem *it.* cane da caccia
hunting rifle[1] manuballista venatoria *f org* Egger *e.l.* idem *it.* fucile da caccia
hunting rifle[2] sclopetum venaticum -i, n. *org.* ivl *e.l.* vide: 'manuballista venatoria' it. fucile da caccia
hunting-jacket vestis venatoria -is, *f. org.* Irl *e.l.* idem *it.* cacciatora
hurdle race cursus super saepimenta *m org.* ivl *e.l.* idem *it.* corsa a ostacoli
hyalite (Muller's glass) hyalites -is, m. *org.* science *e.l.* genus opali *it.* ialite
hybridism[1] hybridismus -i, m. Irl *it.* ibridismo
hybridism[2] (study) hybridologia -ae, *f. org.* Irl *e.l.* idem *it.* ibridologia
hydrant fistula hydraulica -ae, *f* Irl *it.* idrante
hydraulic brakes sufflamen hydraulicum n. *org.* Irl *e.l.* idem *it.* freno idraulico
hydrobiology hydrobiologia -ae, *f. org.* Irl *e.l.* adi. hydrobiologicus *it.* idrobiologia
hydrocephaly hydrocephalia -ae, *f org.* Irl *e.l.* cerebrum aquosum; hydrocephalus, adi. hydrocephalicus *it.* idrocefalia
hydro-culture hydrocultura -ae, *f. org.* Irl *e.l.* cultura (cultus) in aqua *it.* idrocoltura
hydroelectric hydroelectricus -a-um *org.* Irl *e.l.* idem *it.* idroelettrico

hydrogen

hydrogen hydrogenum -i, *n. org.* Irl *e.l.* hydrogenium *it.* idrogeno

hydro-geology hydrogeologia -ae, *f org.* Irl *e.l.* aquarum naturae doctrina *it.* idrogeologia

hydrographic hydrographicus -a-um *org* Irl *el.* idem *it.* idrografico

hydrography hydrographia -ae, *f. org.* Irl *e.l.* aquarum descriptio; res hydrologicae, *f pl.it* idrognafia

hydrokinetic hydrocineticus -a-um org. Irl *e.l.* idem *it.* idrocinetico

hydrologist hydrologus -i, *m org* Irl *it* idrologo

hydrology hydrologia -ae, *f org* Irl *el.* de aquis doctrina, hydrologicus-a-um *it.* idrologia

hydrolysis hydrolysis -is, *f. org.* Irl *e.l.* solutio per aquam *it.* idrolisi

hydrolytic hydrolyticus -a-um *org.* Irl *e.l.* hydrolytica via *it.* idrolitico

hydro-massage hydrofricatio -onis, *f org* Irl *el* hydrotractatio *it.* idromassaggio

hydromel hydromeli -itis, *n. org.* Irl *e.l.* hydromel, ellis, *n. it.* idromele

hydrometallurgy hydrometallurgia -ae, *f org.* Irl *e.l.* idem *it.* idrometallurgia

hydrometer hydrometrum -i, *n. org.* Irl *e.l.* aquae libramenti index *it.* Idrometro (un peso)

hydrometry hydrometria -ae, *f. org.* Irl *e.l.* aquae metiendae doctrina, hydrometricus, a, um. *it.* idrometria

hydrophilic hydrophilus -a-um *org* Irl *el* bibulus *it.* idrofilo

hydrophobia hydrophobia -ae, *f. org.* Irl *e.l.* adi. hydrophobus *it.* idrofobia

hydrophone hydrophonum -i, *n. org.* Irl *e.l.* hydrophonium *it.* idrofono

hydrops hydrops -opis, *m.org.* Irl *e.l.* Syn: languor aquosus *it.* idropisia

hydroscope hydroscopium -ii,*n org.* Irl*e.l.* speculatorium aquarum instrumentum *it.* idroscopio

hydrosphere hydrosphaera -ae, *f. org.* Irl *e.l.* aquarum globus *it.* idrosfera

hydrostatic hydrostaticus -a-um *org.* Irl *e.l.* idem *it.* idrostatico

hydrotherapy[1] balneotherapia -ae, *f org* Irl *el.* curatio bainearia *it.* balneoterapia

hydrotherapy[2] hydrotherapicus -a -um *org.* Irl *e.l.* idem *it.* idroterapico

hydrothermal hydrothermalis -e *org.* Irl *e.l.* fons aquarum calentium *it.* idrotermale

hyline, translucent hyalinus -a-um *org.* Irl *e.l.* vitreus *it.* ialino

iconostasis

hypertext hypertextus -us, *m. org.* Draco *e.l.* adi. hypertextualis,is-e *it.* ipertesto

hypnotherapy hypnotherapia -ae, *f.* org. Irl *it.* ipnoterapia

I. D. card tessera agnitionalis *f org.* Irl *el.* idem *it.* tessera d'identita

ice box arca glacialis *f. org.* ig. *e.l.* etiam Anglice ' cooler' *it.* ghiacciaia

ice breaker navis glacifraga *f org.* Egger *e.l.* idem *it.* nave rompighiaccio

ice cream[1] gelida sorbitio *f. org.* Irl *e.l.* sorbillum glaciatum *it.* gelato

ice cream[2] glacies edibilis -iei, *f. org.* ivl *e.l.* vide: 'gelida sorbitio' *it.* gelato

ice cream maker machina gelatoria -ae,*f org.* ivl *e.l.* idem *it.* machina per gelato

ice hockey alsulegia glacialis -ae, *f. org.* ivl *e.l.* idem *it.* hockey su ghiaccio

ice rink stadium glaciale -ii, *n. org.* ivl *e.l.* idem *it.* stadio di ghiaccio

ice skate[1] solea ferrata *f org.* Egger *el.* idem *it* pattino da ghiaccio

ice skate[2] patinus -i, *m org.* ivl *it.* pattino

ice skating patinatio su ghiaccio -onis, *f. org.* ivl *e.l.* idem *it.* pattinaggio

ice-box, freezer frigidarium -ii, *n. org.* Irl *e.l.* idem *it.* ghiacciaia

iced drink nivata potio *f. org.* Irl *it* ghiacciata

icon icon -onis, *f.* Irl *e.l.* imago sacrata *it.* icona

icon collection iconotheca -ae, *f. org.* Irl *e.l.* iconum collectio *it.* iconoteca

icon worshiper iconolatra -ae, *m. org.* Irl *e.l.* cultor imaginum *it.* iconolatra

iconoclasm iconomachia -ae, *f org.* Irl *el.* eversio sacrarum iconum *it.* iconoclastia

iconoclast iconoclasta -ae, *f. org.* Irl *el* eversor sacrarum iconum; iconomachus *it.* iconoclasta

iconoclastic iconoclasticus -a- um *org.* Irl *e.l.* idem *it.* iconoclastico

iconography iconographia -ae, *f org* Irl *el* adi. iconographicus *it.* iconografia

iconolatry iconolatria -ae, *f. org.* Irl *e.l.* cultus imaginum, imaginum adoratio *it.* iconolatria

iconologist iconologus -i, *m. org.* Irl *e.l.* imaginun interpres *it.* iconologista

iconology iconologia -ae, *f. org.* Irl *e.l.* interpretatio imaginum *it.* iconologia

iconoscope iconoscopium -ii, *n org* Irl *el* idem *it.* iconoscopio

iconostasis iconostasis -is, *f.* Irl *it.* iconostasi

ID

ID tessera identitatis *f org.* lrl *it* carta d'identità
idealism idealismus -i, *m. org.* lrl *e.l.* idem, adi. idealisticus *it.* idealismo
idealist idealista -ae, *m. org.* lrl *it.* idealista
identificatiion card schedula agnitionalis *f. org.* lrl *e.l.* idem *it.* cartollino segnaletico
identifying agnitionalis -e *org* lrl *it* segnaletico
identity card syngraphus -i, *m. org.* ivl *e.l.* idem *it.* carta d'identita'
ideo-cracy ideocratia -ae, *f org.* lrl *e.l.* idearum prorsus imperium *it.* ideocrazia
ideogram ideogramma -atis, *n org.* lrl *e.l.* nota ideographica *it.* ideogramma
ideography ideographia -ae, *f org.* lrl *e.l.* idem; adi. ideographicus *it.* ideografia
ideologist ideologista -ae, *m* lrl *it.* ideologista
ideology ideologia -ae, *f. org.* lrl *e.l.* idem; adi. ideologicus *it.* ideologia
idiomatic idiomaticus -a -um lrl *it.* idiomatico
ignition[1] incitatrum -i, *n. org.* ivl *e.l.* de auto-cineto *it.* avviatore
ignition[2] (motor) ignitio -onis, *f org.* lrl *e.l.* machinationis ignitio *it.* accensione
ignition key clavis accensiva -ae, *f. org.* ivl *e.l.* idem *it.* chiavetta d'accensione"
illiterate analphabetus -a -um *org.* lrl *e.l.* ignarius legendi scribendique *it.* analfabeta
imitation leather pellis simulata *f. org.* lrl *e.l.* idem *it.* similpelle
immoral immoralis -e *org.* lrl *it.* immorale
incendiary bomb pyrobolus incendiarius *m. org.* lrl *e.l.* idem *it.* bomba incendiaria
incredulous acatalepticus -a-um *org.* lrl *e.l.* incertus, de rebus omnibus dubitans *it.* acatalettico
industry industria machinalis *f org.* lrl *el* quaestuosa industria *it.* industria
inflamation (of joints) hydrarthrosis -is, *f org.* lrl *el.* artuum inflammatio syn:arthrosis hydropica *it.* idrartrosi
informer paenitens -tis, *m/f org* ig. *el.* delator sceleratorum sociorum, (criminal turning state's evidence) *it.* pentito
initials breviata -ae, *f. org.* lrl *e.l.* subscriptio temporaria *it.* parafa
ink atramentum -i, *n. org.* lrl *it.* inchiostro
input[1] induco -ere *org* Draco *it.* inserire (dati)
input[2] initus -us, *m org.* Draco *e.l. e.g.* initus exitusque *it.* input m
insomnia agrypnia -ae, *f. org.* nl *el.* insomnia *it.* insonnia

islam

inspector inspector traminis -oris, *m org* ivl *el* idem *it.* conduttore
install install -are *org.* Draco *it.* installare
instrument[1] (for hearing test) acumetrum -i, *n. org.*lrl *e.l.* instrumenti genus *it.* acumetro
instrument[2] (for milk density) galactometrum -i, *n. org.* lrl *e.l.* instrumentum quo mensuratur compositio et densitas lactis *it.* galattome-tro
instrument[3] (for magnetic declination) declinemetrum -i, *n. org.* lrl *e.l.* declinationis magneticae index *it.* declinometro
instrument[4] (for water level/flow) hydrographum -i, *n. org.* lrl *e.l.* aquarum instrumentum descriptorium. *it.* idrometro (livello/corrente)
insurance assecuratio -onis, *f. org.* ivl *e.l.* idem *it.* assicurazione
integer integer -gri, *m org* Draco *el.* numerus integer *it.* integro
intercity train tamen interurbanum -inis,*n org* ivl *e.l.* idem *it.* treno inter citta'
intercom citophonium -ii, *n org* ig. *it* citofono
interest usura -ae, *f. org.* ivl *e.l.* de argentaria *it.* interessi
international internationalis -e *org.* lrl *e.l.* idem *it.* internazionale
internet internetum -i,*n. org.* Draco *el* interrete,is *n it.* internet, la rete
inter-racial interphyleticus -a-um *org.* lrl *e.l.* idem *it.* interrazziale
interrupt Interruptus -us, *m. org.* Draco *e.l.* idem *it.* che interrompe un programma in
intersection[1] quadrivium -i, *n org* ivl *e.l.* vide: 'compitum' *it.* incrocio
intersection[2] compitum -i, *n org.* ivl *it* incrocio
interview colloquium interrogatorium *n. org.* ivl *e.l.* idem *it.* intervista
interviewer interrogator -oris, *m. org.* ivl *e.l.* idem *it.* intervistatore
investigator investigator -oris, *m. org.* ivl *e.l.* vide: 'indagator' *it.* investigatore
investment pecunia collocatio -ae, *f org.* ivl *e.l.* idem *it.* investimento
ion ion -onis, *m. org.* lrl *e.l.* idem *it.* ione
ionosphere aetherosphaera -ae, *f org.* lrl *e.l.* summus aer *it.* eterosfera
iron ferrum politorium *n.* ivl *it.* ferro da stiro
iron lung pulmo chalybeius *m. org.* lrl *e.l.* idem *it.* polmone d'acciaio
irrational irrationalis -e *org* lrl *it.* irrazionale
islam islamismus -i, *m. org.* lrl *it.* islam

Italian squash cucurbitula -ae, *f* Irl *it* zucclino
Jack vectis -is, *m. org.* Irl *e.l.* machina levans *it.* martinetto
jackal thos -thois, *m. org.* Irl *it.* sciacallo
jacket iacca -ae, *f. org.* ivl *e.l.* idem *it.* giacca
jade petra nephritica *f. org.* Irl *it.* giada
jaguar iaguara -ae, *f. org.* Irl *e.l.* felis once *it.* giaguaro
jam marmelata -ae, *f. org.* ivl *it.* marmellata
janitor (school) apparitor scholasticus *m. org.* Irl *e.l.* accensus scholasticus; scholae custos *it.* bidello
Japonese sword catana -ae, *f. org.* Irl *e.l.* gladius Iaponicorum *it.* catana
javaman iavanthropus -i, *m. org.* Irl *e.l.* homo Iavensis primigenius *it.* javantropo
javelin throwing iaculatio iaculi -onis, *f. org.* ivl *e.l.* idem *it.* lancio del giavelloto
jazz musica iazensis *f org* Irl *el* syn: iassica *it* jazz
jazzist iassiacus -i, *m. org.* Irl *e.l.* iazensis musicus *it.* jazzista
jeans bracae Genuenses *f, pl. org.* ivl *it.* jeans
jelly gelatinum -i, *n. org.* Irl *e.l.* ius concretum *it.* gelatina
jet *of* pyraulocinetus -a-um Irl *el.* de astronave vel missili retroversus impulsa *it. di* aviogetto
jetplane aeroplanum pyraulocineticum -i, *n.* ivl *el.* aeronavis celerrima *it* aeroplano a rea-zione
jewelry ornamentum -i, *n. org.* ivl *it.* gioielli
jogging cursus pedester *m. org.* Irl *e.l.* jogging
journalism ars diurnariorum *f* org. Irl *e.l.* idem *it.* giornalismo
journalist diurnarius -ii, *m* org Irl *it* giornalista
joust hastiludium, -ii, *m. org.* Irl. *it.* giostra
Judaism Iudaismus -i, *m org.* Irl *el.* Hebraismus *it.* Giudaismo
judo lucta iudoica -ae, *f. org.* ivl *e.l.* de athletica et certamine *it.* judo
jukebox phonographum Americanum *n. org.* Irl *e.l.* idem *it.* jukebox
jumbo jet aeronavis capacissima *f. org.* Irl *e.l.* idem *it.* jumbo jet
jump or branch (computer) saltus -us, *m. org.* Draco *e.l.* e.g. saltus relativus vel condicionalis *it.* salto (elab.)
jury delecti iudices -*m, pl. org.* Irl *it.* giuria
kaleidoscope caleidoscopium -i, *n. org.* Irl *el.* idem *it.* caleidoscopio
kangaroo halmaturus -i, *m org.* Irl *it.* canguro

karate lucta caratica -ae, *f. org.* ivl *e.l.* de athletica et certamine *it.* karate
kation catio -onis, *f org.* Irl *el.* idem *it.* catione
ketone cheto -onis, *m. org.* Irl *it.* chetone
ketonic chetonicus -a-um *org.* Irl *it.* chetonico
key ring clavium thecula *f org* Irl *it* portachiavi
keyboard[1] plectrologium ordinatrale -i, *n org.* ivl. *e.l.* de ordinatro; vide: 'plectra' *it.* tastiera
keyboard[2] plectra -orum, *n, pl. org.* ivl *e.l.* de ordinatro; vide: 'claviatura' *it.* tasteria
keyboard[3] claviatura -ae, *f org.* Draco *e.l.* plectra ivl. *it.* tastiera
keyboard series malleolorum *f. org.* Irl *e.l.* idem *it.* tastiera
kimono kimonum -i, *n org.* Egger *it.* chimono
kitchen coquina -ae, *f org.* lc. *e.l.* conclave coquinare; etiam ars coquinaris *it.* cucina
kitchen sink fusorium -ii, *n org.* Irl *it.* acquaio
kite aquilo -onis, *m. org.* Irl *e.l.* chartaceus milvus *it.* cervo volante
kiwi kivium -ii, *n. org.* Irl *e.l.* idem *it.* kiwi
Knights of Columbus Equites Columbi *m org.* Irl *e.l.* idem *it.* cavalieri di Colombo
Koran Coranum -i, *n org.* Irl *el.* idem *it.* Corano
kremlinology cremlinologia -ae, *f. org.* Irl *e.l.* idem *it.* cremlnologia
krypton cryptum -i, *n org* Irl *el.* idem *it.* cripto
laboratory laboratorium -ii, *n. org.* Irl *e.l.* E.g. officina investigationis medicae *it.* laboratorio
lace denticulus -i, *m. org.* Irl *e.l.* opus hamatum *it.* merletto
lachrymatory (adj.) lacrimatorius -a-um *org.* Irl *e.l.* E.g. gasium lacrimatorium *it.* lacrimogeno
lacrirnal lacrimalis -e *org.* Irl *it.* lacrimale
ladle trulla -ae, *f. org.* lc *el.* idem *it.* mestolo
lama[1] lama anchenia *f. org.* Irl *it.* lama
lama[2] lama -ae, *f org.* Irl *el.* sacerdos Tibetanus, magister *it.* lama
lamasery monasterium Tibetanum *n. org.* Irl *e.l.* monachorum Tibetanorum monasterium *it.* lamasseria
laminated laminatus -a-um *org.* Irl *e.l.* lamellatus *it.* faldato
lamp shade umbraculum lampadis -i, *n. org.* Irl *e.l.* idem *it.* paralume, abat-jour
lamppost palus lanternarius -i, *m. org.* ivl *e.l.* idem *it.* palo del lampione
land[1] advolo -are *org.* ivl *e.l.* idem *it.* atterrare
land[2] appello -ere *org.* ivl *e.l.* idem *it.* atterrare

land³

land³ (inhabitable) oecumene -es, *f. org.* Irl *e.l.* terra habitabilis *it.* ecumene

landing appulsus -us, *m. org.* ivl *e.l.* de aeroplano, aeronave etc. *it.* atterraggio

land-surveyor geometres-ae, *m org.* Irl *e.l.* terrarum mensor *it.* geometra

lanolin lanolinum -i, *n. org.* Irl *it.* lanolina

laptop ordinatrulum gestabile -i, *n. org.* ivl *e.l.* idem *it.* computer portabile

lasagna laganum -i, *n org.* Irl *el.* pasta segmentata *it.* lasagna

laser instrumentum lasericum -i, *n. org.* Egger *e.l.* idem *it.* laser

laser beam radius lasericus *m. org.* Egger *el.* idem *it.* raggio laser

last year annus praeteritus -i, *m. org.* nl *e.l.* idem *it.* anno passato

lathe tornus -i, *m org* ivl *el* de machina *it* tornio

latin lover mulierarius Latinus -i, m. org. Irl e.l. idem it. latin lover

lawn caespes -itis, *m. org.* ivl *e.l.* idem *it.* prato

lawn mower herbisectrum -i, *n. org.* ivl *e.l.* idem *it.* machina tosaerba

lawyer iuris consultus -i, *m. org.* ivl *e.l.* causae actor; advocatus Irl. *it.* avvocato

laxative laxativum -i, *n org.* Irl *e.l.* medicamentum purgatorium *it.* lassativo

leader antistes -itis, *m.* et *f. org.* lc *e.l.* moderator *it.* capo, custode

leaflet, flier schedula volitans *f. org.* Irl *e.l.* libellulus *it.* volantino

lecture acroasis -is, *f, acc.* in, *abl.* i *org.* Svet. *el.* idem *it.* lectura pubblica

lecture praelectio -onis, *f. org.* ivl *e.l.* de universitate *it.* lezione universitaria

leisure time tempus subsicivum -i, *n. org.* ivl *e.l.* otium *it.* ore libere

lemon citrum -i, *n. org.* ivl *it.* limone

lemon aid potio citrea *f org.* Irl *it* cedrata

lemonade limonata -ae, *f org.* ivl *e.l.* de potione *it.* limonata

lesbian femina homophila *f. org.* Irl *it.* lesbica

letter tray repositorium -i, *n org.* ivl *e.l.* de grapheo *it.* contenitore delle pratiche

letter-opener ensiculus chartarius *m. org.* ivl *e.l.* idem *it.* tagliacarte

letters (type) typos -i, *m. org.* Irl *e.l.* typographicae litterae *it.* carattere tipografico

level libra aquaria -ae, *f. org.* ivl *e.l.* adhibita in arte fabrilis *it.* livella a bolla

lobsterpot

lexicographer lexicographus -i, *m. org.* Irl *e.l.* idem *it.* lessicografo

lexicography lexicographia -ae, *f org.* Irl *e.l.* idem *it.* lessicografia

library card scidula bibliographica *f org.* ig. *e.l.* idem *it.* scheda bibliografica

license diploma -atis, *n org.* Irl *e.l.* diploma vehiculo automatario ducendo, *it* patente (di guida)

life insurance assecuratio vitae *f. org.* ivl *e.l.* idem *it.* assicurazione sulla vita

life jacket cingulum salutis -i, *n. org.* Irl *e.l.* idem *it.* cintura di salvataggio

lifeboat scapha salvifica *f. org.* Helfer *e.l.* idem *it.* scialuppa di salvataggio

lifeguard balneator -oris, *m org.* Irl *e.l.* balneatrix-icis, *f it.* bagnino

light luminare -is, *n* ivl *el.* de autocineto *it* faro

light bulb¹ lampada electrica -ae, *f. org.* ivl *e.l.* vide: 'lampas electrica' Irl. *it.* lampadina

light bulb² lampas electrica -adis, *f. org.* Irl *e.l.* vide: 'lampada electrica' *it.* lampadina

light carriage cisium -ii, *n org* Irl *it.* carrozzino

light socket lychnuchus -i, *m. org.* Irl *e.l.* lampadis umbraculum (Bacci) *it.* portalampada

lighter ignitabulum -i, *n. org.* Irl *e.l.* vide: 'ignitabulum nicotianum' *it.* accendino

lines (electric) electroductus -us, *m. org.* Irl *e.l.* idem *it.* elettrodotto

linesman iudex linearius -icis, *m org.* ivl *e.l.* de pedifollio *it.* guardalinee

linguist glottologus -i, *m org.* Irl *it.* glottologo

linguistics glottologia-ae, *f org* Irl *it.* glottologia

link¹ ligamen -inis, *n. org.* Draco *e.l.* coniunctio (computatralis) *it.* link

link² consolido -are *org.* Draco *e.l.* conectere (archiva) *it.* connettere fili, archivi ecc.

linker consolidatrum -i, *n org* Draco *el.* idem *it* meccanismo da linkage

linoleum linoleum -i, *n org.* Helfer *it.* linoleum

lip (shaped) labriformis -e *org.* Irl *e.l.* labris similis *it.* labbriforme

liquor potio valida *f. org.* Irl *it.* liquore

list elenchus -i, *m org* Irl catalogus *it* elenco

list owner moderator gregis -oris, *m. org.* Draco *e.l.* idem *it.* moderatore (della lista e-mail)

living room medianum -i, *n.* ivl *it.* soggiorno

loan mutual pecunia *f* Irl *el.* mutuatio *it* mutua

lobsterpot (etc.) nassa -ae, *f. org.* Irl *e.l.* usus ad nassas marinas; astacis captandis *it.* nassa

local guide

local guide gubernio localis -onis, *m. org.* ivl *e.l.* explorator; ductor localis etc. *it.* pilota pratico
local time hora loci propria *f* Irl *it* ora locale
locksmith claustrarius -i, *m. org.* ivl *e.l.* claustraria -ae, *f it.* fabbro
locomotive achina vectoria -ae, *f. org.* ivl *el.* idem *it.* locomotiva
locust acridium -ii, *m org* Irl *it* acridio, locusta
loft subtegulaneum -i, *n. org.* ivl *it.* granaio
logon ineo -ire *org.* Draco *e.l.* idem *it.* logon
logout exeo -ire *org.* Draco *e.l.* idem *it.* Logout, uscire una pagina
long distance race cursus spatii longi *m. org.* ivl *e.l.* idem *it.* corsa di fondo
long underpants feminalia -ium, *n, pl. org.* ivl *e.l.* vide: 'femoralia' *it.* mutanda lunga
long underwear femoralia -ium, *n, pl. org.* ivl *e.l.* vide: 'feminalia' *it.* mutande lunghe
long waves undae longae -arum, *f. org.* ivl *e.l.* de radiophonia *it.* onde lunghe
loom machina textoria -ae, *f. org.* ivl *it.* telaio
loose leaf notebook codicillus anularis *m org* ivl *e.l.* idem *it.* quaderno a fogli mobili
loss[1] detrimentum -i, *n. org.* ivl *e.l.* amissus de faeneratione, chrematographo etc. *it.* perdita
loss[2] iactura -ae, *f. org.* ivl *e.l. e.g.* detrimentum faeneratione *it.* perdita
lottery alea sortium *f. org.* Irl *e.l.* sortitio chartaria (Helfer) *it.* lotteria
loud altisonans -antis *org.* Irl *e.l.* altisonus *it* altisonante
love (of new) philoneismus -i,*m org.* Irl *e.l.* novitatum amor *it.* filoneismo
luck charm amuletum -i, *n* Irl *it.* portafortuna
luggage cart carrulus sarcinalis -i, *m. org.* ivl *e.l.* adhibetur in aeroportidus etc. *it.* carrello portabagagli
luggage rack reticulum sarcinale -i, *n. org.* ivl *e.l.* de traminibus *it.* portapacchi
luggage rack retinaculum sarcinale -i, *n. org.* ivl *e.l.* vide: 'reticulum carcinale' *it.* portapacchi
luggage van currus sarcinarius *m org.* ivl *e.l.* idem *it.* bagagliaio
lumbago lumbago -inis, *f. org.* ivl *e.l.* dolor lacertorum in lumbo *it.* lombaggine
macaco macacus -i, *m. org.* Irl *e.l.* simiarurm genus *it.* macaco
maccherone pasta tubulata *f. org.* Bacci *el.* idem *it.* maccherone

make-up[1]

maceration (steeping) maceratio -onis, *f. org.* Irl *e.l.* syn: subactio. *it.* macerazioe
Machiavellian Machiavellianus -a-um *org.* Irl *e.l.* idem *it.* machiavelliano
machinegun polybolum -i, *n. org.* Irl *e.l.* idem *it.* mitragliatrice
machinegun fire missilia -ium, *n org.* Bacci *el.* idem *it.* mitraglia
macrobiotic (diet) macrobioticus -a-um *org.* Irl *e.l.* idem *it.* macrobiotico
macrocosm macrocosmus -i,*m org* Irl *e.l.* mundus universus *it.* macrocosmo
macromolecular macromolecularis -e *org.* Irl *e.l.* idem *it.* macromolecolare
macromolecule macromolecula -ae, *f. org.* Irl *e.l.* plurium atomorum molecula *it.* macromolecola
macroscope macroscopium -ii, *n org.* Irl *e.l.* telescopium *it.* macroscopio
mafia mafia -ae, *f it. el. adi.* mafianus *it.* mafia
magazine[1] periodicum -i, *n. org.* ivl *e.l.* genus editionis *it.* rivista
magazine[2] commentarii -orum *n, pl. org.* ivl *e.l.* idem *it.* rivista
magic magia -ae, *f org.* Irl *e.l.* magice,es, *f* (Baccio) *it.* magia
magical magicus -a -um *org.* Irl *it.* magico
magnet magnes -etis, *m org.* Irl *it.* calamita
magnetic card scidula magnetica *f org.* Irl *e.l.* idem *it.* scheda magnetica
magnetic tape taeniola magnetophonica *f org* Irl *el.* idem *it.* nastro magnetico
magnetism vis magnetifca *f. org.* Egger *el.* idem *it.* magnetismo
magnetite magnetites -is, *f org.* Bacci *el.* lapis ferratus *it.* magnetite
maieutic studies ars maieutica *f org.* Bad. *e.l.* etiam Anglice 'dialectics' *it.* maieutica
mail van currus postalis *m. org.* ivl *e.l.* vide: 'currus cursualis' *it.* vagone postale
mailing list[1] catena -ae, *f org.* Draco *el.* numerus gregis electronici *it.* lista elettronica sul rete
mailing list[2] grex interneti -gis, *m. org.* Draco *e.l.* idem *it.* lista di discusione, mailing
main road via principalis -ae, *f org.* ivl *e.l.* idem *it.* strada principale
maitre magister deversorii *m org.* Irl *it.* maitre
major key modus durus -i,*m org.* ivl *el.* de musica; modus maior *it.* tonalita' maggiore
make-up[1] fucatio -ones, *f. org.* Irl *it.* trucco

make-up[2]

make-up[2] ceroma -atis, *n. org.* Irl *it.* cerone
malaria malus aer *m. org.* Egger *e.l.* morbus palustris *it.* malaria
male menopause andropausa -ae, *f. org.* Irl *e.l.* idem *it.* andropausa
manager administrator -oris, *m. org.* ivl *e.l.* idem *it.* direttore
mandolin mandolinum -i, *n org* Irl *it* mandolino
mandrake mandragoras -ae, *f org.* Irl *e.l.* idem *it.* mandragora
manifestation (of the sacred) hierophania-ae, *f. org.* Irl *e.l.* deorum visio *it.* ierofania
manufacture[1] (able to be) fabricabilis -e *org.* Irl *e.l.* aedificandus *it.* fabbricabile
manufacturer[2] fabricator -oris, *m. org.* Irl *e.l.* opifex, dominus ergasterii *it.* fabricante
map tabula geographica *f. org.* Irl *e.l.* idem *it.* tarta geografica
map collection chartotheca -ae, *f. org.* Irl *e.l.* syn: chartophylacium it. cartoteca
marchioness marchionissa -ae, *f. org.* Irl *e.l.* marchionis uxor *it.* marchesa
margarine margarinum -i, *n. org.* Hefter *e.l.* idem *it.* margarina
margine of safety fines tuti -m. pl. *org.* Irl *e.l.* intra tutos fines *it.* margine di sicurezza
marijuana manihuana-ae, *f org* Irl *it* marijuana
marionette neurospastum -i, *n. org.* Irl *e.l.* neurospaston-atis, *n it.* burattino
marketing ratio negotiatoria *f* Irl *it.* marketing
masterpiece opus praestantissimum *n org.* Irl *e.l.* idem *it.* capolavoro
mastic masticha -ae, *f org.* Irl *e.l.* mastiche, es; *it.* mastice
mat storea -ae, *f. org.* Irl *e.l.* idem *it.* stuoia
match ramentum flammiferum -i, *n org.* ivl *e.l.* flammifera assula Irl. *it.* fiammifero
mayonaise ius Magonianum *n org.* Egger *e.l.* idem *it.* maionese
mayor burgimagister -tri, *m. org.* ivl *e.l.* etiam 'magister civium' Irl *it.* sindaco
measles morbilli -orum, *pl. org.* ivl *e.l.* morbus viralis *it.* morbillo
measuring (weights of live animals) barymetria -ae, *f. org.* Irl *e.l.* animalium dimensio ac probatio *it.* barimetria
meat roast assum -i, *n. org.* ivl *it.* arrosto
mechanism machinamentum -i, *m. org.* Irl *e.l.* machina it. ordigno

microscope

medical exam inspectio corporis *f. org.* Irl *e.l.* idem *it.* esame medico
medicine[1] ars medica -tis, *f org.* nl *it* medicina
medicine[2] pharmacum -i, *n. org.* Irl *e.l.* medicina *it.* farmaco
medicine[3] medicamen -inis, *n. org.* lc. *e.l.* medicamentum *it.* medicamento
medium divortium curriculorum *n. org.* Irl *e.l.* crepido dissaepiens *it.* spartitraffico
megalopolis megalopolis -is, *f org.* Irl *e.l.* idem *it.* megalopoli
megaphone megaphonium -ii, *n org* Irl *e.l.* megaphonum *it.* altoparlante
melanoma melanoma -atis, *n org.* Irl *e.l.* idem *it.* melanoma
melodic air (short) cantiuncula -ae, *f org* Irl *el.* cantliena *it.* cabaletta
melon melopepo -onis, *f. org.* ivl *e.l.* cucumis melo *it.* melone
member of parliament parlamentarius -i, *m. org.* ivl *e.l.* de civitate *it.* parlamentare
memory memoria -ae, *f org* Draco *it* memoria
meniscus meniscus -a -um *org.* Irl *el.* lunula *it.* menisco
menu ordo-icis, *m org.* Irl *e.l.* escarum descripttio, index *it.* menu
mercury hydrargyrus -i, *m. org.* Irl *it.* mercurio
merlot vinum Garumnicum -i, *n.* Irl *it.* merlot
mermaid nympha marina -ae, *f org.* ivl *e.l.* de supernatraliis *it.* sirena
merry-go-round circumvectabulum -i, *n. org.* ivl *e.l.* idem *it.* giostra
metal collection nomismatotheca -ae, *f. org.* Irl *e.l.* nummotheca *it.* medagliere
meter metrum -i, *n. org.* Irl *e.l.* idem *it.* metro
metropolis metropolis-is, *f org* Irl *it.* metropoli
micro circuit minutulus circuitus *m. org.* Irl *e.l.* circuitus integratus *it.* microcircuito
micro-surgery microchirurgia -ae, *f org.* Irl *e.l.* idem *it.* microchirurgia
microanalysis microanalysis -is, *f org.* Irl *e.l.* idem *it.* microanalisi
microcosm microcosmus -i, *m org.* Irl *e.l.* idem *it.* microcosmo
microfilm micropellicula -ae, *f. org.* Helfer *e.l.* idem *it.* microfilm
microphone microphonium -ii, *n. org.* Irl *e.l.* idem *it.* microfono
microscope microscopium -ii, *n. org.* Irl *e.l.* idem *it.* microscopio

midwifery maieutice -es, *f. org.* Bacci *e.l.* ars obstetricia *it.* maieutica
military band milites aeneatores -*m, pl. org.* Irl *e.l.* idem *it.* banda militare
military plane aeroplanum militare -i, *n org.* nl *e.l.* idem *it.* appareccchio militare
milling machine machina excisoria -ae, *f org.* ivl *e.l.* idem *it.* fresatrice
mincer machina carnaria -ae, *f. org.* ivl *e.l.* idem *it.* tritacarne
mineral water¹ aqua medicata -ae, *f org.* Irl *el.* idem *it.* acqua minerale
mineral water² (as cure) hydropinicus -a -um *org.* Irl *e.l.* E.g. cura hydropinica *it.* idropinico
mineworker fossor -oris, *m org* ivl *it.* minatore
miniature golf pilamalleus minutus *m org* Irl *e.l.* idem *it.* minigolf
minibus laophorium minutum *n.* Irl *it* minibus
miniskirt tunicula minima *f org* Irl *it* minigonna
minister administer -tri, *m org.* ivl *e.l.* e.g. administer fiscalis, oeconomiae etc. *it.* ministro
ministry (pol.) officium -i, *n. org.* Svet. *e.l.* administratio de rebus publicis, ministerium *it.* dicastero
minor key modus mollis -i, *m. org.* ivl *e.l.* de musica; modus minor *it.* tonalita' minore
minority (ethnic) allophylus -i, *m. org.* Irl *e.l.* idem *it.* allogeno
minute minutum -i, *n org.* Irl *e.l.* una hora consistit e sexaginta minutis *it.* minuto
missile missile -is, *n. org.* Irl *it.* missile
mixer machina mixtoria *f.* Heffer *it.* frullatore
mocha coffee cafea Mochana *f org* ivl it moca
model monstratrix vestimentorum -icis, *f. org.* ivl *e.l.* idem *it.* modella
modem transmodulatrum -i, *n. org.* Draco *e.l.* idem *it.* modem *s.m.inv.*
modern hours horae (modernae) *f org.* lc. *el.* horae modernae incipiunt ab hora VII nocte *it* ore moderne
Molotov cocktail ampulla Molotoviana *f org.* Irl *e.l.* idem *it.* bottiglia Molotov
monastery¹ coenobium -ii, *n. org.* Irl *e.l.* monasterium; adi. coenobialis, -e *it.* cenobio
monastery² convent abbatia -ae, *f. org.* Eccl. *e.l.* coenobium,ii, *n.* syn : monasterium *it.* monastero, convento
monastic monachicus -a -um *org.* Irl *e.l.* monachalis *it.* monacale

monetary system ratio aeraria *f. org.* Irl *e.l.* idem *it.* sistema monetario
money exchange permutatio pecuniaria-onis, *f. org.* ig. *e.l.* idem *it.* scambio di moneta
money purse crumina -ae, *f.* lc. *it.* borsellino
moneybox theca nummaria *f org.* Irl *e.l.* idem *it.* salvadanaio am. piggy bank
moneychanger permutator pecuniae *m. org.* Irl *e.l.* idem *it.* cambiavalute
monitor monitorium -i, *n. org.* Draco *e.l.* idem *it.* monitor *s.m. inv.*
monkey cercopithecus -i, *m. org.* Irl *e.l.* idem (zool.) *it.* cercopiteco
monochrome monochromaticus -a-um *org* Irl *el.* unicolor, oris *it.* monocromatico
monocle monospecillum -i, *n.* Irl *it.* monocolo
monopolist monopoles -is, *m org.* Irl *e.l.* idem *it.* monopolista
monopolize pigneror -ari *org.* Irl *e.l.* praeoccupo *it.* accaparrare
monopoly¹ monopolium -ii, *n org.* Irl *e.l.* idem *it.* monopolio
monopoly² monopolia -ae, *f org. Irl e.l.* de oeconomia *it.* monopolia
monorail monoorbita -ae, *f. org.* ig. *e.l.* singulus axis ferriviarius *it.* monorotaia
monsoon hippalus -i, *m org* Irl *e.l.* ventus monsonius *it.* monsone
monsoonal monsonius -a-um *org.* Irl *e.l.* monsonicus *it.* monsonico
monument cenotaphium -ii, *n. org.* Irl *e.l.* inane sepulcrum ; tumulus vacaus. *it.* cenotafio
morning hours horae matutinae *f. org.* lc. *e.l.* e.g. hora decima minuta vicesima mane *it.* hore della mattina
Moroccan Marokiensis-e *org* Irl *it* marocchino
morpheme morphema -atos, *n. org.* Irl *e.l.* idem it. morfema
morphine morphinum -i, *n org.* Irl *it.* morfina
mortgage hypotheca -ae, *f org* Irl *e.l.* pignus *it* ipoteca
mortgager hypothecarius -i, *m. org.* Irl *e.l.* idem *it.* ipotecario
mortuary¹ conclave funestum -i, *n org.* Irl *el.* idem *it.* camera mortuaria
mortuary² cadaverum -i, *n org.* Irl *it.* obitorio
mosaic musivus -a -um *org.* Irl *it.* musivo
motherboard scheda princeps *f. org.* ig. *e.l.* idem *it.* scheda madre
motor motrum -i, *n. org.* ivl *it.* motore

motorboat[1] autoscapha -ae, *f. org.* ivl *e.l.* idem *it.* barca a motore
motorboat[2] sapha automataria -ae, *f. org.* ivl *e.l.* vide: 'autoscapha' *it.* barca a motore
motorcycle autobirota -ae, *f. org.* ivl *e.l.* idem *it.* motocicletta
motor plough aratrum automatarium *n. org.* lrl *e.l.* idem *it.* motoaratrice
motorbike[1] birota automataria *f. org.* lrl *e.l.* idem *it.* motocicletta
motorbike[2] birotula automataria -ae, *f org.* lrl *el.* idem *it.* ciclomotore
motorboat[3] cymba automataria *f org.* lrl *el.* navigium automatarium, *n it.* motobarca
motorcyclist autobirotarius -i, *m org.* ivl *e.l.* idem *it.* motociclista
motoring res autocinetica *f org.* lrl *el.* idem *it.* automobilismo
mountain bike birota montana *f org.* lrl *e.l.* idem *it.* mountain bike
mountain cableway funivia -ae, *f org.* ivl *e.l.* currus funilis; vehiculum funale *it.* funivia
mountain climber oribates -ae, *m org.* lrl *e.l.* montium lustrator *it.* alpinista
mountain climbing montium lustratio -ionis, *f org.* lrl *e.l.* montium ascensus *it.* alpinismo
mountain railway ferrivia montana *f. org.* ivl *e.l.* idem *it.* cabinova
mountain rescue service custodes montani -m, pl. *org.* ivl *e.l.* idem *it.* soccorso alpino
mountaineer ascensor montium -oris, *m. org* ivl *e.l.* acenstrix montium *f. it.* alpinista
mountaineering ascension montium -onis, *f. org.* ivl *e.l.* idem *it.* alpinismo
mouse (computer) mus -muris, *m. org.* Draco *e.l.* mus computatralis *it.* mouse *s.m. inv.*
mouth organ harmonica inflatilis -ae, *f org.* ivl *e.l.* idem *it.* armonica a bocca
movie theater cinemateum -i, *n org.* Traup. *el.* theatrum cinematographicum *it.* cinema
multimilionaire miliardarius -ii, *m. org.* lrl *e.l.* idem *it.* miliardario
multiple dwelling domus plurium familiarum -us, *f. org.* ivl *e.l.* idem *it.* casa plurifamiliare
multitasking processio multiplex -ionis, *f. org.* Draco *e.l.* idem *it.* multitasking *s.m.inv.*
municipal municipalis -e *org.* lrl *it.* comunale
music lover musicomanes -is, *m. org.* lrl *e.l.* idem *it.* musicomane
music mania musicomania -ae, *f org.* lrl *e.l.* idem *it.* musicomania

musical band manus aeneatorum *f org.* lrl *e.l.* idem *it.* banda musicale
musical note nota musicalis -ae, *f. org.* ivl *e.l.* idem *it.* nota musicale
mustache mystax -acis, *m org* lc *el.* lrl *it* baffo
mustard sinapis -is, *f org* ivl *el* idem *it* senape
mutiracial multigeneris -e *org.* lrl *e.l.* multigenerus *it.* multirazziale
myocardiopathy cordis debilitas *f. org.* lrl *e.l.* myocardiopathia *it.* miocardia
myoplasty myoplasmatio -ones, *f. org.* lrl *e.l.* musculorum restitutio *it.* mioplastica
myth mythus -i, *m. org.* lrl *e.l.* fabula *it.* mito
naket, referring to Adam adamianus -a-um *org.* lrl *e.l.* Adamo(de), nudus, innocens, *it.* adamitico
name plate lamina insculpta *f org.* lrl *e.l.* insigne metallicum; lamina numeris distincta *it.* targa
nanometer nanometrum -i, *n org.* lrl *e.l.* mensura minima longitudinis *it.* nanometro
nanosecond nanosecundum -i, *n. org.* ig. *e.l.* mensura minima temporis *it.* nanosecondo
naphthalene naphthalinum -i, *n org* lrl *e.l.* sucus bituminei (gen) *it.* naftalina
napkin mappa -ae, *f. org.* ivl *e.l.* vide: 'mappula' *it.* tovagliolo
napoleonic Napoleonicus -a-um *org.* lrl *e.l.* ad Napoleonem pertinens *it.* napoleonico
narcosis sopor artificiosus *m org* lrl *it.* narcosi
narcotic[1] soporifer -a-um *org.* lrl *it.* narcotico
narcotic[2] medicamentum stupefactivum -i, *n. org.* lrl *e.l.* idem *It.* stupefacente
narcotism narcotismus -i, *m.* lrl *it.* narcotismo
narcotize soporo -are *org.* lrl *it.* nar-cotizzare
narwhal monodon -tos, *m org.* lrl *e.l.* unicornnis arcticus cetus *it.* narvalo
natality (birth rate) index natalium *m. org.* lrl *it.* natalità
national nationalis -e lrl *el.* gentilis *it* nazionale
nativity scene praesaepe -is, *n. org.* ivl *e.l.* de festo nativitatis Dominicae *it.* presepio
natrium natrium -ii, *n* lrl *e.l.* sodium *it* natrium
natron natrum -i, *n. org.* lrl e.l. idem *it.* natron
neck (of dress) excisura -ae, *f.* ivl *el.* scollatura
neckline peristonium -i, *n org.* ivl *e.l.* de vestimentis; excisura *it.* scollatura
neo-capitalism nova cephalaeocratia -ae, *f. org.* lrl *e.l.* idem *it.* neo-captalismo
neon neon -onis, *n. org.* lrl *e.l.* idem *it.* neon
neonatal neonatalis -e *org.* lrl *it* neonatale

nersery school nepiagogium -i, *n. org.* ivl *e.l.* de schola *it.* giardino d'infanzia
nerve neuron -i, *n org.* ivl *e.l.* nervus *it.* nervio
net rete -is, *n. org.* ig. *e.l.* idem *it.* rete
neurosis neurosis -is, *f. org.* lrl *it.* neurosi
neutron bomb pyrobolus neutronicus *m org.* lrl *e.l.* idem *it.* bornba al neutrone
New Year's Eve festum pervigilii Silvestri *n. org.* ivl *e.l.* idem *it.* capodanno
newspaper aedicula diurnorum -ae, *f. org.* lrl *e.l.* idem *it.* edicola
nickel nichelium -ii, *n. org.* lrl *e.l.* niccolum (Helfer) *it.* nichel
night shirt camisia nocturna -ae, *f. org.* ivl *e.l.* idem *it.* camicia da notte
nightclub taberna nocturna *f.* lrl *it.* night-club
nirvana nirvana -ae, *f. org.* lrl *it.* nirvana
nitrogen azotum -i, *n. org.* lrl *e.l.* azoton -atis, *n it.* azoto
nitroglycerine nitroglycerinum -i, *n org.* lrl *e.l.* idem *it.* nitroglicerina
Nobel prize praemium Nobelianum *n org.* Egger *e.l.* idem *it.* premio Nobel
nomad nomas -adis, *m. org.* lrl *it.* nomade
non spreading ecdemicus-a-um *org.* lrl *e.l.* de morbo *it.* ecdemico (med.)
non-smoking section diaeta non-fumatorum *f. org.* ivl *e.l.* idem *it* compartamento (non-fumo)
notepad codicillus chartarum *m. org.* ivl *e.l.* idem *it.* bloco per appunti
novel commenticia fabula *f. org.* lrl *e.l.* fabula Romanensis; *it.* romanzo
novellist narratiuncularum -i, *n. org.* Bacci *el.* fabularum scriptor; fabulator, oris, *m, it* novellista
novice novicius -ii, *m. org.* lrl *e.l.* novitius; tiro, *it.* novizio
nuclear fission fissio nuclearis *f. org.* lrl *e.l.* atomi compaginum scissio *it.* fissione nucleare
nuclear power station[1] officina atomica -ae, *f. org.* ivl *e.l.* idemn *it.* centrale nucleare
nuclear power station[2] electrificina nuclearis *f. org.* ivl *e.l.* idem *it.* centrale nucleare
nurse[1] ministra aegrorum *f org* lrl *it.* infermiera
nurse[2] nosocoma -ae, *f. org.* ivl *e.l.* de nosocomio: nosocomus (m) *it.* infermiera
nursemaid custos parvulorum -odis, *m org.* lrl *e.l.* ancilla *it.* bambinaia
nut[1] matrix cochleae -icis, *f org.* ivl *e.l.* vide: 'vagina chochleae' *it.* madrevite

nut[2] (bolt) vagina chochleae *f. org.* lrl *e.l.* idem *it.* madrevite
nutcracker nucifrangibulum -i, *n. org.* lrl *e.l.* idem *it.* schiaccianoci
nylon stockings tibialia -ium, *pl org.* ivl *e.l.* de feminis *it.* calze di nailon
oarsman renex -igis, *m. org.* lrl *it.* canottiere
oasis oasis -is, *f. org.* lrl *e.l.* perfugium *it.* oasi
oceanographer oceanographus -i, *m. org.* lrl *e.l.* oceani descriptor *it.* oceanografo
oceanography oceanographia -ae, *f org* lrl *e.l.* idem adi. oceanographicus *it.* oceanografia
ochlocracy ochlocratia -ae, *f.* lrl *it.* oclocrazia
odontology odontologia -ae, *f org.* lrl *e.l.* dentaria disciplina adi. Odontologicus *it.* odontologia
oedema (med) oedema -atis, *n. org.* lrl *e.l.* adi. oedematicus *it.* edema
oedipal oedipicus -a -um *org.* lrl *it.* edipico
office grapheum -i, *n org.* lrl *e.l.* conclave scriptorium *it.* studio
office chair sella muneris *f. it* sedia dell'ufficio
offside seorsum sto -are *org.* ivl *e.l.* de pedifollio *it.* fuorigioco
oil ship navis petrolearia *f. org.* Egger *el.* idem *it.* nave petrolifera
old people's home gerontocomium -i, *n.* ivl *el.* locus quo seniores curantur *it.* casa per anziani
olympic campion Olympionices -is, *m/f. org.* lrl *e.l.* idem *it.* campione olimpico
oneway street[1] via unius cursus -ae, *f. org.* ivl *e.l.* idem *it.* senso unico
oneway street[2] via unius directionis -ae, *f org* ivl *e.l.* vide: 'via unius cursus' *it.* senso unico
oneway street[3] monodromus -i, *n. org.* lrl *e.l.* idem *it.* strada a senso unico
opening address prooemium -ii, *n org.* lrl *e.l.* praelocutio *it.* prolusione
opera melodrama -atis, *n org.* lrl *el.* fabula melica *it.* melodramma
opera house theatrum melodramaticum -i, *n. org.* ivl *e.l.* idem *it.* teatro dell'opera
operation sectio chirurgica *f. org.* lrl *e.l.* excisorium experimentum *it.* intervento chirurgico
operation room chirurgium -ii, *n org.* lrl *e.l.* idem *it.* sala operatoria
operetta melodramtium -i, *n org* ivl *it* operetta
ophthalmologist ophthalmoiatra -ae, *m. org.* lrl *e.l.* medicus ocularius *it.* oftalmoiatra
opinion poll interrogatio politica -onis, *f. org.* ivl *e.l.* idem *it.* sondaggio d'opinione

orange[1] arancium -i, *n. org.* ivl *it.* arancia
orange[2] malum Sinense *n. org.* Irl *it.* arancia
orange juice potio malosinensis *f. org.* Irl *e.l.* idem *it.* aranciata
orbit orbita -ae, *f org.* ivl *el.* de spatio *it* orbita'
orchestra[1] orchestra -ae, *f. org* Irl *it.* orchestra
orchestra[2] symphoniaci -orum, *m. org.* ivl *e.l.* idem *it.* orchestra
organ builder organopoeus -i, *m org.* Egger *el.* idem *it.* organaio
organ pipe fistula organi -ae, *f org.* ivl *it.* canna
organigram organogramma -atis, *n. org.* Irl *el.* Eng. chart *it.* organigramma
organist organarius -ii, *m org* Irl *it.* organista
organizied crime latronum consociatio *f. org.* Irl *e.l.* idem *it.* criminalità organizzata
ornamental scroll titulus -i, *m. org.* Irl *e.l.* Syn: emblema (arch.) *it.* cartiglio
outfit (diving, space ect.) scaphandrum -i, *n. org.* Egger *e.l.* idem *it.* scafandro
outlaw exlex -egis, *m org.* Irl *it.* fuorilegge
overalls encomboma -atis, *n. org.* ivl *it.* tuta
overcoat[1] tunicula spissa *f org.* Irl *it.* giubbone
overcoat[2] superindumentum -i, *n. org.* Bacci *e.l.* idem *it.* paletot
overdrawn check syngrapha inanis *f. org.* Irl *e.l.* idem *it.* assegno scoperto
overhead projector proiectorium supracapitale -i, *n. org.* ivl *e.l.* adhibetur praecipue in eruditione *it.* proiettore overhead
overpopulation densitas populationis *f. org.* Irl *e.l.* nimia densitas demographica *it.* sovrappopolazione
overtaking praetergressio -onis, *f. org.* Irl *e.l.* e.g. praetervectio autocineti *it.* sorpasso
ozone ozonium -ii, *n org.* Irl *e.l.* idem *it.* ozono
pachyderm pachydermum -i, *n. org.* Egger *el.* idem *it.* pachiderma
packing paper chartae ineptae *f. pl. org.* Irl *e.l.* idem *it.* cartastraccia
paleoanthropology paleoanthropologia -ae, *m. org.* Irl *e.l.* humanorum fossilium studium *it.* paleoantropologia
paleoecology palaeoecologia -ae, *f org.* Irl *e.l.* idem *it.* paleoecologia
paleografic palaeographicus -a-um *org.* Irl *e.l.* palaeographia -ae, *it.* paleografico
paleolithic palaeolithicus -a-um *org.* Irl *e.l.* idem *it.* paleolitico

paleontology palaeontologia -ae, *f org.* Irl *e.l.* idem *it.* paleontologia
palingenesis palingenesis -is, (eos) *f org.* Bacci *e.l.* idem *it.* palingenesi
palmistry chiromantia -ae, *f. org* Irl *el.* divinatio ex manus lineis (Bacci) *it.* chiromanzia
pamphlet libellus satyricus -i, *m. org.* Irl *e.l.* idem *it.* pamphlet
panegyrist panegyrista -ae, *m. org.* Irl *e.l.* laudator *it.* panegirista
Pan-European paneuropaeus -a-um *org* Irl *el.* idem *it.* paneuropeo
pantaloons sarabara -ae, *f. org.* ivl *e.l.* genus bracarum *it.* pantaloni alla turca
panther panthera -ae, *f org.* Irl *it* pantera
panties subligaculum -i, *n org* Irl *it.* mutandine
pants bracae *f. pl. org.* Irl *e.l.* idem *it.* calzoni
panty hose tibialia bracaria -ium, *pl. org.* ivl *it* collant
paper papyrus -i, *f org.* ivl papyrum *it.* carta
paper charta -ae, *f. org.* lc. *e.l.* idem *it.* carta
paper (*like*) chartaceus -a-um Irl *it.* cartaceo
paper bag cucullus -i, *m. org.* Irl *e.l.* syn: papyraceus cucullus *it.* cartoccio
paper clip fibicula chartarum -ae, *f org.* ivl *el.* idem *it.* fermaglio
paper industry ara chartotechnica *f. org.* Irl *e.l.* industria chartaria *it.* cartotecnica
paper mill officina chartaria *f org* Irl *it* cartiera
paper money pecunia chartacea *f. org.* Helfer *e.l.* Idem *it.* cartamoneta
paperback liber palmaris -bri, *m. org.* ivl *e.l.* idem *it.* tascabile
paperhanger tapetarius -i, *m. org.* ivl *e.l.* qui tapeta parietibus superponit *it.* tappezziere
papermill fabrica chartaria *f org.* ivl *it.* cartiera
papier-mache charta macerata *f. org.* Irl *e.l.* idem *it.* cartapesta
parachute[1] umbella descensoria *f. org.* Irl *e.l.* idem *it.* paracadute
parachute[2] deciduculum -i, *n* ivl *it.* paracadute
parachutist miles deciduus *m org.* Irl *e.l.* idem *it.* paracadutista
paradigm paradigma -atis, *n org.* Irl *e.l.* exemplar *it.* paradigma
paradox paradoxon -i, *n org.* Irl *it* paradosso
parallel bars hastae parallelae -arum, *pl. org.* ivl *e.l.* de gymnastica *it.* parallele
parallel sking campter parallelus -eris, *m org.* ivl *e.l.* idem *it.* sciata parallela

paramedic

paramedic paramedicus -i, *m org.* ig. *e.l.* idem *it.* paramedico
parcel fascis cursualis -is, *m. org.* ivl *it.* pacco
parcel dispatch form chartula fascalis *f. org.* ivl *e.l.* idem *it.* bolletino di spedizione
parcels counter ostiolum fascale -i, *n. org.* ivl *e.l.* idem *it.* accettazione pacchi
parish priest parochus -i, *m. org.* ivl *e.l.* de ecclesia catholica *it.* parocco
park[1] viridarium -i, *n org.* ivl *el.* idem *it* parco
park[2] autocinetum statuo -are *org.* lrl *e.l.* idem *it.* parcheggiare
parking autocinetorum statio *f* lrl *it* autoparco
parking area area stativa *f. org.* lrl *e.l.* statio autocinetorum *it.* parcheggio
parking meter parcometrum -i, *n. org.* ivl *e.l.* de commeatu *it.* parchimetro
parking place locatio autocinetorum -ionis, *f. org.* lrl *e.l.* idem *it.* autonolegio
parliament parlamentum -i, *n. org.* ivl *e.l.* de civitate *it.* parlamento
parliamentary president praeses parlamenti -idis, *m. org.* ivl *e.l.* idem *it.* presidente
parrot psittacus -i, *m org.* ivl *e.l.* genus avis *it.* pappagallo
particle chamber cyclotron -onis, *n org.* lrl *el.* idem *it.* ciclotrone
parting sulcus capillorum -i, *m. org.* ivl *e.l.* de tonstrina *it.* riga
partnership sodalitas -atis, *f.* lrl *it* partnership
party (political) factio politica -onis, *f org.* ivl *el.* idem *it.* partito
passenger epibata -ae, *m. org.* ivl *e.l.* vector *it* passeggero
passenger plan aeroplanum epibaticum -i,*n. org.* nl *e.l.* idem *it.* aeroplano passeggieri
passenger ship navis epibatica -is, *f org.* ivl *el.* idem *it.* nave a passeggeri
passenger train tramen commune -inis, *n org.* ivl *e.l.* idem *it.* treno passeggeri
passing lane curriculum praetergressionis *n. org.* lrl *e.l.* idem *it.* corsia di sorpasso
passport syngraphus -i, *m org* ivl *it* passaporto
passtime oblectamentum -i, *n org.* lrl *e.l.* idem *it.* passatempo
password signum -i, *n. org.* Draco *e.l.* idem *it.* parola d'ordine
pasta collyra -ae, *f. org.* irl *e.l.* idem *it.* pasta
pasta shop pastificium -i,*n org.* ig. *it* pastificio
pastel xerographum -i, *n. org.* lrl *it* pastello

perpendicular line

pastry[1] cuppedium -i, *n org.* lrl *it.* pasticcino
pastry[2] crustum -i, *n org.* lc. *it* pasticino (dolce)
patato tuber solani *n. org* lrl *el.* idem *it.* patata
patent[1] diploma inventi *n. org.* lrl *e.l.* inventionis documentum *it.* brevetto
patient[2] sustinens -entis, *m/f.* lrl *it.* paziente
patrol boat cymba speculatoria automataria *f. org.* lrl *e.l.* idem *it.* motovedetta
payment solutio pecuniae -onis, *f. org.* ivl *e.l.* idem *it.* pagamento
peach malum Persicum -i, *n. org.* ivl *it.* pesca
peanut arachis -idis, *f org.* lrl *e.l.* arachis hypogea *it.* arachide
pedestrian pedes -itis, *m. org.* lrl *it.* pedone
pedestrian crossing transitus peditum -us, *m. org.* ivl *e.l.* transitus zebrinus *it.* strisce pedonali
penalty iactus undecim metrorum -us, *m. org.* ivl *e.l.* de pedifollio *it.* calcio di rigore
penalty area area poenalis *f. org.* ivl *e.l.* area prope rete de pedilludio *it.* area di rigore
pencil[1] stilus plumbatus -i, *m. org.* ivl *it.* matita
pencil[2] lapis scriptorius *m. org.* Bacci *e.l.* graphis plumbea *it.* lapis
pencil[3] graphium -ii, *n. org.* lrl *e.l.* plumbatus stilus *it.* matita
pencil sharpener instrumentum cuspidarium -i, *n. org.* ivl *e.l.* idem *it.* temperamatile
pendulum perpendiculum -i, *n. org.* ivl *e.l.* de horologium oscillatorium *it.* pendolo
pendulum clock horologium oscillatorium -i, *n. org.* ivl *e.l.* idem *it.* orologio a pendolo
penguin aptenodytes -is, *f. org.* lrl *it.* pinguino
pension tributa beneficia *f org.* lrl *it.* pensione
Pentagon pentagonum -i, *n. org.* lrl *e.l.* pentagonum Vasintoniae aedificium, *n it.* pentagono
pentathlon pentathlum -i, *n. org.* ivl *e.l.* de olympiade *it.* pentatlon
pepper capsicum -i, *n org.* ivl *it* peperone
pepper grinder fractillum -i, *n. org.* lrl *e.l.* pistrilla molendo piperi *it.* macinapepe
pepper shaker piperatorium -i, *n. org.* ivl *e.l.* idem *it.* pepaiola
percent pars ex centum *f. org.* lrl *e.l. e.g.* quinquagesima pars ex centum;vel 50% *it.* per cento
performance acroama -atis, *n. org.* lc *e.l. e.g.* acroama musicae *it* rappresentazione,spectacolo
periscope periscopium -i, *n org.* lrl *it* periscopio
perpendicular line cathetus -i, *m. org.* lrl *e.l.* perpendicularis linea *it.* cateto

perscription

perscription praeceptum medici n. *org.* Egger *e.l.* idem *it.* ricetta

person (non E.U.) extracomunitarius -i, *m org.* ig. *e.l.* homo non pertinens ad Unionem Europeam *it.* extracomunitario

pesticide insecticidium -i, *n. org.* Helfer *e.l.* idem *it.* pesticida

petal crank ansa pedalis *f org.* Irl *e.l.* vectis birotalis *it.* pedivella

petrol station benzinopolium -i, *n.* ivl *el.* vide: 'statio autocinetum' *it.* Stazione di rifornimento

phagocyte (bio.) phagocytum *n org.* Irl *e.l.* idem *it.* fagocito

phagocytosis phogocytosis -is,*f org.* Irl *el.* adi. phagocytarius-a-um *it.* fagocitosi

pharisaical hypocritical pharisaicus -a-um *org.* Irl *e.l.* pharisaeus *it.* farisaico

pharisaism; self-righteousness pharisaeismus -i, *m. org.* Irl *e.l.* idem *it.* fariseismo

pharmaceutical medicamentarius -a-um *org.* Irl *e.l.* pharmaceuticus-a-um *it.* farmaceutico

pharmaceutics pharmaceutica -orum, *n pl org* Graec. *e.l.* res medicamentaria *it.* farmaceutica

pharmacist pharmacopola -ae, *f. org.* Graecus *e.l.* medicamentarius *it.* farmacista, farmacopola

pharmacology pharmacologia-ae,*f org* Graec. *e.l.* idem *it.* farmacologia

pharmacopoeia pharmacopaea -ae, *f. org.* Graec. *e.l.* medicamentorum *it.* farmacopea

pharmaco-therapy pharmacotherapia -ae, *f. org.* Graec. *e.l.* curatio per medicamenta *it.* farmacoterapia

pharmacy pharmacopolium -ii, *n. org.* ls. *e.l.* pharmaceutica taberna *it.* farmacia

pharyngitis pharyngitis -is, *f.* Graec. *it.* faringe

phenol acidum phaenicum -i,*n org.* Irl *el.* fenolo

phenolic phaenicus -a -um *org.* Irl *it.* fenolico

phenological phaenologicus -a-um *org* Graec. *e.l.* idem *it.* fenologico

phenology phaenologia -ae, *f. org.* Graec. *e.l.* idem *it.* fenologia

phenomenal (philosophy) phaenomenicus -a-um *org.* Graec. *e.l.* ad phaenomenon pertinens *it.* fenomenico

phenomenalism phaenomenismus -i, *m. org.* Graec. *e.l.* idem *it.* fenomenismo

phenomenology phaenomenologia -ae, *f org.* Irl *el.* adi.=phaenomenologicus it. fenomenologia

phenomenon phaenomenon -i, *n org.* Graec. *e.l.* idem *it.* fenomeno

pilot[2]

philately ars philatelica -artis,*f org.* Irl *e.l.* philatelia *it.* filatelia

phoneme phonema -atis, *n. org.* Irl *e.l.* vox *it.* fonema

photo camera instrumentum photographicum -i, *n. org.* ivl *e.l.* vide: 'machina photographica' *it.* apparecchio fotografico

photocopier photocopiatrum -i, *n. org.* ivl *e.l.* idem *it.* copiatrice

photocopy[1] photocopia -ae, *f.* ivl *it.* fotocopia

photocopy[2] expressum photographice *n. org.* Irl *e.l.* idem *it.* fotocopia

photoelectric cell photoelectrica cellula *f org* Irl *e.l.* idem *it.* fotocellula

photo-enlargment gigantographia -ae, *f. org.* Irl *e.l.* idem *it.* gigantografia

photographer photographus -i, *m. org.* ivl *e.l.* idem *it.* fotografo

photography[1] photographema -atis, *n. org.* ivl *e.l.* idem *it.* fotografia

photography[2] et **photograph** photographia -ae,*f. org.* ig. *e.l.* ars vel imago *it.* fotografia

photojournal photoephemeris -idis, *f. org.* Irl *e.l.* idem *it.* fotogiornale

phototechnical art ars phototechnica -artis,*f. org.* nl *e.l.* ars photographica *it.* fotografia

phrenology phrenologia -ae, *f* Irl *it* frenologia

physical exercises exercitia gymnasticaorum, *n, pl. org.* ivl *el.* exercitia libera *it.* esercizi

pianist[1] clavicen -inis, *m org* ivl *el.* vide: 'clavicymbalista' *it.* pianista

pianist[2] clavicymbalista -ae, *m org* Irl *it* pianista

piano[1] clavicymbalum -i, *n org* Irl *it* pianoforte

piano[2] clavile -is, *n. org.* ivl *e.l.* vide: 'clavicymbalum' *it.* pianoforte

pickle (brine) salsamentum -i, *n org.* Irl *el.* muria *it.* salamonia

picnic cenula subdivalis *f org* Irl *it.* picnic

picture tube tubus televisificus -i, *m. org.* ivl *e.l.* idem *it.* tubo catodico

piezometer piezometrum -i, *n. org.* Irl *e.l.* idem *it.* piezometro

pigeon-hole loculus -i, *m. org.* Irl *e.l.* cellula; areola; loculamentum *it.* casella

pill pastillus -i, *m. org.* Irl *e.l.* idem *it.* pasticca

pilot[1] aeroplaniga -ae, *m org* Irl *el.* vide: 'gubernator aeroplani' *it.* pilota

pilot[2] gubernator aeronavis *m. org.* Irl *e.l.* aeroplaniga *it.* pilota

pineapple¹ ananasum -i, *n. org.* ivl *e.l.* malum pineum *it.* ananas

pineapple² malum pineum -i, *n org.* ivl *e.l.* vide: 'ananasum' *it.* ananas

ping-pong ludus pilae mensalis *m. org.* Irl *e.l.* idem *it.* ping-pong

Pinocchio Pinoculus -i, *m. org.* Irl *it.* Pinocchio

pioneer praecursor -i, *m. org* Irl *el.* praenuntius; praeparator. *it.* pioniere

piouetta rotatio patinalis -onis, *f org.* ivl *e.l.* de patinatione *it.* piroetta

pipe¹ pipa -ae, *f org* ivl *el.* de fumatione *it.* pipa

pipe² fumisugium -i, *n org.* Irl *e.l.* infundibulum (nicotianum), *n* (Bacci) *it.* pipe

pistol pistolium -i, *n. org.* ivl *it.* pistola

piston fundulus ambulatilis *m. org.* Irl *e.l.* reciprocus *it.* stantuffo

pitcher missor -oris, *m. org.* ivl *e.l.* de ludo basipilae *it.* pitcher

pizza¹ pitta -ae, *f. org.* ivl *e.l.* de cibo *it.* pizza

pizza² scriblita -ae, *f. org.* Irl *e.l.* placenta compressa *it.* pizza

pizza chef scriblitarius -ii, *m* org Irl *it* pizzaiolo

pizzeria scriblitariurm -ii, *n org.* Irl *it.* pizzeria

place mat¹ mappula -ae, *f. org.* Irl *e.l.* suppositorium textile *it.* centrino

place mat² substramen -inis, *f org* ivl *el.* posta sub potionibus; subiex, icis, *m it.* sottobicchiere

plaid stragula laculata *f org.* Irl *el.* idem *it* plaid

plait crines nexiles -*m, pl org.* ivl *e.l.* de tonstrino *it.* treccia

planing machine machina runcinatoria -ae, *f. org.* ivl *e.l.* machina moderna adhibitur causa runcinando *it.* piallatrice

plankton plancton -onis, *n. org.* Irl *it.* plancton

plasma plasma -atis, *n org.* Irl *it.* plasma

plaster¹ harenatum -i, *m. org.* ivl *it.* intonaco

plaster² (med.) fomentatio -onis, *f. org.* Irl *e.l.* cataplasma *It.* cataplasma

plastic plastica -ae, *f org.* Egger *it* plastica

plastic surgery chirurgia plastica -ae, *f org.* ig. *e.l.* idem *it.* chirurgia plastica

plate number notaculum autocineti -i, *n. org.* ivl *e.l.* idem *it.* numero di targa

plateau oropedium -ii, *n. org.* Irl *e.l.* planities *it.* altopiano,acrocoro

platinum platinum -i, *n. org.* Irl *it.* platino

playboy trossulus -i, *m. org.* Irl *e.l.* iuvenis voluptarius *it.* playboy

player (of football) pelicrepus -i, *m. org.* Irl *e.l.* idem *it.* giocatore

playing card chartula lusoria *f org* ivl *e.l.* idem *it.* carta di gioco

playing cards paginate lusoriae *f org.* Irl *e.l.* chartulae *it.* carte da gioco

pliers forceps -cipis, *m/f. org.* ivl *it.* tenaglie

plug¹ spina contactus -ae, *f org.* ivl *e.l.* de electricitate *it.* spina

plug² (electric) pinna -ae, *f org.* Irl *el.* idem *it.* spina elettrica

plug³ (male) immistrum -i, *n org.* ivl *el.* de electricitate *it.* spina

plumber faber hydraulicus -bri, *m. org.* ivl *e.l.* idem *it.* idraulico

pluralism pluralismus -i, *m org.* Irl *it* pluralismo

pluviometer ombrometrum -i, *n org.* Irl *e.l.* instrumentum metiendis pluviis *it.* pluviometro

pocket calculator computatrum gestabile *n. org.* ivl *e.l.* idem *it.* calcolatore

pocket watch horologium gestabile -i, *n. org.* ivl *e.l.* idem *it.* orologio da tasca

pointer index -icis, *m org.* Draco *it.* indice

poker pokerianus ludus *m. org.* Irl *it.* poker

pole vaulting saltus perticarius -us, *m. org.* ivl *e.l.* de athletica levi *it.* salto con l'asta

police¹ biocolyticum -i, *n org* Irl *el* publiciorum; custodes publici *it.* polizia

police² vigiles publici -um, *pl. org.* ivl *e.l.* vide: 'biocolyticum' *it.* polizia

police³ aediles -ium, *m pl. org.* ivl *e.l.* vide 'biocolyticum' *it.* polizia

police⁴ publici -orum, *m pl. org.* Irl *e.l.* corpus biocolyticum, sedes biocolytica *it.* polizia

police⁵ (nationa) carabinarius -ii, *m. org.* Irl *e.l.* idem *it.* carabiniere

police record scheda biocolytica *f. org.* ig. *e.l.* scheda significatoria *it.* scheda segnaletica

policeman biocolyta ac, *m org.* Irl *c.l.* adi. biocolyticus-a-um *it.* poliziotto

policeman-like biocolyticus -a-um *org.* Irl *e.l.* idem *it.* poliziesco

political idealism ideocratismus -i, *m. org.* Irl *el* nimia conceptuum potentia; nimium imperium notionum *it.* ideocratismo

polo alsulegia equestris -ae, *f. org.* ivl *it.* polo

polyester polyester -is, *m. org.* Irl *e.l.* polysterius-a-um *it.* poliestere

pommel horse manubrium -ii, *n. org.* Irl. *e.l.* gymn *it.* maniglia

popcorn

popcorn grana tosta maizae *f org* Irl *it* popcorn
popular acceptus -a-um *org.* lc *e.l.* gratiosus; etiam= income (ivl) *it.* ben acceto, gradito
porcupine histrix -icis, *f org* Irl *it.* porcospino
port portus -us, *m. org.* Draco e.l. de ordinatro *it.* porta
porter portarius -i, *m. org.* ivl *el.* de diversorio *it.* portiere
porter's knot cesticillus -i, *m org.* Bad. *el.* idem *it.* cercine
portrait painter anthropographus -i, *m. org.* Irl *e.l.* idem *it.* ritrattista
post office diribitorium cursuale *n. org.* ivl *e.l.* idem *it.* ufficio postale
post office counter ostiolum cursuale -i, *n. org.* ivl *e.l.* idem *it.* sportello postale
post office official officialis cursorius -is, *m. org.* ivl *el.* de diribitorio cursuali *it.* impiegato delle poste
postal cursualis -e *org.* Irl *e.l.* idem *it.* postale
postal delivery perlatio cursualis -onis, *f. org.* ivl *e.l.* idem *it.* consegna della posta
postal truck currus cursualis -us, *m org.* ivl *el.* idem *it.* vagone postale
postale code numerus cursualis -i, *m. org.* ivl *e.l.* codex cursualis *it.* codice di avviamento
postbox arca epistularis *f. org.* ivl *e.l.* idem *it.* cassetta postale
postcard[1] photochartula cursualis -ae, *f. org.* ivl *e.l.* idem *it.* cartolina
postcard[2] chartula -ae, *f org* Irl *e.l. e.g.* cartula variata; cartula cursualis *it.* cartolina
poster tabula picta *f org.* Irl *el.* idem *it.* poster
postman tabellarius -ii, *m. org.* Irl *it.* postino
potable water aqua potulenta -ae, *f. org.* Irl *e.l.* ad bibendum apta. *it.* acqua potabile
potato pomum terrestre -i, *n org.* ivl *it.* patata
potato fries poma fricta -orum, *pl. org.* ivl *e.l.* facta a pomis terrestribus *it.* patate fritte
powder case thecula cyprii pulveris *f. org.* Irl *e.l.* idem *it.* portacipria
powder snow nix farinosa -nis, *f org* ivl *el.* de nartione; nix pulverea *it.* neve farinosa
power barrow plostellum automatarium *n. org.* Irl *e.l.* idem *it.* motocarriola
power lines ductus electricus -us, *m. org.* ivl *el.* funiculus primarius de commeatu electricitatis *it.* linea
power station electrificina -ae, *f org.* ivl *e.l.* idem *it.* centrale elettrica

programmable

power steering gubernaculum auxiliare *n org* Irl *e.l.* idem *it.* servosterzo
power truck carrulus automatarius *m. org.* Irl *el.* de vectione hominium vel instrumentorum *it.* motocarrello
pregnancy (adj., of four) quadrigeminus -a-um *org.* Irl *e.l.* E.g. quadrigeminus partus. *it.* quadrigemellare
premier administrorum princeps *m org.* Irl *e.l.* praeses administrorum *it.* primo ministro
prenatal praenatalis -e *org.* Irl *it.* prenatale
preparatory propaedeuticus -a-um *org.* Irl *e.l.* praeparatorius *it.* propedeutico
pre-school asylum -i, *n. org.* Irl *e.l.* ludus pueritiae *it.* asilo
prescription grapharium -i, *n org.* ivl *e.l.* vide: 'praeceptum medicum' *it.* ricetta
price discount deminutio pretii *f. org.* ivl *e.l.* idem *it.* riduzione di prezzo
prima ballerina praesultrix -icis, *f. org.* Irl *e.l.* idem *it.* prima ballerina
prime minister minister primarius -tri, *m org.* ivl *e.l.* de re politica *it.* primo ministro
printer[1] typotheca -ae, *m. org.* ivl *e.l.* editor *it.* stampatore
printer[2] impressorium -i, *n org.* ivl *e.l.* de ordinatro *it.* stampante
printing typographia -ae, *f org.* ivl *e.l.* editio *it.* tipografia
printing house typographeum -i, *n org.* ivl *e.l.* situs editionis *it.* tipografia
printing press poligraphium -ii, *n. org.* Irl *e.l.* idem *it.* stampatrice
problem problema -atis, *n org.* Irl *e.l.* quaestio onis, *f. it.* problema
problematic problematicus -a-um *org.* Irl *e.l.* idem *it.* problematico
procedure formula -ae, *f org.* Irl *e.l.* ratio *it.* procedura
processor e.g. CPU processorium -i, *n org* Draco *el. eg.* PC processarium centrale *it* processore
professor professor -oris, *m.* Irl *it.* professore
profit sharing participatio lucri -onis, *f. org.* ivl *e.l.* beneficium acceptum praeter mercedes *it.* participazione ai profitti
program[1] programma -atis, *n. org.* Draco *e.l.* idem *it.* programma
program[2] programma theatricum -atis, *n. org.* ivl *e.l.* idem *it.* programma
programmable programmabilis -is-e adi. *org.* Draco *e.l.* idem *it.* programmabile

programmer

programmer programmator -oris, *m org*. Draco *e.l.* etiam programmatrix *it*. programmatore
projectile glans metallica *f org*. Irl *it*. proiettile
projection proiectio -onis, *f org* Irl *e.l.* Eg. Imaginum proiectio *it*. proiezione
promissary note syngrapha nummularia *f org* Irl *e.l.* idem *it*. cambiale
promotion provectus -us, *m org* Irl *e.l.* eg. dignitatis accessio; probatio discipulorum *it* promozione
propaganda praeconium -ii, *n org*. Irl *e.l.* vulgatio *it*. propaganda
prophylactic tegumentum -i, *n org*. Irl *e.l.* munimen *it*. preservativo
prosecretary prosecretarius -ii, *m. org*. Irl *e.l.* idem *it*. prosegretario
prosecutor accusator -is, *m. org*. nl *e.l.* de lege *it*. procuratore
protestant protestans -antis, *m/f org*. Irl *e.l.* idem (relig.) *it*. protestante
protractor goniometrum -i, *n org*. Irl *e.l.* idem *it*. goniometro
public notice publìcus nuntius *m. org*. Irl *e.l.* idem *it*. comunicato
public relations rationes publicae *f org*. Irl *e.l.* idem *it*. public relations
publisher domus editoria -us vel i, *f org*. Irl *e.l.* societas editoria *it*. editrice
publishing trade editoria -ae, *f org*. Irl *e.l.* ars editoria *it*. editoria
pudding scriblita Anglica *f. org*. Irl *it*. budino
pulley trochlea -ae, *f org*. Irl *it*. carrucola
pullover strictoria lanea -ae, *f. org*. ivl *e.l.* thorax laneus *it*. maglione
pump[1] antlia -ae, *f org*. nl *e.l.* antlia generalis *it*. pompa
pump[2] attendent distributor benzini *m org*. Irl *e.l.* idem *it*. pompista
pumpkin cucurbita -ae, *f. org*. ivl. *it*. zucca
punch perforaculum -i, *n. org*. ivl *e.l.* de grapheo; perforaculum chartarum *it*. perforatore
punch card schedula perforata *f. org*. Irl *e.l.* idem *it*. scheda perforata
puppet show theatrum neurospasticum -i, *n. org*. ivl *e.l.* idem *it*. teatro di marionette
puppet showman magister neurospasticus *m* Bacci *e.l.* neurospastorum agitator *it* Burattinaio
pusher venditor clandestinus *m org* Irl *el* praecipue rerum illicitarum *it*. spacciatore

radio[1]

put in gear denticulationem iungo -ere *org. ig e.l.* de autocineto *it*. ingranare
put on skis nartas adstringo -ere *org*. ivl *e.l.* idem *it*. allacciare i sci
pyjamas[1] cubicularia -ae, *f. org*. Irl *e.l.* cubitoria vestis *it*. pigiama
pyjamas[2] vestis dormitoria -is, *f.* ivl *it*. pigiama
pyrotecnics pyrothecnica ars *f. org*. Irl *e.l.* idem *it*. pirotecnica
python python -onis, *m org*. Irl *it*. pitone
Quaker Quakerus -i, *m. org*. Irl *it*. quacchero
Quakerism Quakerismus -i, *m org*. Irl *e.l.* idem *it*. quaccherismo
quantum[1] quanticus -a-um *org* Irl *e.l.* phys. *it*. quantico
quantum[2] quantum -i, *n. org*. Irl *e.l.* minima mensura insecabilis rerum physicarum *it*. quanto
quartz quarzum -i, *n. org*. Irl *it*. quarzo
quiz aenigma -atis,*n org*. Irl *e.l.* etiam an. riddle *It*. indovinello, quiz
quotation mark virgula -ae, *f* Irl *it*. virgoletta
quotient quotus -i, *m. org*. Badellino *e.l.* idem *it*. quoziente
rabbi rabbinus -i, *m. org*. Irl *e.l. adi*.=rabbinicus *it*. rabbino
rabies rabies -ei, *f* Irl *el*. hydrophobia *it*. rabbia
rachitis rachitis -is, *f. org*. Irl *it*. rachitismo
racial phyleticus -a-um *org*. Irl *e.l.* gentilis; genticus *it*. razziale
racial discrimination discriminatio phyletica *f. org*. Irl *e.l.* idem *it*. discriminazione razziale
racial hatred[1] odium phyleticum, *n org*. Irl *e.l.* idem *it*. odio razziale
racial hatred[2] odium phyleticum *n. org*. Irl *e.l.* idem *it*. odio razziale
racing dive saltus carpae -us, *m org*. ivl *e.l.* de certamine natatorium *it*. tuffo carpiato
racing shell cumba multorum remigum *f. org.* ig. *e.l.* idem *it*. barca a remi
racist phyleticus osor *m. org*. Irl *e.l.* allophylorum osor *it*. razzista
rack loculamentum -i, *n org*. Irl *it*. scaffale
rack of pegs (naut) paxillabulum -i, *n. org*. Irl *e.l.* instrumentum paxillis, praeditum *it*. cavigliera
rack railway ferrivia dentata *f org*. ivl *e.l.* idem *it*. ferrovia cremagliera
radiation radiatio -onis, *f org* Irl *e.l. e.g.* radiatio atomica *it*. radiazione
radio[1] radiophonium -ii, *n org*. Egger *e.l.* radiophonum *it*. radio

radio² — reindeer

radio² radiophonia -ae, *f. org.* ivl *e.l.* vide: 'radiophonium' *it.* radio
radio news nuntii radiophonici -*m, pl. org.* ivl *e.l.* idem *it.* giornale radio
radio operator¹ radiotechnicus -i,*m org.* lrl *el.* idem *it.* radiooperatore
radio operator² (female) radiotechnice -es, *f. org.* lrl *e.l.* idem *it.* radiotecnica
radio transmission emissio radiophonica, *f. org* lrl *e.l.* idem *it.* radiotrasmissione
radioactivity irradians vis *f. org.* Bacci *el.* vis radiis agens *it.* radioattività
radiography radiographia -ae, *f. org.* lrl *e.l.* imago radiophotographica *it.* radiografia
radiology radiologia -ae, *f org* lrl *it* radiologia
radioscopy radioscopia -ae, *f.* lrl *it* radioscopia
radiostation radiophonica statio *f. org.* lrl *e.l.* idem *it.* radiostazione
radiotelescope radiotelescopium -ii,*n org.* Egger *e.l.* idem *it.* radiotelescopio
radiotherapy radiotherapia -ae, *f. org.* lrl *e.l.* idem *it.* radioterapia
raid praedatio -onis, f *org.* lrl *e.l.* idem *it* razzia
rail orbita -ae, *f. org.* lrl *e.l.* idem *it.* rotaia
railroad junction deverticulum -i, *n. org.* ivl el. quoad binae orbitae *it.* scambio
railway line trames ferriviarius -itis, *m. org* ivl *e.l.* idem *it.* linea ferroviaria
railway underpass subtertansitus ferriviarius -us, *m. org.* ivl *e.l.* idem *it.* sottopassaggio
rain coat paenula immeabilis *f org.* lrl *e.l.* idem *it.* irnpermeabile
rainbow arcus pluvius -i, *m.* ivl *it.* arcobaleno
raincoat amiculum pluviale -i, *n. org.* ivl *e.l.* idem *it.* impermeabile
raspberry morum Idaeum -i, *n org* ivl *e.l.* rubus idaeus *it.* lampone
rationalism rationalismus -i,*m org. e.l.* idem *it.* razionalismo
reactor reactorium -ii, *n org* Egger *el. eg.* reactorium nucleare *it.* reattore
reading room oecus lectorius -i, *m. org.* ivl *e.l.* de bibliotheca *it.* sala di lettura
real realis -e *org.* lrl *e.l.* idem *it.* reale
realism realismus -i, *m org.* lma. *e.l.* Phil. *it.* realismo
reality realitas -atis, *f org.* lrl *e.l.* veritas, exsistentia, praesentia *it.* effettivita'
reaper machina messoria *f. org.* lrl *e.l.* machinamentum messorium, *n it.* mietitrice

rearview mirror anoscopicum -i, *n org.* lrl *e.l.* speculum retroscopicum, (Hefner) *it.* retrovisore
receipt¹ (cash) schedula emptoria *f. org.* lrl *e.l.* idem *it.* scontrino
receipt² apocha -ae, *f. org.* lrl *e.l.* acceptilatio; *it.* ricevuta
receiver auscultabulum -i, *n org.* Helfer *e.l.* telephonicum exceptaculum, vide: 'auriculare' *it* ricevitore
receiving room salutatorium -ii, *m. org.* lrl *e.l.* idem *it.* camera da ricevere
reception locus receptorius -i,*m org.* ivl *e.l.* de deversorio etc. *it.* ricezione
record phonodiscus -i,*m org* ivl *el* idem *it* disco
record player¹ grammophonum -i, *n. org.* lrl *el.* grammophonium *it.* giradischi
record player² discophonum -i, *n. org.* ivl *e.l.* idem *it.* giradisco
recreational ludicer -cra-crum *org.* lrl *e.l.* recerandi vim habens *it.* ricreativo
rector rector -oris, *m. org.* ivl *e.l.* de universitate *it.* rettore
referee arbiter -tri, *m org* lrl *e.l.* ludi iudex; certaminis *it.* arbitro (sportivo)
referendum scitum plebis *n. org.* lrl *e.l.* ad populum provocatio *it.* referendum
refering to computer computatralis -is-e adi. *org.* Draco *e.l.* idem *it.* del computer
refrigerate refrigero -are *org* lrl *it* raffreddare
refrigeration refrigeratio -onis, *f. org.* lrl *e.l.* infrigidatio *it.* raffreddamento
retrigeration expert artitex rei trigoriticae *m. org.* lrl *e.l.* rei frigorificae peritus *it.* frigorista
refrigerator¹ ceila frigorifica *f org.* lrl *e.l.* idem *it.* cella frigorifera
refrigerator² armarium frigidarium *n org* lrl *el.* idem *it.* frigorifero
refuge (poor) ptochodochium -ii, *n. org.* lrl *e.l.* idem *it.* ospizio dei poveri
register¹ regesta -arum, *n. org* lrl *it* regesto
register² regestrum -i, *n. org.* Draco *e.l.* idem *it.* register (parte del processore)
registered mail epistula oppignerata -ae, *f org* ivl *e.l.* idem *it.* lettera assicurata
registrar's office, censor's office anaphraphe -es, *f. org.* lrl *el.* tabulae censoriae, civium index *it.* anagrafe
reincarnation metempsychosis -is, *f org* lrl *el.* transmigration animarum *it.* reincarnazione
reindeer tarandrus -i, *m org.* lrl *it.* renna

relativity relativitas -atis, *f.* Egger *it.* relatività
relief (sculpture) ectypa imago *f org.* Irl *e.l.* alta crusta *it.* altorilievo
Renaissance anagenesis -is, *f org.* Irl *el.* renatae litterae artesque *it.* rinascimento
repair ship navis refectoria *f. org.* Irl *e.l.* navibus resarciendis *it.* nave officina
report card[1] testimonium -i, *n. org.* ivl *e.l.* de schola *it.* pagella
report card[2] scheda aestimationis *f org* ig. *e.l.* idem *it.* scheda di valutazione
reporter relator -oris, *m org.* Egger *it* giornalist
reservation praesignatio -onis, *f. org.* Irl *e.l.* idem *it.* prenotazione
resignation abdicatio -onis, *f. org.* ivl *e.l.* se amovere munere *it.* dimissione
resin(synthetic) bakelitis -is, *f org* Irl *it* bachelite
respirator apparatus respirationis -is, *m org.* nl *e.l.* idem *it.* respiratore
responsibility responsalitas -atis, *f. org.* Irl *e.l.* responsabilitas *it.* responsabilita
responsible responsalis -e Irl *it.* responsabile
restaurant caupona -ae, *f org.* ivl *it.* ristorante
restaurant room oecus hospitum -i, *m org.* ivl *e.l.* idem *it.* sala di restorante
restoration restitutio -onis, *f. org.* Irl *e.l.* refectio; opus refectionis *it.* restaurazione
restorer refector -oris, *m org.* Irl *el.* restitutor; repostor; *it.* restauratore
resume curriculum (vitae) *n. org.* Ic *e.l.* curricula vitae; curricula, *n pl. it.* curriculum
retailing institorium -i, *n org* ivl *e.l.* comercium *it.* commercio
retirement dimissio emeriti *f org.* ivl *e.l.* idem *it.* pensionamento
return receipt nuntius perlatae epistulae *m. org.* Bacci *e.l.* idem *it.* ricevuta di ritorno
return ticket tessera reditus -ae, *f org.* ivl *e.l.* idem *it.* biglietto d'andata e retorno
reverse gear dentilatio reversa -onis, *f. org.* ig. *e.l.* de autocineto *it.* retromarcia
revolver manuballistula -ae, *f.* Irl *it.* rivoltella
rheumatism rheuma -atis, *n. org.* Irl *e.l.* asper articulorum dodor *it.* reuma
rhododendron rhododendron -i, *n org.* Irl *e.l.* idem *it.* rododendro
ribbon (typewriter) taeniola dactylographica *f org* Irl *e.l.* scriptoriae machinculae fasciola *it.* nastro dattilografico
rice dish oryza condita *f org.* Irl *it.* risotto

rice-growing oryzae cultura -ae, *f. org.* Irl *e.l.* oryzarum cultus *it.* risicoltura
Richter Richterianus -a -um *org.* Irl *it.* Richter
ricotta lac coagulatum -tis, *n org.* ivl *e.l.* etiam lac concretum *it.* ricotta
riding boots[1] perones equestres -um -*m*, *pl. org* ivl *e.l.* de equitatione *it.* stivali da equitazione
riding boots[2] campagi equestres -*m, pl org* ivl *e.l.* idem *it.* stivali da equitazione
rifle[1] manuballista -ae, *f. org.* Irl *e.l.* manuballista ignivoma; pyroballista *it.* fucile
rifle[2] sclopetum -i, *n org.* ivl *e.l.* pyroballista Irl; vide: 'manuballista' *it.* fucile
rifle shooting ictus manuballistae *m org* Irl *el.* idem *it.* fucilata
rifleman sclopetator -oris, *m org.* ivl *it.* tiratore
rigatoni collyrae tubulatae *f. pl.* Irl *it.* rigatoni
rings[1] anuli -orum, *m. org.* ivl *e.l.* vide: 'circuli' *it.* anelli
rings[2] circuli -orum, *m. org.* ivl *e.l.* de gymnasticis; vide: 'anuli' *it.* anelli
river steamer navis fluviatilis -is, *f org.* ivl *e.l.* idem *it.* batello fluviale
roadblock occlusion viae *f. org.* Irl *e.l.* idem *it.* blocco stradale
roast chicken gallina assata -ae, *f. org.* ivl *el.* idem *it.* pollo arrosto
robot[1] robotum -i, *n. org.* Irl *e.l.* idem *it.*robot
robot[2] automatum -i, *n org.* Irl *e.l.* automatonatis, *n it.* automa
robotics ars robotica *f. org.* Irl *it.* robotica
rocket[1] radius ignifer *m org.* Egger *el* rucheta, -ae, *f.* ivl. *it.* razzo
rocket[2] rucheta -ae, *f. org.* ivl *e.l.* de vehicula aeria; vide 'radius ignifer' *it.* razzo
rocket fuel materia propulsoria -ae, *f. org.* ivl *e.l.* de rucheta *it.* propellente
rocket launching depulsio ruchetae *f. org.* ivl *e.l.* deducens ruchetae *it.* lancio
rococo style genus conchatum *n org* ivl *e.l.* de architectura *it.* stile rococo'
roll panicellus -i, *m org* ivl *el.* de cibo; etiam paniculus *it.* panino
roller shutter foricula volubilis -ae, *f. org.* ivl *e.l.* aliud genus foriculae 'foricula labens' est *it.* persiana avvolgibile
roller skate[1] pedirota -ae, *f org.* Irl *e.l.* idem *it.* pattino a rotelle
rollerskate[2] calceus subrotatus -i, *m. org.* ivl *e.l.* idem *it.* pattini

roller skates patinus rotalis -i, *m org.* ivl *e.l.* idem *it.* pattini a rotelle

roller skating patinatio rotalis -onis, *f. org.* ivl *e.l.* idem *it.* pattinaggio a rotelle

roller towel manutergium rotabile, *n org* Irl *e.l.* mantele *it.* bandinella

rolling pin fistula -ae, *f. org.* ivl *e.l.* ad pastam faciendum *it.* matterello

rolling shutter cataracta -ae, *f org* Irl *e.l.* convolutabilia claustra *it.* saracinesca

romanticism romanticismus -i, *m. org.* Irl *e.l.* idem *it.* romanticismo

room keys clavis conclavis *f. org.* ivl *e.l.* idem *it.* chiave della camera

Roomanesque genus Romanicum *n. org.* ivl *e.l.* de architectura *it.* stile romanico

rope down fune descendo -ere *org.* ivl *e.l.* de athletica montana *it.* discesa

rope up fune alligor -ari *org.* ivl *e.l.* de athletica montana *it.* legarsi in cordata

rose (wine) vinum roseum *n org* Irl *it.* rosatello

rose grower rosarum cultor *m org* Irl *e.l.* idem *it.* rosicultura

rotor machina rotalis *f org* Irl *el.* idem *it* rotore

roulette rotula -ae, *f org* Egger *it.* roulette

rowboat[1] navicula remigera -ae, *f. org.* ivl *e.l.* idem *it.* barca a remi

rowboat[2] sapha remigera -ae,*f org* ivl *e.l.* idem *it.* barca a remi

rowing remigium -ii, *n org.* Irl *e.l.* remigandi ludus *it.* canottaggio

rudder gubernaculum -i, *n. org.* ivl *e.l.* gubernum parvum *it.* timone

rugby[1] ludus follis ovati *m. org.* Irl *it.* rugby

rugby[2] harpastum-i, *n org* ivl *el.* idem *it* rugby

rule (c.fear) tromocratia -ae, *f. org.* nh *e.l.* terrore regnare *it.* regnare(c.terrore)

ruler regula -ae, *f. org.* ivl *e.l.* de schola *it.* riga

rum rhomium -ii, *m. org.* Helfer *e.l.* sicera nautica *it.* rum

runner[1] pedamentum -i, *n. org.* ivl *e.l.* de sclodia *it.* pattino

runner[2] scapus repandus -i, m *org.* ivl *e.l.* vide: 'pedamentum' *it.* pattino

runner[3] cursor -oris, *m org* ivl *it.* corridore

runoff (election) suffragium decretorium *n org* Irl *e.l.* idem *it.* ballottaggio

runway aerodromus -i, *m. org.* ivl *e.l.* via utenda ab aeroplanis *it.* pista

sabre[1] ensis falcatus -is, *m. org.* ivl *e.l.* de arte battuendi *it.* sciabola

sabre[2] harpes -es, *f org.* ivl *e.l.* de arte battuendi *it.* sciabola

saccharine saccharinum -i, *n.* Irl *it.* saccarina

sadism sadismus -i, *m. org.* Irl *e.l.* adi. sadisticus *it.* sadismo

sadomasochist sadomasochista -ae, *m org* Irl *e.l.* idem *it.* sadomasochista

safari venatio Africana *f org.* Irl *it.* safari

safe-deposit box depositorum syngrapharum -i,*n org.* ivl *e.l.* de pecuniaque rebus pretiosis *it* cassetta di sicurezza

saftey belt balteum -i,*n. org* Irl *e.l.* idem *it* cintura di sicurezza

saftey lock claustra munitissima -ae, *f. org.* Irl *e.l.* idem *it.* serratura di sicurezza

saftey valve valvula tutelaris *f org* Irl *e.l.* operculum tutelare *it.* valvola di sicurezza

sailboat sapha velifera -ae, *f. org.* ivl *e.l.* idem *it.* barca a velo

sailing[1] velificatio -onis, *f. org.* ivl *e.l.* de athletica aquaria *it.* veleggiare

sailing[2] regata certamen cursus velifici -inis, *n. org.* ivl *e.l.* idem *it.* regata velica

sal ammoniac sal ammoniacus *m. org.* Irl *e.l.* idem *it.* ammoniaco

salad acetaria -ae, *f org.* ivl *it.* insalata

salmon salmo -onis, *m. org.* Irl *it.* salmone

salmonella[1] bacterium Salmonense *n org* Irl *e.l.* idem *it.* salmonella

salmonella[2] bacterium Salmonenis *n. org.* Irl *e.l.* idem *it.* salmonella

salmonellosis morbus Salmonensis *m. org.* Irl *e.l.* idem *it.* salmonellosi

salt recovery salinae -arum, *f. org.* Irl *e.l.* Salifodina *it.* salina

salt sprinkler salillum -i, *n. org.* Irl *e.l.* vasculum salis sparsium *it.* spargisale

saltpeter nitrium -i, *n. org.* Irl *it.* salnitro

saltworks salifodina -ae, *f. org.* Irl *e.l.* salinae, arum, *f.* salina

sand curing arenitherapia -ae, *f org.* Irl *e.l.* curatio arenaria *it.* sabbiatura

sandpaper smyris -idis, *f org.* ivl *e.l.* adhibetur ad poliendum... *it.* smeriglio

sandwich panis pausalis -is,*m org* ivl *it* panino

sarcoma sarcoma -atis,*n org.* Irl *e.l.* tumor malignus *it.* sarcoma

sarcomatous sarcomatosus -a-um *org*. Irl *e.l.* idem *it*. sarcomatoso
satanism satanismus -i,*m* org Irl *el*. cultus daemoniacus, adi. satanicus *it*. satanismo
satelite[1] satelles artificiosus -itis, *m*. *org*. Irl *e.l.* idem *it*. satelite
satellite[2] satellites artificiosus *m*. *org*. Irl *e.l.* idem *it*. satellite
sauce (hot) embamma -atis, *n org*. Col. *It*. salsa
sauna laconicum -i, *n*. *org*. Ic *e.l.* sudatorium, sudatio *it*. bagno da sudore
sausage farcimen -inis, *n org*. clsl. *It*. salsiccia
sausage maker salsamentarius -ii, *m*. *org*. Irl *e.l.* idem *it*. salumiere
sausage store salsamentaria taberna *f org*. Irl *e.l.* idem *it*. salsamenteria
savana tesqua -ae, *f org*. Irl *el*. tesca *it*. savana
save (as on a disk) conservo -are *org*. Draco *e.l.* idem *it*. serbare (sul disco)
savings book libellus comparsorum -i, *m*. *org*. ivl *e.l.* de argentaria *it*. libretto di risparmio
sawmill[1] serratrina -ae, *f org* ivl *el*. officina ubi lignum secatur *it*. segheria
sawmill[2] officina serratoria *f*. *org*. Egger *el*. idem *it*. segheria
saxophone saxophonum -i, *n*. Irl *it*. sassofono
saxophonist saxophonista -ae, *m*. *org*. Irl *e.l.* idem *it*. sassofonista
scafold contabulatio -onis, *f*. *org*. Irl *e.l.* contignatio; tabulatio ; tabulatum *it*. ponteggio
scarf amictorium collare -i, *n org*. ivl *it*. sciarpa
scarlet fever febris purpurea *f*. *org*. Bad. *e.l.* idem *it*. scarlattina
scenography scaenographia -ae, *f*. *org*. Irl *e.l.* adi. scaenographicus *it*. scenografia
skeptical (behaviour) scepsis -is, *f*. *org*. Irl *e.l.* scepticorum methodus *it*. scepsi
scholarship publicum subsidium *n*. *org*. Irl *e.l.* idem *it*. presalario
school yard cavaedium scholare *n*. *org*. ivl *e.l.* idem *it*. cortile della scuola
science (of testing) docimologia -ae, *f*. *org*. Irl *e.l.* examinandi scientia *it*. docimologia
scientific scientificus -a -um nl. *el*. de scientia *it*. scientifico
scissors forfex -icis, *m/f*. *org*. ivl *it*. forbici
score a goal[1] follem portae infero -ferre, tuli *org*. ivl *e.l.* de pedifollio *it*. segnare un goal
score a goal[2] follem per portam iacio -ere, ieci *org*. ivl *e.l.* idem *it*. segnare un goal

score a point punctum fero -ferre, tuli *org*. ivl *e.l.* de athletica; punctum vincere *it*. segnare un punto
scotch tape taeniola glutinativa *f org*. Irl *e.l.* idem *it*. scotch tape
scotch wiskey vischium Scoticum *n*. *org*. Irl *e.l.* idem *it*. wiskey scozzese
screen[1] quadrum visificum -i, *n org* ivl *e.l.* vide: 'monitorium' *it*. schermo
screen[1] scrinium -i, *n*. *org*. Draco *e.l.* quadrum *it*. schermo
screen mode modus exhibendi -i, *m*. *org*. Draco *e.l.* idem *it*. riflessione (del input)
screenplay scriptum scaenarium -i, *n*. *org*. ivl *e.l.* idem *it*. copione
screw cochlea -ae, *f*. *org*. ivl *e.l.* idem *it*. vite
screwdriver cochleitorstrum -i, *n*. *org*. ivl *e.l.* idem *it*. cacciavite
scuba diver urinator -oris, *m*. *org*. Irl *e.l.* idem *it*. sommozzatore
scythe falcastrum -i, *n*. *org*. ivl *e.l.* falx *it*. falce
seaplane hydroplanum -i, *n*. *org*. Irl *e.l.* volatile navigium *it*. idrovolante
sea-quake, tital wave motus aquae -us,*m org* Irl *e.l.* idem *it*. acquemoto, maremoto
seaside resort statio balnearis *f*. *org*. Irl *e.l.* idem *it*. stazione balneare
seasonal worker opifex temporarius *m*. *org*. Irl *e.l.* idem *it*. lavoratore stagionale
seat sessibulum -i, *n* ivl *e.l.* de birota *it*. sellino
second secunda -ae, *f*. *org*. ivl *e.l.* de tempore *it*. secondo
second dealer scrutarius -ii, *m*. *org*. Irl *e.l.* idem *it*. rigattiere
second lieutenant succenturio minor *m org*. Irl *e.l.* mil. *it*. sottotenente
secret agent speculator tectus -oris, *m*. *org*. Irl *e.l.* idem *it*. agente segreto
secret police vigils tecti *m*. *org*. Irl *el*. idem *it*. polizia segreta
secretary secretarius -ii, *m org* Irl *it* segretario
segregation separatio phyletica *f*. *org*. Irl *e.l.* idem *it*. segregazionismo
selfservice praesto esto tibi -esse *org*. ig. *e.l.* per te age, munus tuum est *it*. fa da te
self-propelled automatarius -a um *org*. Irl *e.l.* ipse movens *it*. semovente
seller (of sacred images) iconographus -i,*m org* Irl *e.l.* sacrarum imaginum pictor vel venditor *it*. madonnaro

semiautomatic

semiautomatic semiautomatarius -a-um org. lrl e.l. idem it. semiautomatico

semi-automatic sclopetum automatum -i, *n. org.* ivl *e.l.* idem *it.* fucile a tiro rapido

semifinal certamen paenultimum n org. lrl e.l. idem it. semifinale

seminar seminarium -i, *n org.* ivl *e.l.* de academia *it.* seminario

Semite Semita -se, *m. org* lrl *el.* idem *it* semita

Server (net) moderatrum -i, *n org.* Draco *e.l.* computatrum moderatrum *it.* server

service deietio -onis, *f. org.* ivl *e.l.* etiam 'deietus-us, *m*; de teniludio *it.* sevizio

service station statio autocinetorum -onis, f. org. lrl e.l. idem it. stazione di servizio

seven m. throw iactus septem metrorum -us, *m. org.* ivl *e.l.* de manufolle *it.* lancio di 7 metri

sewing machine machina sutoria -ae, *f org* ivl *e.l.* etiam machina satoria *it.* macchina da cucire

shaman samanus -i, *m org* lrl *e.l. adi.* Samanicus; *it.* sciamano

shamanism samanismus -i, *m org.* lrl *e.l.* idem *it.* sciamanismo

shampoo[1] saponatum -i, *n. org.* ivl *e.l.* de tonstrina *it.* shampoo

shampoo[2] captilavium -ii, *n org* lrl *it* shampoo

share[1] actia -ae, *f. org* ivl *e.l.* quoad chrematographum *it.* azione

share[2] sors -rtis, *f org* ivl *el* sors societatis anonymae; compara cum chrematographo *it.* azione

sharecropper[1] colonus partiarius *m org* lrl *e.l.* idem *it.* mezzadro

shareholder[2] socius pecuniarius m org. ig. e.l. idem it. azionista

shaving brush peniculus tonsorius -i, *m. org.* ivl *e.l.* idem *it.* pennello da barba

shawl[1] superumerale -is, *n. org.* ivl *e.l.* anaboladium *it.* scialle

shawl[2] anaboladium -i, *n. org.* ivl *it.* scialle

sheet-iron lamina ferrea *f. org.* lrl *it.* lamiera

sheik phylarchus -i, *m org* lrl *el.* idem *it* sceicco

shift lever velocitas -atis, *f. org.* ivl *e.l.* de autocineto *it.* leva di cambio

shirt subucula -ae, *f org* lrl *el* interula *it* camicia

shoe calceamentum -i, *n. org.* ivl *it.* scarpa

shoehorn calceamentarium -ii, *n. org.* lrl *e.l.* inductorium *it.* calzatoio

shoe store calcearia -ae, f. org. ivl e.l. idem it. negozio di scarpe

sight

shooting sclopetatio -onis, *f org* ivl *el.* de sclopeto *it.* tiro al fucile

shooting range ballipedium -ii, *n. org.* lrl *e.l.* campus ballisticus, *it.* balipedio

shooting-star bolis -idis, *m. org.* lrl *e.l.* aerolithus uranolithus (Bacci) *it.* bolide

shop window[1] speculare -is, *n. org.* ivl *e.l.* fenestra tabernaria *it.* vetrina

shop window[2] fenestra tabernaria *f. org.* ivl *e.l.* idem *it.* vetrina

short waves undae breves -arum, *f org.* ivl *e.l.* de radiophonia *it.* onde corte

shorthand stenodactylographia -ae, *f. org.* lrl *e.l.* idem *it.* stenodattilografia

shorthand symbol stenogramma -atis, n org. lrl *e.l.* idem *it.* stenogramma

shorts[1] bracae brevissimae *f pl. org* lrl *it* shorts

shorts[2] hosa campestris -ae, *f org.* ivl *e.l.* etiam campestre, is, *n. it.* calzoncini

shorts[3] campestre -is, *n org* ivl *el.* vide: 'bracae breves' *it.* calzoncini

shorts[4] bracae breves *f, pl org.* lrl *it.* calzoncini

shot (film) exception cinematographica -onis, *f. org.* ivl *e.l.* idem *it.* ripresa (film)

shotgun focile (bifistulatum) -is, *n. org.* ivl *e.l.* idem *it.* fucile

shoulder strap analectris -idis, f. org. ivl *e.l.* idem *it.* spallina

shower[1] tubulus mammatus -i, *m org* ivl e.l. de conclavi balneo *it.* doccia

shower[2] balneae pensiles -arum, ium *f. pl. org* lrl *e.l.* idem it. doccia

shroud (sindon) sindon -onis, *f. org.* ivl *e.l.* linteum; *e.g.* Sancta Sindon it. sindone

shutter transenna volubilis -ae, *f. org.* ivl *e.l.* idem *it.* persiana avvolgibile

shuttle (ship) commeans laophorium *n org.* lrl *e.l.* idem *it.* navetta

sick aegrotus -a-um *org.* ivl *e.l.* idem *it.* malato

side road via lateralis -ae, *f org.* ivl *el.* idem *it.* strada secondaria

sidecar curriculus lateralis *m. org.* ivl *e.l.* idem *it.* motocarrozzetta

sidewalk crepito viaria -inis, *f org.* ivl *e.l.* idem *it.* marciapiede

side-wiskers barbula -ae, *f. org.* ivl *e.l.* etiam Italice=favoriti *it.* fedine

sieve cribrum -i, *n* ivl *e.l.* de coquina *it* crivello

sigarette fistula nicotiana *f org.* lrl *it.* sigaretta

sight (gun) lamella collineans *f org* lrl *it* mirino

signal signale -is, *n org* ivl *e.l.* lux signalis; de rebus ferriviariis *it.* segnale stradale
signalman custos viae -odis, *m/f. org.* lrl *e.l.* idem *it.* cantoniere
silicosis silicosis -is, *f org.* lrl *e.l.* idem *it* silicosi
singable (-like) cantabile -is, *n org* lrl *e.l.* modulabile *it.* cantabile
single home domus unius familiae f org ivl e.l. idem it. casa unifamiliare
singles ludus singularis -i, *m org.* ivl *e.l.* de tenisia etc. *it.* singolo
sink labellum -i, *n. org.* ivl *e.l.* adhibetur ad faciem manusque lavandas *it.* lavandino
sirocco euronotus -i, *m org.* lrl *el.* Atabulus -tri *it* scirocco
Sistine Chapel Sacellum Xystinum *n org* lrl *e.l.* idem *it.* Capella Sistina
skater patinator -oris, *m. org.* ivl *e.l.* patinatrix (*f*) *it.* pattinatore
sketch, to outline, draft adumbro -are *org.* lrl *e.l.* primis lineis designo *it.* abbozzare
ski binding ligatura nartae -ae, *f. org.* ivl *e.l.* idem *it.* attacco di sicurezza
ski chalet casa nartatorum *f. org.* ivl *e.l.* idem *it.* refugio per sciatori
ski jacket iacca nartatoria -ae, *f. org.* ivl *e.l.* idem *it.* giacca a vento
ski jumping desultura nartatoria *f. org.* ivl *e.l.* idem *it.* salto dei sci
ski lift anabathrum nartatorium *n* lrl *it.* sciovia
ski pole baculum nartatorium -i, *n. org.* ivl *e.l.* idem *it.* bastone da sci
ski run[1] iter narticum *n org* lrl *it* pista da sci
ski run[2] curriculum nivale *n org* ivl *it* pista da sci
skid (go into) deflecto -ere *org.* lrl *e.l.* de autocineto *it.* sbandare
skiding deflexio -onis, *f. org.* lrl *e.l.* de autoceneto *it.* sbandamento
skier nartator -oris, *m org.* lrl *e.l.* nartatrix (*f*) *it* sciatore
skin tumor cheloides -is, *f. org.* lrl *e.l.* cutis tumor *it.* cheloide
sking narta -ae, *f. org.* lrl *e.l.* idem *it.* sci
sking corse nartatio -onis, *f org* lrl *it* sci (corsa)
skirt[1] gunna -ae, *f. org.* ivl *e.l.* idem *it.* gonna
skirt[2] castula -ae, *f. org.* lrl *e.l.* tunica inferior; supparum *it.* gonna
skittle lusus conorum -us, *m.* ivl *e.l.* ludus Anglicus luditur cum novem conis *it.* gioco dei birilli
skylab officina sideralis *f. org* Egger *it.* skylab

skyscraper[1] caeliscalpium -ii, *n org* lrl *e.l.* supereditae aedes, *f pl it.* grattacielo
skyscraper[2] multizonium -i, n *org.* ivl *e.l.* aedificium altissimum it. grattacielo
slalom decursio flexuosa *f org.* ivl *e.l.* de athletica hiberna *it.* slalom
slang sermo gregarius *m org* lrl *e.l.* sermo proprius *it.* gergo
sled trahea -ae, *f. org.* lrl. *el.* idem *it.* slitta
sledgehammer marcus -i, *m. org.* ivl *e.l.* marcus ingens *it.* mazza
sleeping bag saccus dormitorius -i, *m. org.* ivl *e.l.* idem *it.* sacco a pelo
sleeping car currus dormitorius *m org.* ivl *e.l.* idem *it.* vagone a letto
sleigh sclodia -ae, *f* ivl *el.* stludio, onis *f* it. slitta
slide projector proiectorium diapositivorum -i, *n. org.* ivl *e.l.* adhibetur praecipue in eruditione *it.* diaproiettore
slip[1] tunica interior *f. org.* lrl *it.* sottoveste
slip[2] (*full-length*) hypozonium -i, *n org.* ivl *e.l.* idem *it.* sottoveste
slip knot nodus mobìlis *m org* lrl *it.* calappio
slipper[1] solea -ae, *f. org.* lrl *it.* pantofola
slipper[2] (bedroom) crepita -ae, *f org.* lrl *e.l.* caligula domestica *it.* babbuccia
slum dwelling habitaculum -i, *n. org.* lrl *e.l.* idem *it.* abitacolo
small letter littera minuta *f. org.* lrl *e.l.* littera minuscula *it.* minuscola
smoke fumo -are *org.* ivl *e.l.* fumum tabaci haurio *it.* fumare
smoke bomb[1] pyrobolus fumificus *m. org.* lrl *e.l.* idem *it.* bomba fumogena
smoke bomb[2] candela fumifica *f org* Egger *el.* idem *it.* candellotto fumogeno
smoker[1] fumarium -i, *n. org.* lc. *e.l.* locus ubi vinum carnemque ad fumandum *it.* cella fumaria
smoker[2] fumator -oris, *m org.* ivl *e.l.* homo qui fumat, *f*= fumatrix *it.* fumatore
smoking compartment diaeta fumatorum *f. org.* ivl *e.l.* pars conclavis adhibita fumatoribus *it.* compartamento (fumatori)
snack cenula -ae, *f. org.* lrl *it.* stuzzichino
snack-bar voratrina -ae, *f. org.* ivl *e.l.* de cibo *it.* snack-bar
sniper manuballistarius tectus *m. org.* lrl *e.l.* idem *it.* cecchino
snore roncor -ari *org.* ivl *e.l.* idem *it.* russare

snowboard snowboard nartona -ae, *f. org.* ig. *e.l.* narta lata *it.* snowboard
snowflake pluma nivalis -ae,f org. ivl e.l. idem it. fiocco di neve
snowmobile trahea automataria f. org. lrl e.l. idem it. motoslitta
soap dish theca saponaria *f* lrl *it* portasapone
soccer[1] folliludium-i, *n* lrl *el* pediludium *it* calcio
soccer[2] (like) pedilusorius -a-um *org.* lrl *e.l.* idem *it.* calcistico
soccer player[1] pedilusor -ris, *m. org.* lrl *e.l.* idem *it.* calciatore
soccer player[2] pilicrepus -i, *m. org.* lrl *el.* idem *it.* giocatore di calcio
soccer (football, Brit.) pedifollium -is, *m org.* ivl *e.l.* pediludium (lrl) *it.* calcio
soccor field campus pedeludiarius *m. org.* Egger *e.l.* idem *it.* campo sportivo (dei calciatori)
social contributions attibutio sicialis *f. org.* ivl *e.l.* idem *it.* contributi sociali
social insurance assecuratio socialis *f. org.* ivl *e.l.* idem *it.* previdence
socket[1] nidus -i, *m.* Draco *it* presa (di elettrica)
socket[2] contractum -i, *n org.* ivl *e.l.* capsa contactus *it.* presa di corrente
socks impilia -orum, *pl. org.* ivl *it* calzini
soda water gasiosa potio *f. org.* lrl *e.l.* carbonica potio; aqua effervescens (Bacci) *it.* gassosa
soft cover (book) liber gestabilis *m org.* lrl *e.l.* liber portabilis *it.* libro tascabile
solar panel lamina solaris *f* org. lrl *it.* pannello solare
solar system ordo solaris *m. org.* Egger *el.* idem *it.* sistema solare
soldering iron instrumentum ferruminatorium -i, *n. org.* ivl *e.l.* idem *it.* saldatoio
solo (performance) sincinium -ii, *n org it* assolo
sonograph echographia -ae, *f. org.* lrl *e.l.* adi. echographicus *it.* echografia
soprano supranistria -ae, f. org. ivl e.l. cantrix vocis acutae it. soprano
souffle scriblita inflata *f. org.* lrl *it.* souffle
sound barrier repagula soni -ae, *f. org.* lrl *e.l.* idem *it.* barriera del suono
soup iusculum -i, *n. org.* ivl *e.l.* ius *it.* zuppa
souvenir[1] memoriale -is, *n. org.* lrl *it.* souvenir
souvenir[2] mnemosynum -i, *n org* lrl *it.* ricordo
sowing machine machina satoria *f* org. lrl *e.l.* vide: 'machina sutoria' *it.* seminatrice
soybean soia -ae, *f. org.* lrl *e.l.* idem *it.* soia

sports car
space probe speculatorium siderale -ii, *n org.* lrl *e.l.* siderale instrumentum exploratorium *it.* sonda spaziale
spaceship[1] navis sideralis *f org.* lrl *el.* aeronavis cosmica *it.* astronave
spaceship[2] astronavis -is,*f. org.* lrl *e.l.* syn; navis sideralis, aeronavis cosmica, *it.* astronave
space station[1] statio sideralis *f org* lrl *el.* idem *it.* stazione spaziale
space station[2] space city astropolis -is, *f. org.* nl *e.l.* statio sideralis , *f. it.* stazione spaziale
spacelab laboratorium siderale *n. org.* lrl *e.l.* idem *it.* spacelab
spaghetti spacelli -orum, *m org.* ivl *it* spaghetti
spaghetti (long) pasta vermiculata *f. org.* lrl *e.l.* lrl *it.* spaghetto
spark plug candela accensiva *f* ivl *it.* candela
sparkling wine vinum spumans -i, *n. org.* ivl *e.l.* idem *it.* spumante
spatial sideralis -e *org.* lrl *e.l.* idem *it.* spaziale
speciality peritia singularis *f. org.* lrl *e.l.* provencia doctrinae specialis *it.* specialita
specimen specimen -is, *n org* lrl *e.l.* exemplum *it.* campione
spectacles perspicillum affixum -i, *n org.* ivl *el.* affixum ad nasum est non ad aures *it.* stringinaso
speed skating patination velox -onis, *f. org.* ivl *e.l.* idem *it.* pattinaggio di velocita'
speedboat automataria scapha *f. org.* lrl *e.l.* idem *it.* motoscafo
speedometer tachymetrum -i,*n org* lrl *e.l.* velocitatis index *it.* tachimetro
speedway autocinetodromus -i, *m. org.* lrl *e.l.* idem *it.* autodromo
speleologist spelaeologia -ae, *f. org.* lrl *e.l.* idem *it.* speleologia
spinach spinacium -i, *n org.* ivl *it.* spinaci
spinal column columna vertebralis *f. org.* lc. *e.l.* idem *it.* colonna vertebrale
spiral staircase scalae cochleatae *f, pl. org.* lrl *e.l.* idem *it.* scala a chiocciola
spoke radius -i, *m. org.* ivl *e.l.* de rotis birotae, autocineti etc. *it.* raggio
space shuttle spatiale vehiculum reciprocum *n. org.* Vox L. *e.l.* idem *it.* spola spaziale
spontaneous combustion exustio spontanea *f. org.* lrl *e.l.* idem *it.* autocombustione
sport athletismus -i,*m org.* nl *e.l.* ludus *it* sport
sports car autocinetum bisellarium *n. org.* lrl el. idem *it.* spider

sportswear vestis campestris -is, *f. org.* ivl *e.l.* idem *it.* abito sportivo
spreadsheet charta computativa -ae, *f. org.* Draco e.l. idem *it.* foglio elettronico
spring elater -eris, *m. org.* ivl *e.l.* chalybs mollis *it.* molla
springboard suggestus desultorius -us, *m org.* ivl *e.l.* de athletica aquatili *it.* trampolino
springboard diving saltus artificiosus -us, *m. org.* ivl *e.l.* de athletica aquatile *it.* tuffo artistico
sprint cursus brevis -us, *m. org.* ivl *e.l.* idem *it.* corsa di velocita'
spumante spumeus -a -um *org.* lrl *e.l.* spumosus; spumiger; vinum spumans *it.* spumante
squrrel sciurus -i, *m. org.* lrl *it.* scoiattolo
staff room oecus magistrorum -i, *m org.* ivl *el.* idem *it.* sala dei professori
staff sergeant decurio -onis, *m. org.* lrl *e.l.* idem *it.* sergente
staging apparatio ludi scaenici *f. org.* lrl *e.l.* idem *it.* messinscena
stairs graduum series *f. org.* Egger *it.* scala
stairwell scalarium -i, *n org.* ivl *it* scale
stamp[1] pittacium epistulare -i, *n. org.* ivl *e.l.* idem *it.* francobollo
stamp[2] pittacium cursuale *n* org Bacci *e.l.* idem *it.* francobollo
standard bearer antesignanus -i, *m org* lrl *el.* signifer *it.* alfiere
stapler uncinatrum -i, *n org.* ivl *it* cucitrice
star mapper, astrometrist astrographus -i, *m. org.* nl *e.l.* chartographus stellaris *it.* cartografo delle stelle
starch amylum -i, *n org* lrl *el* amulum *it* amido
start[1] initium cursus -i, *n. org.* ivl *e.l.* de athletica cursus *it.* partenza
start[2] missa equorum -ae, f org. ivl e.l. de equitatione it. partenza
starting gate cancelli procursus -m, pl. *org.* ivl e.l. de equitatione it. cancelli di partenza
station (TV) emistrum -i, *n* ivl *it* stazione (TV)
stationary shop taberna chartaria *f. org.* lrl *e.l.* idem *it.* cartoleria
stationary vendor chartopola -ae, *m. org.* lrl *e.l.* is qui chartas vendit *it.* cartolaio
statistical rationalis -e *org.* lrl *it.* statistico
statistics rationarium -ii, *n. org.* lrl *e.l.* rationalis doctrina *it.* statistica
steam engine machina vaporaria -ae, *f. org.* ivl *e.l.* idem *it.* motore a vapore

steamrollor cylindrus vaporarius -i, *m. org.* ivl *e.l.* idem *it.* rullo
steel cable funis chalybeius *m org* lrl *e.l.* idem *it.* cavo (accciaio)
steeplechase[1] certamen equestre obstaculorum -inis, *n. org.* ivl *e.l.* idem *it.* corsa da ostacoli
steeplechase[2] cursus super obstacula *m. org.* ivl *e.l.* idem *it.* corsa a ostacoli
steering wheel rota moderatrix -ae, f. *org.* ivl e.l. idem it. volante
stepladder scalae plicantes *f, pl. org.* ig. *e.l.* idem *it.* scala a libretto
stereo (phonic) stereophonia -ae, *f. org.* lrl *e.l.* idem *it.* stereofonia
stereo system apparatus stereophonicus *m. org.* ivl *e.l.* idem *it.* stereo (sistema di)
stereotypical stereotypicus -a -um *org.* lrl *e.l.* idem *it.* stereotipico
steward[1] ministrator -oris, *m. org.* ivl *e.l.* vide: 'minister; ministratrix (f)' *it.* steward
steward[2] minister -tri, *m. org.* ivl *e.l.* de aeroplano *it.* steward
stick (ball hockey) rhabdos repanda -i, *f org.* ivl *e.l.* de alsulegia cum pila *it.* bastone da hockey
stirrup stapia -ae, *f org* ivl *e.l.* de equitatione *it* staffa
stock[1] chrematographum -i, *m. org.* ivl *e.l.* titulus partem possesionis indicans *it.* titolo
stock[2] exchange permutatio titularia *f. org.* ig. *e.l.* chrematisterium *it.* scambio di azioni
stock market chrematisterium -i, *n org.* lrl *e.l.* bursa- ae, *f*(ivl) *it.* borsa
stoning lapidatio -onis, *f. org.* lrl *e.l.* lapidum coniectio *it.* sassaiola
stop siste -ere *org.* lrl *e.l.* sta! *it.* alt
stop sign signum subsistendi -i, *n org.* ivl *e.l.* de via commeatuque *it.* alto
stop slight semaphorus -i, *m. org.* Egger *el.* idem *it.* semaforo
stopwatch chronoscopium -i, *n. org.* ivl *e.l.* idem *it.* cronometro
storm drain canaliculus -i, *m. org.* ivl *e.l.* de viis *it.* canale di scolo
stove focus -i, *m org* ivl *el* uti potest electricitate vel alia materia e.g. gasum Terrestre *it* cucina
Stradivarian Stradivarianus -a -um *org.* lrl *e.l.* e.g. fidula violina Stradivarianua *it.* stradivariano
Street (naming) hodonomasticus -a -um *org* lrl *e.l.* ad viarum nomina pertinens *it* odonomastico
street cleaner scopae automatariae *f, pl. org.* lrl *e.l.* automaton converrens *it.* autospazzatrice

streetlight lanterna -ae, *f. org.* ivl *e.l.* lampas viae *it.* lampione
strike operistitium -i, *n org.* Irl *it.* sciopero
string (as in character string) series -ei, *f. org.* Draco *e.l. e.g.* litterarum series *it.* stringa (elab.)
strip (medicinal) ceratum -i, *n. org.* Irl *e.l.* pittacium medicamento illitum *it.* cerotto
stripper nudator *m. org.* Irl *e.l.* etiam nudatrix *it.* spogliaellista
striptease nudatio -onis, *f org* Irl *it* spogliarello
stroke ictus -us, *m* ivl *el.* de pilamalleo *it* colpo
strong box arca ferrata *f org.* Irl. *it.* cassaforte
student[1] studens -entis, *m. org.* ivl *e.l.* discipulus; *f.* studentissa *it.* studente
student[2] alumnus (academicus) -ae, *f. org.* ivl *e.l.* discipulus: alumna (*f*) *it.* studente
stye[1] hordeolus -i, *m org* Irl *el.* idem *it* orzaiolo
style[2] ecphrasis -is,*f, acc*=in *org.* ig. *e.l.* phrasis, genus dicendi etc. *it.* stile
subconsciousness subconscientia -ae, *f. org.* Irl *e.l.* idem *it.* subcoscienza
submarine navis subaquanea *f. org.* Irl *e.l.* idem *it.* sommergibile
subroutine subprocedura -ae, *f org* Draco *e.l.* subprogramma *it.* sottoprogramma
subscribe subnoto -are *org.* Irl *it.* abbonare
subscriber subnotator -oris, *m. org.* Irl *e.l.* idem *it.* abbonato
subscription subnotatio -onis, *f. org.* Irl *e.l.* subscriptio *it.* abbonamento
subsoil solum inferius *n, org.* Irl *e.l.* hypogaea *it.* sottosuolo
substitute (teacher) vicarius -i, *m. org.* Irl *e.l.* subdoctor *it.* supplente
subtropical subtropicus -a-um *org.* Egger *e.l.* idem *it.* subtropico
suburbe suburbium -ii, *m org.* Irl *e.l.* regio suburbana *it.* borgata
subway[1] hamaxostichus subterraneus *m. org.* Irl *e.l.* idem *it.* metropolitana
subway[2] ferrivia subterranea *f. org.* Irl *e.l.* hamaxostichus subterraneus *it.* sotterranea
sugar cane arundo sacchari -inis, *f org.* nl *e.l.* idem *it.* canna da zucchero
suit[1] synthesis -is, *f. org.* ivl *e.l.* de vestimenta masculina *it.* abito
suit[2] vestis -is, *f. org.* Irl *e.l.* syn: vestimentum, indumentum. *it.* abito, vestito
suitcase riscus -i, *m org.* ivl *e.l.* adhibitur itinerantibus *it.* valigia

sultan sultanus -i, *m. org.* Helfer *it.* sultano
summer dress theristrum -i,*n org* ivl *it* vesta
summit conventus summi gradus *m. org.* Irl *e.l.* vertex *it.* vertice
sun glasses perspicillum solare -i, *n. org.* ivl *e.l.* idem *it.* occhiali da sole
sunbathing apricatio -onis, *f. org.* ivl *e.l.* idem *it.* cura (del sole)
sundial horologium solare -i,*n org.* ivl *e.l.* idem *it.* orologio solare
superintendant superintentor -oris, *m. org.* Irl *e.l.* procurator *it.* soprintendente
supermarket[1] superinstitorium -i, *n. org.* ivl *e.l.* emporium *it.* supermercato
supermarket[2] pantopolium -i,*n org* Irl *e.l.* emporium praegrande *it.* supermercato
superpower civitas praepollens *f. org.* Irl *e.l.* idem *it.* superpotenza
supersonic supersonicus -a-um *org.* Irl *e.l.* soni fines excedens *it.* ultrasonico
superstructure structura superposita *f org.* Irl *e.l.* opus superstructum; moles superstructum *it.* sovrastruttura
supply plane aeronavis cisternifera *n. org.* Irl *el.* idem *it.* aviocisterna
surfboard tabula velifera -ae, *f. org.* ivl *e.l.* tabula aqualis cum velo maloque *it.* tavola del surf
surgeon chirurgus, -i, *m. org.* Irl *it.* chirurgo
surgery chirurgia, -ae, *f. org.* Irl *it.* chirurgia
surgery room conclave chirurgicum *n. org.* Irl *e.l.* cubiculum corporibus secandis, *it.* camera operatoria
surgical chirurgicus -a-um *org* Irl *it.* chirurgico
surrealism superrealismus -i,*m. org* Egger *e.l.* idem *it.* surrealismo
surtax (surcharge) tributum adiectum *n org* Irl *el.* tributi accessio; additamentum *it.* sopratassa
survey (poll) exploratio -onis, *f. org.* Irl *e.l.* inquisitio; percontatio *it.* sondaggio
survival instinct biophilia -ae, *f. org.* Irl *e.l.* vitae amor *it.* biofilia
suspenders stroppi -orum, *m* ivl *it.* giarettiera
suspension bridge pons pensilis -tis, *m. org.* ivl *e.l.* idem *it.* ponte sospeso
swallowing (air during glutition) aerophagia -ae, *f. org.* Bacci *e.l.* aeris devoratio *it.* aerofagia
sweater[1] thorax laneus *m. org.* Svet.*it.* maglia
sweater[2] (sleeveless) tunicula -ae, *f org.* Irl *e.l.* interula ; subucula *it.* canottiera

swim wear

swim wear vestis balnearis -is, *f. org.* ivl *e.l.* idem *it.* costume da bagno
swimming contest certamen natatorium *n. org.* ivl *e.l.* idem *it.* gara di nuoto
swimming instructor magister natandi -tri, *m org.* ivl *e.l.* idem *it.* maestro di nuoto
swimming pool[1] natabulum -i, *n. org.* ivl *e.l.* vide: 'colymbus' *it.* piscina
swimming pool[2] colymbus -i, *m org.* ivl *e.l.* natabulum; piscina *it.* piscina
swing oscillum -i, *n org.* Irl *el.* idem *it.* dondolo
switch[1] mutatrum -i, *n. org.* ivl *e.l.* de electricitate *it.* interruttore
switch[2] epitonium electricum *n org* Heffer *el.* idem *it.* interruttore
swivel chair sella graphealis -ae, *f. org.* ivl *e.l.* idem *it.* sedia da scrivania
swordfish xiphias -ae, *m org* Irl *it* pescespada
syphon sipho -onis, *m org.* Irl *e.l.* fistula; tubus *it.* sifone
syringe syringa -ae, *f org.* Irl *el.* idem *it* siringa
syrup mulsum -i, *n org* Irl *el.* idem *it.* sciroppo
system systema -atis, *n. org.* Draco *it.* sistema
tablecloth mantele -is, *n org* ivl *e.l.* idem *it* tovaglia da tavolo
table tennis tenisa mensalis -ae, *f. org.* ivl *e.l.* idem *it.* tennis da tavolo
tachycardia tachycardia -ae, *f org.* Irl *e.l.* idem *it.* tachicardia
tachygraphy tachygraphia -ae, *f. org.* Irl *e.l.* idem *it.* tachigrafia
tail light lumen posticum -inis, *n. org.* ivl *e.l.* idem *it.* fanale posteriore
tailor[1] vestificus -i, *m. org.* Irl *e.l.* vestifex, vestitor *it.* sarto
tailor[2] vesticus -i, *n. org.* Irl *e.l.* vestifex, vestica *it.* sarto
tailor shop[1] vestificina -ae, *f. org.* Irl *e.l.* officina vestium *it.* sartoria
tailor shop[2] vesticina -ae, *f org.* Irl *it.* sartoria
take a photo photographo -are org. ivl *e.l.* idem *it.* fotografare
take off avolo -are *org.* Irl *e.l.* evolo (de aeroplano) *it.* decollare
take off clothes devestio -ire, ivi *org.* ivl *e.l.* exuere vestitus *it.* spogliarsi
take off skis nartas destringo -ere *org.* ivl *e.l.* idem *it.* slacciare
take-off (noun) avolatio -onis, *f. org.* Irl *e.l.* idem *it.* decollo

telephone book

tambourine[1] cymbalum -i, *n org.* Irl *it* cembalo
tambourine[2] tympaniolum -i, *n org* Irl *e.l.* musicum instrumentum *it.* tamburello
tamer domitor ferarum -oris, *m. org.* ivl *e.l.* idem *it.* domatore
tandem bike birota gemina *f. org.* Egger *el.* idem *it.* tandem
tank[1] currus loricatus *m org* Irl *e.l.* currus cataphractus *it.* carro armato
tank[2] (distribution) gasiometrum -i, *n. org.* Irl *e.l.* vaporibus temperandis vas *it.* gassometro
taoism Taoistica ratio *f. org.* Irl *it.* taoismo
tape[1] incido -ere *org.* Irl *e.l.* incidere in magnetophonio *it.* registrare
tape[2] taenia -ae, *f org.* Draco *el.* idem *it* nastro
tape recorder magnetophonium -ii, *n. org.* Irl *el.* magnetophonum *it.* registratore
tapir tapirus -i, *m. org.* Irl *e.l.* idem *it.* tapiro
tariff taxatio -onis, *f. org.* Irl *e.l.* pretium impositum *it.* tariffa
taxi[1] autoraeda, meritoria *f. org.* ivl *it.* tassi
taxi[2] taxiraeda -ae, *f. org.* ivl *e.l.* autocinetum viatorium *it.* tassi'
taxing aeronavium motus *m. org.* Irl *e.l.* cursus *it.* rullaggio
tea thea -ae, *f. org.* ig. *e.l.* potio theana *it.* te
teacher docens -entis, *m/f. org* ivl *it* docente
teacup pocillum theanum -i, *n. org.* ivl *e.l.* pocillum cafearium etc. *it.* tazza da te'
teapot[1] hirnea theana -ae, *f org.* ivl *e.l.* hirniola theana *it.* teiera
teapot[2] cuccuma thearia, *f. org.* Irl *it.* teiera
tear gas gasium lacrimogenum *n org* Irl *e.l.* lacrimatorium *it.* gas lacrimogeno
technician laboratorio addictus *m. org.* Irl *e.l.* syn: technicus *it.* laboratorista
teddy-bear ursulus panneus *m. org.* Irl *e.l.* idem *it.* orsacchiotto
tee metula mobilis ae, *f org.* ivl *e.l.* de ludo glaciali conorum *it.* meta
telegram[1] telegramma -atis, *n org.* Irl *e.l.* idem *it.* telegramma
telegram[2] telegraphema -atis, *n org.* ivl *e.l.* vide: 'telegramma' *it.* telegramma
telepathy telepathia -ae, *f org.* Irl *it.* telepatia
telephone telephonium -ii, *n. org.* Irl *e.l.* adi. telephonicus *it.* telefono
telephone book index telephonicus -icis, *m. org.* ivl *e.l.* idem *it.* elenco telefonico

telephone booth

telephone booth cella telephonica *f. org.* ivl *e.l.* idem *it.* cabina telefonica
telephone call telephonema -atis, *n. org.* ivl *e.l.* colloquium telephonicum *it.* telefonata
telephone card scidula telephonica *f. org.* ig. *e.l.* idem *it.* scheda telefonica
telephone dial discus selectorius *m org* ivl *e.l.* de telephono *it.* disco teleselettivo
telephone keys plectra selectoria -orum, *pl. org.* ivl *e.l.* de telephono *it.* tastiera di telefono
telephone plug conexio telephonica -onis, *f. org.* ivl *e.l.* idem *it.* collegamento (tele.)
telephone receiver auriculare -is, *n. org.* ivl *e.l.* idem *it.* cornetta
telephoto lens telelenticula -ae, *f. org.* lrl *e.l.* idem *it.* teleobiettivo
television televisio -onis, *f. org.* ivl *e.l.* machina moderna spectanda *it.* televisione
television chronicle relatio televisifica *f. org.* lrl *e.l.* idem *it.* telecronaca
television news nuntii televisifici -*m, pl. org.* ivl *e.l.* idem *it.* telegiornale
television set televisorium -i, *n org.* ivl *e.l.* vide: 'televisio' *it.* televisore
television station televisificus trames *m org.* lrl *e.l.* idem *it.* canale televisivo
television viewer televisor -oris,*m org.* ivl *e.l.* idem *it.* telespettatore
temporary post munus vicarium *n. org.* lrl *e.l.* suffectio temporaria *it.* supplenza
tender scapha auxiliaria *f. org.* lrl *e.l.* lembus adiunctus *it.* scialuppa
tennis[1] teniludium -i,*n org.* ivl *e.l.* ludus *it.* gioco del tennis
tennis[2] tenisa -ae, *f. org.* ivl *e.l.* vide: 'teniludium' *it.* gioco da tennis
tennis ball pila tenisiae -ae,*f org.* ivl *e.l.* de tenisia *it.* palla da tennis
tennis court campus teniludii -i,*m. org.* ivl *e.l.* idem *it.* campo da tennis
tennis player teniludius -i, *m org.* ivl *e.l.* teniludia- ae, *f it.* giocatore di tennis
tennis racket reticulum -i, *n org.* ivl *e.l.* de teniludio *it.* rachetta
tenor tenorista -ae, *m. org.* ivl *e.l.* cantor vocis mediae *it.* tenore
tent (circus) tentorium festivum -i,*n org* ivl *e.l.* id adhibetur temporibus eventuum specialium *it.* tendone
tent tentorium -i, *n. org.* lc *e.l.* idem *it.* tenda

tire

tentpeg paxillus -i, *m org* ivl *el.* de tentorio *it.* paletto
terminal terminale -is, *n. org.* Draco *e.l.* idem *it.* terminale s.m.
terrace xystus -i, *m* ivl *el.* de domo *it* terrazza
terraced house domus serialis *f. org.* ivl *e.l.* idem *it.* casa a schiera
terrorist tromocrata -ae,*m org* nh *e.l.* qui terrore utitur *it.* terrorista
testing docimasia -ae, *f. org.* lrl *e.l.* pervestigatio *it.* docimasia
text processing programma textuale -atis, *n. org* ivl *e.l.* de computrato *it.* programma del testo
textile mill fabrica textoria *f. org.* ivl *e.l.* idem *it.* fabbrica di tessuti
theater hall atrium theatri *n.* ivl *it.* vestibulo
theine theinum -i, *n. org.* lrl *e.l.* idem *it.* teina
thermometer thermometrum -i, *n org.* ivl *e.l.* idem *it.* termometro
Thomism Thomismus -i, *m org.* lrl *it.* tomismo
three phase current fluentum triphasicum -i, *n. org.* ivl *e.l.* de electricitate *it.* corrente trifase
threshing machine machina trituratoria -ae, *f org.* ivl *e.l.* instrumentum praedii *it.* trebbiatrice
throw-in iniectus lateralis -us, *m org* ivl *e.l.* de pedifollio *it.* rimessa laterale
thrust ictus -us, *m org.* ivl *e.l.* de arte battuendi *it.* stoccata
thunderstorm tonitrua -uum, *pl. org.* ivl *e.l.* idem *it.* temporale
thyroid gland glandula thyroidea -ae, *f org.* lc *e.l.* idem *it.* ghiandola tiroide
ticket (travel) tessera iteneraria -ae, *f org.* ivl *e.l.* de tramine, aeroplano etc. *it.* biglietto
ticket master tesserarius -ii, *m org.* lrl *e.l.* tessrarum dispensator; scidarum distributor *it.* biglietaio
tie focale Croatum -is, *n org.* lrl *e.l.* licet uti tantummodo 'focale sine Croatum' *it.* cravatta
tightrope walker petaurista -ae,*m org.* ivl *el.* petauristria, ae, *f. it.* ballerino a corda
tile lamina fictilis -ae, *f. org.* ivl *e.l.* de balneo, pavimento, culina etc. *it.* piastrella
time bomb pyrobolus horologicus *m org* lrl *el.* idem *it.* bomba a orologeria
timetable, schedule horarium -i, *n* lrl *it.* orario
tire rota cummea *f org* Bacci *e.l.* cummis pneumatica (Bacci) *it.* gomma
tire (*car*) canthus -i, *m. org.* ivl *e.l.* vide: 'rota cummea' *it.* pneumatico

tissue paper charta bibula *f org*. Irl *e.l.* idem *it* carta assorbente
tit misinga -ae, *f org* ivl *el.* de avi *it* cinciallegra
title page frontispicium -i, *n*. *org*. ivl *e.l.* pagina principalis libri vel relationis *it*. frontespizio
toast quadra tosti *f*. *org*. Irl *e.l.* idem *it*. toast
toaster tostrum -i, *n org*. ivl *e.l.* de instrumento domestico *it*. tostapane
tobacco tabacum -i, *n*. *org*. Irl *e.l.* herba nicotiana *it*. tabacco
tobacco case theca tabaci *f*. *org*. Irl *e.l.* pyxidicula (Bacci); pyxis tabacina *it*. tabacchiera
tobacco shop tabacopolium -i, *n org* Helfer *el*. taberna nicotiana *it*. tabaccheria
tobaco pouch sacculus tabaci -i, *n*. *org*. ivl *e.l.* idem *it*. borsa del tobacco
toboggan stludio -onis, *f org* ivl *el*. vide: 'sclodia' *it*. slitta
toboggan run decursus sclodiae *m org*. ivl *e.l.* de athletica hiberna *it*. pista per slitte
toilet paper[1] charta purgatoria *f*. *org*. Irl *e.l.* mundatoria *it*. catta igienica
toilet paper[2] charta hygienica *f*. *org*. ivl *e.l.* idem *it*. carta igienica
toilette[1] sella familiarica -ae, *org*. ivl *e.l.* idem *it*. gabineto (WC)
toilette[2] sella pertusa -ae, *f*. *org*. ivl *e.l.* vide: 'sella familiarica' *it*. gabinetto
tomato lycopersicum -i, *n org*. Irl *it*. pomodoro
tomato juice lycopersica condita *f*. *org*. Irl *e.l.* idem *it*. concentrato di pomodoro
toothache dolor dentium *m*. *org*. ivl *e.l.* idem *it*. mal di denti
toothpast[1] pasta dentaria *f org*. Irl *e.l.* idem *it*. pasta dentifricia
toothpaste[2] dentifricium -i, *n* Irl *it*. dentifricio
toothpick dentiscalpium -ii, *n*. *org*. Irl *e.l.* idem *it*. stuzzicadenti
top hat petasus altus -i, *m*. *org* ivl *it*. cilindro
top secret secretissimus -a-um *org* Irl *e.l.* maxime reticendus *it*. top secret
top station statio montana -onis, *f*. *org*. ivl *e.l.* de funivia *it*. stazione a monte
torpedo ignifer silurus *m*. *org*. Irl *e.l.* siluro
torpedo boat aeronavis igniferis *f*. *org*. Irl *e.l.* idem *it*. silurant
touch line linea lateralis -ae, *f*. *org*. ivl *e.l.* de pedifollio *it*. linea laterale
tourism periegesis -is, *m*. *org*. Irl *e.l.* res periegetica *it*. turismo

tourist[1] apodemicus -a-um *org*. nl *e.l.* de peregrinatione *it*. turistico
tourist[2] periegetes -ae, *m*. *org*. Egger *e.l.* peregrinus, peregrinator voluptarius *it*. turista
tourist class classis periegetica -is, *f org*. ig *e.l.* idem *it*. classa turistica
tourist group grex periegeticus -gis, *m org*. ivl *e.l.* idem *it*. comitiva
tourist guide mystagogus -i, *m org*. ivl *e.l.* vide: 'dux itinerarius' *it*. guida
tow remulco -are *org* Irl *el* idem *it* rimorchiare
tow rope remulcum -i, *m*. *org*. ivl *e.l.* de autoraeda *it*. cavo da rimorchio
tow truck carrus remulcandi *m org*. ivl *e.l.* idem *it*. carro attezzi
town hall[1] buleuterium -i, *n*. ivl *it*. municipio
town hall[2] curia -ae, *f org*. ivl *it*. municipio
tow-truck currus instrumentarius *m*. *org*. Irl *e.l.* idem *it*. carro attezzi
trace (element) ergon -onis, *n*. *org* Irl *e.l.* de chimia *it*. ergone
track riding ground hippodromus -i, *m*. *org*. Irl *e.l.* idem *it*. galoppatoio
tractor[1] machina tractoria *f*. *org*. Irl *e.l.* vectrix *it*. motrice
tractor[2] tractrum -i, *n org* ivl *el*. machina agricolaris etc. *it*. trattore
trade union[1] syndicatus -us, *m*. *org*. ivl *e.l.* idem *it*. sindicato
trade union[2] collegium opificum *n*. *org*. Irl *e.l.* idem *it*. sindacato
traffic commeatus -us, *m*. *org*. ivl *it*. traffico
traffic jam affluentia -ae, *f org*. ivl *it*. ingorgo
traffic light semiophorum -i, *n*. *org*. ivl *e.l.* vide: 'semaphorus' *it*. semaforo
trailer[1] currus remulcatus *m*. ivl *it*. rimorchio
trailer[2] habitaculum remulcatum -i, *n*. *org*. ivl *e.l.* vide: 'domuncula subrotata' *it*. caravana
train[1] hamaxostichus i, *m*. *org*. Egger *it* treno
train[2] tramen -inis, *n*. *org*. ivl *e.l.* hamaxosticus *it*. treno
train car currus ferriviarius *m*. *org*. Irl *e.l.* idem *it*. carro ferroviario
train guard curator traminis *m*. *org*. ivl *e.l.* idem *it*. capotreno
train platform crepido ferriviaria -inis, *f*. *org*. ivl *e.l.* idem *it*. marciapiede(stazione)
train schedule index hamaxostichorum *m org* Irl *e.l.* idem *it*. orario ferroviario

train station

train station statio ferriviaria -onis, *f. org.* ivl *e.l.* idem *it.* stazione
trainer[1] exercitor -oris, *m* org ivl *it* allenatore
trainer[2] (coach) exercitator -oris, *m. org.* Irl *e.l.* idem *it.* allenatore
trajectory cursus volaturae *m. org.* ivl *e.l.* idem *it.* traiettoria
tram currus electricus *m. org.* ivl *it.* tram
trampoline desultorium -i,n *org* ivl *el.* de arte palaestrica *it.* trampolino
transferable (funds) cessibilis -e *org.* Irl *e.l.* idem *it.* cedibile
transmission[1] anisocycla -orum, *n. org.* Irl *e.l.* de autocinetis *it.* differenziale
transmission[2] (TV) emissio televisifica *f. org.* ivl *e.l.* idem *it.* transmissione (TV)
travel agency[1] sedes periegetica -is, *f. org.* ivl *e.l.* idem *it.* agenzia di viaggi
travel agency[2] procuratio itinerum -onis, *f org* Irl *e.l.* idem *it.* agenzia viaggi
travel agent procurator (itinerum) -oris, *m org* Irl *e.l.* idem *it.* agente di viaggio
travel check syngrapha periegetica *f. org.* ig. *e.l.* assignatio viatica it. assegno di viaggio
traveller itinerans -antis, *m/f. org.* ivl *e.l.* idem *it.* viaggiatore
tray salsarium -ii, *n. org.* Irl *e.l.* idem *it.* salsiera
trench digger machina fossoria *f. org.* Irl *e.l.* idem *it.* escavatore
triangle triangulum -i, *n. org.* ivl *el.* de musica *it.* triangolo
tricycle trirota -ae, *f org.* ivl *el.* idem *it* triciclo
trimmer (selfpowered) dolabra automataria *f. org.* Irl *e.l.* idem *it.* decespugliatore
trinket store taberna nugatoria *f. org.* Irl *e.l.* idem *it.* bigiotteria
triple jump saltus triplex -us, *m org.* ivl *e.l.* de athletica levi *it.* salto triplo
tripod tripes photographicus -edis, *m. org.* ivl *e.l.* idem it. treppiede
trombone tuba ductilis -ae, *f org* ivl *el.* de musica *it.* trombone
trotting race cursus tolutilis *m.* ivl *it.* trotto
trouser pocket funda vestis -ae, *f.* ivl *it.* tasca
trout tructa -ae, *f org* ivl *el* genus piscis *it* trota
truck[1] autocinetum onerarium *n. org.* Irl *e.l.* idem *it.* camion
truck[2] autocarrus (onerarius) -i, *m. org.* nl *e.l.* autocinetum onerarius; autocarrum i, *n*(ivl) *it.* camion

unknown

truck driver autocarrarius -i, *m. org.* nl *e.l.* autocineti onerarii ductor *it.* camionista
trumpet tuba -ae, *f* ivl *el.* de musica *it* tromba
trunk receptaculum sarcinarium -i, *n. org.* ivl *e.l.* de autocineto *it.* bagagliaio
trunk (car) sustentaculum sarcinarum *n. org.* Irl *e.l.* idem *it.* portabagagli (auto)
turist guide dux itinerarius *m. org.* ivl *e.l.* mystagogus *it.* guida turistico
turkey gallus Indicus *m. org.* Irl *e.l.* gallopavo, onis, *m* it. tacchino
Turku (Finland) Aboa -ae, *f org*: nl *el.* idem, adi; Aboensis *it.* Turku(Finland)
turn off exstinguere *f org.* ivl *e.l.* stinguere 'lumen' *it.* interrompere
turn on accendo -ere *org*: ivl *e.l.* ut dicitur Anglice 'turn on the switch' *it.* accendere
TV screen album televisificum -i, *n. org.* Irl *e.l.* idem *it.* schermo TV
two-dimensional bimensuralis -e *org.* Irl *e.l.* idem *it.* bidimensionale
typewriter machina scriptoria -ae, *f. org.* ivl *el.* machina typographica *it.* macchina da scrivere
typewriting ars dactylographica *f org.* Irl *e.l.* idem *it.* dattilografia
typewriter ribbon taena colorifica -ae, *f. org.* ivl *e.l.* taena adhibetur in machina scriptoria *it.* nastro inchiostrato
UFO-ology ufologia -ae, *f. org.* Irl *e.l.* doctrina de rebus inexplicatis volantibus *it.* ufologia
ultraviolet rays radius perviolaceus *m org* Egger *e.l.* idem *it.* raggio ultravioletto
umbrella umbrella -ae, *f. org.* ivl *it.* ombrella
unbolt tollo clavos -ere *org* Irl *it* sbullonare
undemocratic ademocraticus -a-um *org* nl *el.* non democratus *it.* senza democrazia
underdevolpment (med.) nanismus -i,*m org.* Irl *e.l.* nani natura (med.) *it.* nanismo
underpass transitus subterraneae *m. org.* Irl *e.l.* ductus *it.* sottopassaggio
underwear subligar -aris,*n org.* Irl *it.* mutande
unemployment carentia occupationis *f. org.* Irl *e.l.* desidia *it.* inoccupazione
unicameral uniconsiliaris -e *org.* Irl *e.l.* monoconsiliaris *it.* unicamerale
university universitas studiorum -atis, *f. org.* ivl *e.l.* idem *it.* universita'
univocal univocus -a -um *org.* lc *it.* univoco
unknown incognitum -i, *n. org.* Irl *e.l.* idem (*math*) *it.* incognita

upholstery

upholstery tomentum -i,*n. org.* lc *it* copertina
upper circle cavea media -ae, *f org.* ivl *e.l.* de theatro *it.* seconda fila
uremia urichaemia -ae, *f org.* lrl *it.* uricemia
urology urologia -ae, *f org.* lrl *it.* urologia
urologist urologus -i, *m. org.* lrl *it.* urologo
utilitarianism utilitarismus -i, *m. org.* lrl *e.l.* idem *it.* utilitarismo
vaccination vaccinatio -onis, *f. org.* ivl *e.l.* vitat morbum *it.* vaccinazione
vacuum cleaner[1] pulveris hauritorium *n. org.* lrl *e.l.* idem *it.* aspirapolvere
vacuum cleaner[2] aspiratrum -i, *n. org.* ivl *e.l.* vide: 'pulveris hauritorium' *it.* aspirapolvere
valve valvula -ae, *f org.* lrl *e.l.* claustrum mobile, *n*; *it.* valvola
vampire[1] vampyrus -i, *m. org.* ivl *it.* vampire
vampire[2] sanguisuga -ae, *m. org.* ivl *e.l.* vampyrus *it.* vampiro
van[1] autoplaustrum -i, *n org.* Bacci *el.* sarcinarium *it.* furgone
van[2] sarcinarium -i, *n. org.* lrl *e.l.* autoplaustrum (Bacci) *it.* furgone
vanilla vanilla -ae, *f org.* lrl *el.* idem *it.* vaniglia
variable variabilis -is, *m org.* Draco *it.* variable
variety show theatrum varietatum -i, *n. org.* ivl *e.l.* idem *it.* teatro di varieta'
vaseline vaselinum -i, *n. org.* lrl *it.* vasellina
vest[1] colobium -i, *n. org.* ivl *e.l.* idem *it.* gilet
vest[2] colobium breve *n. org.* lrl *it.* camiciola
vice-admiral pronavarchus -i, *m. org.* lrl *e.l.* idem *it.* viceammiraglio
vice-governor praefecti vicarius *m org.* lrl *e.l.* idem *it.* vicegovernatore
vice-major promagister urbis *m. org.* lrl *e.l.* idem *it.* vicesindaco
vicepresident propraeses -idis, *m. org.* lrl *e.l.* idem *it.* vicepresidente
video recorder magnetoscopium -i, *n. org.* ivl *e.l.* idem *it.* videoregistratore
videocassette capsella magnetoscopica *f org.* lrl *e.l.* idem *it.* videocassetta
videosystem systema magnetoscopicum *org* lrl *e.l.* idem *it.* videosistema
videotape taenia visifica *f org* lrl *it.* videotape
vinegar acetum -i, *n org.* ivl *e.l.* idem *it.* acedo
violin fidicula violina *f org* lrl *el.* idem *it* violino
violin cord corda violinae -ae, *f. org.* ivl *e.l.* idem *it.* corda di violino
violinist violinista -ae, *m org* lrl *it* violinista

wash dishes

violoncello violina ampla *f org* lrl *it* violoncello
virgin forest silva incaedua -ae, *f. org.* ivl *e.l.* silva non mutata a homine *it.* foresta vergine
virology virologia -ae, *f. org.* lrl *e.l. adi.* virologicus *it.* virologia
virosis virosis -is, *f. org.* lrl *e.l.* morbus viro effectus *it.* virosi
virtual virtualis -e *org.* lrl *e.l.* idem *it.* virtuale
virus virus -i, *n. org.* lrl *e.l.* idem *it.* virus
vitalism vitalismus -i, *m* lrl *el.* phil. *it* vitalismo
vitamin vitaminum -i, *n. org.* lrl *it.* vitamina
volleyball follis volaticus -is, *m* ivl *it.* pallavolo
volt voltium -i, *n* ivl *el* de electricitate *it.* volta
voltameter Voltometrum -i, *n. org.* lrl *e.l.* idem *it.* voltametro
voodoo vuduorum ritus -*m pl. org.* lrl *it.* vudu
voodooism vuduismus -i, *m* lrl *it.* vuduismo
voodooist vuduista -ae, *m. org.* lrl *it.* vuduista
voucher (food) tessera annonaria *f. org.* lrl *e.l.* idem *it.* carta annonaria
voyeurism scopophilia -ae, *f* lrl *it.* voyeurismo
vulcano vulcanus -i, *m org.* lrl *e.l.* mons ignivomus *it.* vulcano
vulcanologist vulcanologus -i, *m. org.* lrl *e.l.* idem *it.* vulcanologo
vulcanology vulcanologia -ae, *f org.* lrl *e.l. adi.* vulcanologicus *it.* vulcanologia
wafer[1] grafum -i, *n. org.* ivl *e.l.* idem *it.* cialda
wafer[2] vaflum -i, *n* ivl *el.* de merenda *it.* cialda
waiting (parking) statio -onis, *f. org.* commoratio *e.l.* de autocineto *it.* stazionamento
waiting room proficiscentium -ii,*n org.* lrl *e.l.* idem *it.* sala d'aspetto
walking place avenue ambulacrum -i,*n org.* lc *el.* etiam =corridoio(*it.*) *it.* viale
wall clock[1] horologium parietarium -i, *n. org.* ivl *e.l.* idem *it.* orologio da parete
wall clock[2] horologium pensile -i, *n. org.* ivl *e.l.* vide: 'horologium parietarium' *it.* orologio da parete
wall outlet contactrum -i, *n. org.* ivl *it.* presa
wall paper charta parietaria *f org.* lrl *e.l.* charta ornandis parietibus *it.* carta da parati
wallet bulgula nummaria *f.* lrl *it.* portafoglio
warrant (scilicet dividend, coupon) schedula -ae, *f org.* lrl *el.* qua debitum indicat vel reditus debiti it. cedola
warship navis bellica -is, *f* ivl *it* nave da guerra
wash dishes vasa abluo -ere, lui *org.* ivl *e.l.* idem *it.* lavare le stoviglie

washing machine

washing machine machina lavatoria -ae, *f org* ivl *e.l.* idem *it.* lavatrice
waste basket sirpiculus purgamentarius *m. org.* Egger *e.l.* idem *it.* rifuiti (cestino per)
wastepaper basket scirpiculus chartarius -i, *m. org.* ivl *e.l.* idem it. cestino
watch horologium -ii, *n org.* Irl *it.* orologio
water closet cella intima *f.* Irl *it.* water closet
water mill aquimolina -ae, *f org.* ivl *it.* mulino
water polo folliludium aquatile -i, *n. org.* ivl *e.l.* idem *it.* pallanuoto
water pumping machina aquivora *f. org.* Egger *e.l.* adi. aquivorus, a- um. *it.* idrovora
water skier nartator aquaticus *m org.* Irl *e.l.* idem *it.* idrosciatore
water skiing[1] narta aquatica *f org* Irl *it.* idrosci
water skiing[2] aquatilis narta, -ae, *f. org.* Irl *e.l.* idem *it.* acquaplano
water the lawn irrigo (caespitem) -are *org.* ivl *e.l.* idem *it.* anafiare
water wheel rota aquaria -ae, *f. org.* ivl *e.l.* idem *it.* ruota da mulino
waterfall deiectus *m org* ivl *el* idem *it* cascata
watermelon anguria -ae, *f. org.* Irl *e.l.* citrullus Vulgaris *it.* anguria
waterproof hydrofugus -a-um *org.* Irl *e.l.* hydroexpulsorius *it.* idrofugo
watt vattium -i, *n* ivl *el.* de electricitate *it* vatio
wattmeter vattometrum -i, *n org.* Irl *e.l.* idem *it.* wattometro
wax art ceroplastes -is, m *org* Irl *it* ceroplasta
wax match cereolus sulphuratus -i, *m. org.* Irl *e.l.* cereolus flammifer (Bacci) *it.* cerino
weapons of mass destruction arma perniciosa -orum, *n. org.* nl *e.l.* idem *it.* armi di distruzione intensa
weather forecast praenuntiatio tempestatis -onis, *f. org.* ivl *e.l.* idem *it.* previsioni
wedel vibramine prolabor-bi, -lapsus sum *org.* ivl *e.l.* de nartatione *it.* wedel
weekly newspaper diarium septimanale -i, *n org.* ivl *e.l.* idem *it.* settimanale
weightlifting sublatio ponderis -onis, *f org.* ivl *e.l.* idem *it.* sollevamento
weight scale trutina personalis -ae, *f. org.* ivl *e.l.* de conclavi balneo *it.* bilancia
weight-lifting gestamen oneris -inis, *n. org.* ivl *e.l.* de athletica gravi *it.* sollevamento
welder ferruminator -oris, m *org* Irl *it* saldatore
welding ferruminatio-onis, *f org* Irl *it* saldatura

wool factory

wheel rim vitus -us, *m. org.* ivl *e.l.* de autocineto *it.* cerchione
wheelbarrow pabo -onis, *m org* ivl *e.l.* de horto *it.* carriola
whipped cream[1] flos lactis *m. org.* Irl *e.l. eg.* Fraga cum panna transcensa *it.* panna
whipped cream[2] cramum battutum *n. org.* ivl *e.l.* idem *it.* panna montata
whiskers vibrissae -arum, *f. org.* ivl *e.l.* de catta *it.* vibrisse
whisky vischium -i, *n org.* Helfer *it.* whisky
white (of egg) albumen -inis, *n. org.* Irl e.l. syn. Albumentum *it.* albume
White House Aedes Albae -ium, *f. org.* nl *e.l.* none *it.* Casa Bianca
wholeness euthymia -ae, *f. org.* Irl *e.l.* laetitia; tranquillitas animi *it.* eutimia
wholesale trade mercatura magnaria -ae, *f. org.* ivl *e.l.* idem *it.* commercio all'ingrosso
whooping cough pertussis -is, *f. org.* Badellino *e.l.* idem *it.* pertosse
wind flower anemone -es, *f* Irl *it.* anemone
windmill ventimolina -ae, *f org.* ivl *e.l.* idem *it* mulino a vento
window fenestra -ae, *f org.* Draco *e.l.* idem *it.* finestra (schermo)
window frame margo -inis, *m/f. org.* ivl *e.l.* idem *it.* telaio da finestra
windowsill antepagmentum -i, *n. org.* ivl *e.l.* idem *it.* davanzale
windscreen vitrum antiaerium -i, *n org.* ivl *e.l.* vide: 'vitrum anterius' *it.* parabrezza
windshield vitrum anterius *n* Irl *it.* parabrezza
windshield wiper vitritergium -i,n org. ivl *e.l.* etiam vitriterstrum *it.* tergicristallo
wine cellar cella vinaria *f* org. Cic. *it.* cantina
winter sport athletica hiberna *f. org.* ivl *e.l.* idem *it.* sport invernale
wire filum -i, *n. org*. Draco *it.* filo elettrico
wire (electric) electriductus -us, *m. org.* ivl *e.l.* idem *it.* linea elettrica
women's cape sagulum -i, *n.* Irl *it.* casacchino
wooden match ligneolum flammiferum -i, *n. org.* Irl *e.l.* ramentum sulphuratum *it.* fiammifero di legno
wooden spoon cochlear coquinarium -aris, *n. org.* ivl *e.l.* idem *it.* cucchiaio
wool factory lanificium -ii, *n. org.* Irl *e.l.* syn: lanaria officina *it.* lanificio

word (computers) verbum -i, *n. org.* Draco *e.l.* idem *it.* word (computer)
word game (Italian) bifrons -ontis, *n. org.* Irl *e.l.* ludus aenigmisticus *it.* bifronte (il gioco)
wordprocessor editorium -i, *n org.* Draco *e.l.* programma editorium *it.* elaborazione di testi, wordpro
work wagon (small) carrus clatratus *m. org.* ivl *e.l.* adhibetur laborandi causa in hortis *it.* carro a rastrelliera
working class classis operariorum *f org.* Irl *e.l.* idem *it.* bracciantato
working hours horae negotiosae *f. org.* Irl *e.l.* idem *it.* ore lavorative
World Wide Web Tela Totius Terrae (TTT) -ae, *f. org.* Draco e.l. TTT *it.* rete mondiale
worldwide pancosmius -a-um *org.* Irl *e.l.* idem *it.* mondiale
wrist[1] armillaris -is, *n* nl *el.* pars manus *it* polso
wrist[2] carpus -i, *m. org.* ivl *e.l.* idem *it.* polso
wristwatch horologium armillare -i, *n. org.* ivl *e.l.* idem *it.* orologio a polso
writing paper[1] charta epistularis *f. org.* ivl *e.l.* idem *it.* carta da lettere
writing paper[2] charta scriptoria *f org.* Irl *e.l.* idem *it.* carta da scrivere

xenophobia xenophobia -ae, *f. org.* Irl *e.l.* exterarum gentium odium *it.* xenofobia
x-ray radiographica imago *f org.* Irl *e.l.* expressio *it.* lastra
x-rays Roentgeniani radii *m.* Egger *it.* raggi x
xylophone xylophonium -ii, *n org* Irl *it* xilofono
xylophonist xylophonistes -ae, *m. org.* Irl *e.l.* idem *it.* xilofonista
yacht lembus lusorius *m org* Irl *el* idem *it* yacht
yoga ioga -ae, *f. org.* Irl *e.l.* idem *it.* yoga
yoghurt iogurtum -i, *n org.* ivl *e.l.* genus cibi *it.* yogurt
zebra zebra -ae, *f. org.* Irl *e.l.* idem *it.* zebra
zero zerum -i, *n. org.* Irl *e.l.* idem *it.* zero
zinc zincum -i, *n. org.* Irl *e.l.* cadmia *it.* zinco
zip code codex cursualis -icis, *m. org.* nl *e.l.* idem *it.* codice postale
zipper[1] clusura tractilis *f org.* ivl *e.l.* vide: 'verticula' *it.* cerniera
zipper[2] verticula -ae, *f. org.* Irl *it.* cerniera
zither cithara alpestris *f. org.* ivl *e.l.* de instrumentis musicis *it.* cetra
zoo[1] therotrophium -i, *n org.* ivl *e.l.* idem *it* zoo
zoo[2] hortus zoologicus -i, *m. org.* ivl *el.* therotrophium *it.* zoo
zoolatry zoolatria -ae, *f* Irl *el.* idem *it* zoolatria
zoologist zoologus -i, *m org.* Egger *it.* zoologo

Latin-English

abbatia

abbatia -ae, *f. org* Eccl. *el* coenobium, ii, n *syn*: Monasterium *an*. monastery, convent *it*. monastero, convento

abbreviatio -onis, *f org. Irl el. syn*: compendium *an*. abbreviation *it*. abbreviazione

abdicatio -onis, f *org* ivl *el*. se amovere munere *an*. resignation *it*. dimissione

abductio -onis, *f. org*. lc *e.l.* raptio; etiam hijacking,dirottamento *an*. abduction *it*. rapimento

Abellinensis -is, e *org*. Inl *e.l.* idem *an* Avellian *it*. Aveliano

abies -etis, *f org*. ivl *el*. idem *an* firtree *it*. Abete

abiogensis -is, *f org*. Irl *e.l.* idem *an*. Abiogenesis *it*. Abiogenesi

ablatio -onis, *f. org*. Irl *e.l.* de chirurgia, amotio chirurgica *an*. ablation *it*. ablazione

Aboa -ae, *f. org* nl *e.l.* idem, adi; Aboensis *an*. Turku (Finland) *it*. Turku (Finland)

abortus -us, *m org* Irl *el*. abortus artificialis *an* abortion *it*. aborto

abstractio -onis, *f org* Irl *e.l.* idem *an* abstracttion *it*. astrazione

abusive -adi. *org*: Irl *e.l.* non legitime *an*. abusively *it*. abusivamente

academia -ae, *f. org*. Irl *e.l.* ingenuarum artium, Lynceorum *an*. academy *it*. accademia

acardiotrophia -ae,*f org* Irl *el*. cordis extenuatio *an*. atrophy (of the heart) *it*. acardiotrofia

acatalepsia -ae, *f. org*. Irl *e.l.* incomprehensibilitas *an*. doubt (of all things) *it*. acatalessia

acatalepticus -a-um *org*. Irl *e.l.* incertus, de rebus omnibus dubitans *an*. incredulous *it* acatalettico

acceleratio -ionis, *f. org*. Irl *el*. velocitatis variatio *an*. acceleration *it*. accelerazione

acceleratorium -ii, *n. org*. Irl *el*. pedale adminiculum *an*. accelerator *it*. accelerator

accendo -ere *org* ivl *el*. ut dicitur Anglice' turn on the switch' *an*. turn on *it*. accendere

acceptor pignorum -oris, *m org* ivl *el* in codicem relator Irl. *an*. bookmaker *it*. allibratore

acceptus -a-um *org*. lc *e.l.* gratiosus; etiam income (ivl) *an*. popular *it*. ben accetto, gradito

accingo -ere *org*. ivl *el*. quoad cingulum tutorium *an*. fasten *it*. allacciarsi

acta[2]

accordeon ei,*n org* Bacci *el*.(Helfer); organum diductile *an*. accordion *it*. fisarmonica

accumulatrum -i, *n org*. ivl *e.l.* adhibetur in electricitate servanda *an*. battery *it*. accumulatore

accusator -is, *m*. *org* nl *el*. de lege *an*. prosecutor *it*. procuratore

acephalus -a, um *org* Irl *el*. sine capite *an*. headless, acephalous. *it*. acefalo

acetaria -ae, *f org*. ivl *el*. idem *an*. salad *it*. insalata

acetonium -ii,*n. org*. Irl *e.l.* idem *an*. acetone *it*. acetone

acetum -i, *n. org*. ivl *e.l.* idem *an*. vinegar *it*. a-cedo

achne -es, *f org*. Irl. *e.l.* palea, gluma *an*. acne, pimple *it*. acne

acholia -ae, *f org*. Irl *el*. bilis defectio *an*. acholia, bile deficiency *it*. acolia

achromasia -ae, *f org* Irl *el*. sine colore, achromaticus, a, um. *an*. colorless *it*. acrornasia

aciditas -atis, *f org*. nl *el*. acor *an*. acidity *it*. acidita'

acidum -i, *n. org*. Irl *e.l.* idem *an*. acid *it*. acido

acidum phaenicum -i, *n. org*. Irl *el*. idem *an*. phenol *it*. fenolo

acinesia -ae, *f org*. Irl *el*. acinesis, is *an*. akenesia (Med.), moto-paralysis *it*. acinesia

acolythus -i, *m org*. Irl *e.l.* sequor, comitor *an*. acolyte, novice *it*. accolito

acor -oris, *m org*. Irl *el*. idem *an*. acitity *it*. acidita

acridium -ii, *m. org*. Irl *el*. idem *an*. locust *it*. acridio, locusta

acroama -atis, *n. org*. lc *el*. e.g. acroama musicae *an*. performance *it* rappresentazione, spetta colo

acroasis -is,*f*,*acc*=in,*abl*=i *org* Svet. *el*. idem *an* lecture *it*. lectura pubblica

acromium -ii, *n org*. Irl *e.l.* umeri pars *an*. apophesis(of the scapula) anat. *it*. acromio(anat.)

acrostichis -idis, *f org*. Irl *e.l.* idem *an*. acrostic *it*. acrostico

acta[1] -orum, *n, pl. org*. ivl *el*. item *an* files *it* atti, documenti

acta[2] -ae, *f org*. lc. *el*. idem *an*. beach *it*. spiaggia

actia

actia -ae, *f org* ivl *el*. quoad chrematographum *an*. share *it*. azione
actualis -is-e, *adi org* nl *el*. vulgaris, usitatus *an* current, topical *it*. corrente, odierno
actuositas -atis, *f org* nl *el*. syn; agilitas, mobiletas *an*. activity *it*. attivita'
acumetrum -i, *n. org*.lrl *e.l*. instrumenti genus *an*. instrument (for hearing test) *it*. acumetro
acupunctura -ae, *f org* lrl *el*. idem *an* acupuncture *it*. agopuntura
acus comatoria -us, *f org* ivl *el*. etiam acus crinalis *an*. hairpin *it*. forcina
acusma -atis, *n org* lrl *el*. auditio *an*. hearing *it* acusma
adamianus -a-um *org* lrl *el*. de Adamo, nudus, innocens, *an*. naket, refering to Adam *it*. adamitico
addictus -a-um *org*. nl *el*. assuetus medicinae etc. *an*. addicted *it*. dedido al formaco *ecc*.
additionalis -is-e *org* nl *el*. novus, addititius, adiunctus *an*. additional *it*. supplementare
ademocraticus -a -um *org*. nl *el*. non democratus *an*. undemocratic *it*. senza democrazia
adenoides -is, *f org*. lrl *el*. idem *an*. adenoid (med.) *it*. adenoide (med.)
adenopathia -ae, *f org*. lrl *el*. glandulae dolor *an*. gland decease *it*. adenopatia
adminiculum -i, *n org*. ivl *el*. idem *an*. banister *it*. ringhiera
administer -tri, *m. org*. ivl *el*. e.g administer fiscalis, oeconomiae etc. *an*. minister *it*. ministro
administratio -onis, *f. org*. nl *el*. syn; gubernatio *an* administration government *it* governo
administrator -oris, *m org* ivl *el*. idem *an* manager *it*. direttore
administrorum princeps *m. org*. lrl *el*. praeses administrorum *an*. premier *it*. primo ministro
adrenalinum -i,*n org*. Bacci *el*. idem *an*. adrenalin (chem.) *it*. adrenalina
adulterinus -i,*m org* nl *el*. adulterium *an* adultery *it*. adulterio
adumbro -are *org*. lrl *el*. primis lineis designo *an*. sketch, to outline, draft *it*. abbozzare
advena -ae, *m/f* ivl *el* hospes *an* guest *it* ospite
adventus -us, *m. org*. ivl *an*. arrival *it*. arrivo
advolo -are *org* ivl *el* idem *an* land *it* atterrare
Aedes Albae -ium, *f* org nl *el*. None *an*. White House *it*. Casa Bianca
aedes comitiales -ium, *f. org*. nl *el*. oratorum popularium coetus *an* House of Parliament *it* parlamento

aeronavis velifera

aedes nundinales -ium, *f* org. nl *el*. idem *an*. Fair Centre *it*. centro di fiera
aedicula diurnorum -ae, *f org*. lrl *el*. idem *an* newspaper *it*. edicola
aedificatorius -a, um *org*. lrl *e.l*. idem *an*. building (relating to) *it*. fabbricativo
aediles -ium, *m pl org* ivl *el*. vide: biocolyticum *an*. police *it*. polizia
aegrotus -a -um *org*. ivl an. sick *it*. malato
aegyptologia -ae, *f* -*org*. lrl *el*. idem *an*. egyptology *it*. egittologia
aegyptologus -i, *m org*. lrl *el*. idem *an*. egyptologist *it*. egittologo
aenigma -atis, *n org* lrl *el*. etiam *an* riddle, quiz *It*. indovinello
aequabilitas -atis,*f org* nl. *el*. aequalitas de iuribus *an*. equality *it*. parita'
Aequatoria -ae, *f org*. lrl *e.l*. Aequator *adi*; Aequatorianus *an*. Ecuator *it*. Ecuator
aequilibrium -i, *n org*. lc *el*. idem *an*. equilibrium *it*. equilibrio
aerarium -i, *n org* nl *el*. idem E.g. aerarium Intermationale *an*. fund, *e.g*. IMF *it*. fondo, capitale
aereus currus funalis -*m*. *org* lrl *e.l*. vide: funivia *an*. cableway *it*. funivia
aerius vector -*m org* lrl *el*. idem *an*. air transporter *it*. aviotrasportatore
aerodromus -i, *m org*. ivl *el*. via utenda ab aeroplanis *an*. runway *it*. pista
aeronauta -ae, *m org*. nl *el*. aeronavis gubernator *an*. aviator, pilot, flyer *it*. pilota
aeronautica -ae, *f org*. lrl *el*. aeronauticus *an*. aeronautics *it*. aeronautica
aeronautici -orum, *m. pl. org*. ivl *el*. idem *an*. crew *it*. equipaggio
aeronavis -is,*f org*. Bad. *el*. aeria navis; aerinavis *an*. aircraft *it*. aeronave
aeronavis alveus -*m org* lrl *el*. habitculum *an* fuselage *it*. fusoliera
aeronavis capacissima *f. org*. lrl *el*. idem *an*. jumbo jet *it*. jumbo jet
aeronavis cisternifera *n. org*. lrl *el*. idem *an*. supply plane *it*. aviocisterna
aeronavis exploratoria *f. org*. lrl *el*. aeroplanum exploratorium *an*. airplane of reconnaissance *it*. apparecchio da ricognizione
aeronavis igniferis *f* org lrl *el*. idem *an*. torpedo boat *it*. silurant
aeronavis velifera -is, *f. org*. lrl *el*. anemoplanum ivl. *an*. glider *it*. aliante

aeronavium motus m org Irl el cursus an taxing it. rullaggio

aeronavium receptaculum n org Irl el. idem an. hangar it. aviorimessa

aerophagia -ae, f org. Bacci e.l aeris devoratio an. swallowing (air during glutition) it. aerofagia

aeropharus -i, m. org Bacci an. air beacon it. aerofaro

aeroplaniga -ae, m org Irl el. vide: 'gubernator aeroplani' an. pilot it. pilota

aeroplanorum -i, n. Irl an. hanger it. angar

aeroplanum -is,n org. Irl el. idem an. airplane it. aeroplano

aeroplanum epibaticum -i,n org nl el. idem an passenger plan it. aeroplano passeggieri

aeroplanum insectatorium -i, n org. nl el. idem an. fighter plane it. apparecchio da caccia

aeroplanum militare -i, n org. nl el. idem an. military plane it. appareccchio militare

aeroplanum pyraulocineticum -i, n. org. ivl e.l. aeronavis celerrima an. jetplane it. aeroplano a reazione

aeroportuensis -e org. Irl e.l. idem an. airport (refering to) it. aeroportuale

aeroportus -us, m org Irl el. syn;aeriportus adi; aeroportuensis an. airport it. aeroporto

aerostatum -i, n ivl an baloon it. mongolfiera

aerovehiculum -i, n org. Irl el. aerium vehiculum an. air ship (any) it. aeromobile

aestheticus -a-um Irl an. aesthetic it. estetico

aestimator -oris, m. org. nl an. critic it. critico

Aestonia -ae, f org. nl an. Estonia it. Estonia

aestus -us, m org ivl e.l. idem an heat (blistering) it. gran caldo

aethanum -i, n org. Irl an. ethane it. etano

aetherosphaera -ae, f. org. Irl el. summus aer an. ionosphere it. eterosfera

Aethiopia -ae,f. org. Egger e.l. adi. Aethiopes - um Aethiops- is an. Ethiopia it. Etiopia

Aethlopicus -a-um org. Egger el. Aethiops an. Ethiopian it. Etiope

aetiologia -ae, f org Irl an etiology it eziologia

affluentia -ae, f org ivl an traffic jam it ingorgo

agamicus -a-um org. Irl el. sine nuptiis an agamic (asexual) it. agamico

aggravesco -ere org Ic el. idem an grow in intensity it. intensificare

aggressor -is, m org. nl el. oppugnator, provocator an. aggressor it. aggressore

agnitionalis -e Irl an. identifying it segnaletico

agnosia -ae f org Irl el. idem an. agnosia med) it. agnosia (med.)

agnosticismus -i,m org. ig. el. agnostica docrina an. agnosticism it. agnosticismo

agnosticus -a -um Irl an. agnostic it. agnostico

agonista -ae,m nl el athleta an athete it atleta

agonisticus -a-um org nl el. athleticus an athletic it. atletico

agoraphobia -ae, f org Irl el. timor forensis an agoraphobia it. agorafobia

agoraphobicus -a-um org Irl el. idem an agoraphobic it. agorafobico

agronomia -ae, f org. Irl el. agri colendi disciplina an. agronomy it. agronomia

agronomicus -a-um org Irl el idem an agricultural it. agronomico

agronomus -i, m org Irl el. idem an agriculturalist it. agronomo

agropoliticus -a-um org. nl el. consilium agriculturae an. of or relating to agriculture policy it. politica agricola

agrypnia -ae, f org. nl el. insomnia an. insomnia it. insonnia

alae Buffalenses f org. ig. el. alae frixae cuius origo Buffalum est an. Buffalo wings it. ale fritte

alapa -ae, f org. ivl an box (on ears) it. schiaffo

albinismus -i, m. Irl an. albinism it. albinismo

album -i, n org. Irl el. othone -es, f an cinema screen it. schermo cinematografico

album televisificum -i, n org Irl el. idem an. TV screen it. schermo TV

albumen -inis,n org Irl el syn: Albumentum an white (of egg) it. albume

albuminoides -is, m. org. Irl el. idem an. albuminoid it. albuminoide

alcalicus -a-um org. Irl an. alkaline it. alcalino

alcalimetrum -i, n. org. Irl el. idem an. Alkalimeter it. alcalimetro

alcalium -ii, n. org. Irl el. sal potassicum an. alkali (chem.) it. alcali (chem)

alcaloides -is, f org. Irl an. alkaloid it. alcaloide

alcalosis -is, f Irl an (med) alkalosis it alcalosi

alces -is, f. org. ivl el. idem an. elk it. Alce

alcoholicus -a-um Irl an. alcoho-lic it. alcolico

alcoholimetrum -i, n org Irl el. idem an. alcoholometer it. alcolometro

alcoholismus -i, m org Irl el. idem an alcoholism it. alcolismo

alcoholum -i, n org. Irl an. alcohol it. alcool

alea sortium

alea sortium *f. org.* Irl *el.* sortitio chartaria (Helfer). *an.* lottery *it.* lotteria
aleatorium -ii, *n org* Irl *an.* casino *it.* casino
alexipharmacum -i, *n. org.* Irl *el.* idem *an.* alexipharmic *it.* alessifarmaco
algebra -ae, f *org.* Irl *an.* algebra it. algebra
alienabilis -e *org* Irl *an.* alienable *it.* alienabile
allergia -ae, *f org.* Irl *an.* allergy *it.* allergia
allergologus -i, *m* Irl *an* allergist it. alergologo
alligator -oris, *m* Irl *an* alligator(zool) *it* alligator
allium -i, *n. org.* ivl *el.* idem *an.* garlic *it.* aglio
allopathia -ae, *f.* Irl *an.* allopathy *it.* allopatia
allophylus -i, *m. org.* Irl *e.l.* idem *an.* minority (ethnic) *it.* allogeno
alpaca -ae, *f* Irl *an* alpaca (zool) *it* alpaca (zool)
alpacca -ae, f *org* Irl *el.* idem *an.* alpacca (met) *it.* alpacca (met)
alsulegia equestris -ae, *f* ivl *an.* polo it. polo
alsulegia glacialis -ae, *f org* ivl *el.* idem *an* ice hockey *it.* hockey su ghiaccio
alsulegiarius -i, *m. org.* ivl *el.* idem *an.* hockey player *it.* giocatore (hockey)
alternamentum -i, *n. org.* Irl *el.* idem *an* alteration *it.* alternanza
altisonans -antis *org* Irl *el.* altisonus *an* loud *it* altisonante
altistria -ae, *f. org* ivl *el.* cantrix vocis altae *an* contralto *it.* contralto
aluminium -ii, *n.* Irl *an* alumin-ium *it.* aluminio
alumnus (academicus) -ae, *f org* ivl *el* discipulus; alumna (*f*) *an* student *it.* studente
amalgama -ae, *f* Irl *an* amalgam *it.* amalgama
amarellun -i, *n org* Irl *el* crustuli (genus) *an* almond cake *it.* amaretto
amaurosis -eos, *f org.* Irl *el.* idem *an.* amaurosis (med) *it.* amaurosi (med)
ambidexter -a-um *org* Irl *el.* idem *an.* ambidextrous *it.* ambidestro
ambitalis -e *org.* Irl *an* ambient *it.* ambientale
ambulacrum -i, *n. org* lc *el.* etiam *an* walking place, avenue *it.* viale. corridoio
Americanulus -i, *m org.* Irl an gringo *it* gringo
amiantus -i, *m org* Irl *an* asbestos *it.* amianto
amictorium collare -i, *n.* ivl *an* scarf *it* sciarpa
amiculum balneare -i, *n. org.* ivl *el.* idem *an.* dressing gown *it.* accappatoio
amiculum pluviale -i, *n. org.* ivl *el.* idem *an.* raincoat *it.* impermeabile
ammonium -i, *n org.* Irl *el.* idem *an.* ammonium *it.* ammonio

analysis

amperometrum -i, *n org.* Irl *el.* idem *an.* ammeter *it.* amperometro
amphetamina -ae, *f. org.* Irl *el.* amphetilamina *an.* amphetamine *it.* anfetamina
amphibius -a-um Irl *an* amphibious *it.* anfibio
amphibolia -ae, *f org* Irl *el.* ambiguitas *an* ambiguity *it.* anfibolia
amphitryon -onis, *m, f. org.* ig. *el.* etiam amphitruo; qui alios hospitaliter excipicit in aedibus *an.* host *it.* anfitrione
ampulla molotoviana *f. org.* Irl *el.* idem *an.* molotov cocktail *it.* bottiglia Molotov
amuletum -i, *n* Irl *an* luck charm *it* portafortuna
amygdala -ae, *f. org.* Irl *el.* amygdalum, arbor amygdalus *an.* almond *it.* mandorla
amylum -i, *n* Irl el. amulum *an* starch *it* amido
anabathrum -i, *n. org.* Irl *el.* Pegma scansorium, cellula scansoria, machina scansoria *an.* elevator *it.* ascensore
anabathrum nartatorium *n. org.* Irl *el.* idem *an.* ski lift *it.* sciovia
anabathrum onerarium *n org* Bacci *el.* idem *an.* hoist *it.* montacaricli
anaboladium -i, *n org* ivl *an.* shawl *it.* scialle
anachoreta -ae, *f. org.* Irl *el.* idem *an.* hermit, anchorite *it.* anacoreta
anacoluthon -i, *n. org.* Irl *el.* idem *an.* anacoluthon *it.* anacoluto
anaesthesia -ae, f. *org.* Irl el. idem, adi. anaestheticus *an.* anaesthesia *it.* anestesia
anagenesis -is, *f. org* Irl *el.* renatae litterae artesque *an.* renaissance *it.* rinascimento
anaglypta -orum, *n pl org* Irl *el.* adi. anaglyphtus *an.* basrelief *it.* bassorilievo
anagraficus -a-um *org.* Irl *e.l.* adi. *an.* censor's office or data (pertaining) *it.* anagrafico
anagramma -atis, *n. org.* Irl *el.* idem *an.* anagram *it.* anagramma
anagraphe -es, *f org* Irl *el.* tabulae censoriae, civium index *an.* registrar's office, censor's office *it.* anagrafe
analectris-idis,*f* ivl *an* shoulder strap *it* spallina
analgesicus -a-um Irl *an* analgesic *it* analgesico
analgeticus -a-um *org* nl *el.* analgesticus *an* analgesic, pain preventing *it.* analgesico
analogia -ae, *f org.* ig. *an.* analogy *it.* analogia
analogicus -a-um Irl *an* anological *it* analogico
analphabetus -a-um *org.* Irl *el.* ignarius legendi scribendique *an.* illiterate *it.* analfabeta
analysis -is, *f org.* Irl *an.* analysism *it* manalisi

analytice

analytice adv. org. Irl el. idem an. analytically it. analiticamente
analyticus -a -um Irl an. analytical it. analitico
anamnesis -is, f org. Irl el. idem, adi. anamneticus an. anamnesis it. anamnesi
ananasum -i, n. org. ivl el. malum pineum an. pineapple it. ananas
anarchia -ae, f org Irl el. idem, adi. anarchicus an. anarchy it. anarchia
anastomosis -is, f org. Irl el. os hians an. anastomosis it. anastomosi
anastrophe-es, f Irl an anastrophe it anastrofe
anathema -atis, n Irl an. anathema it anatema
anathemizo -are org. Irl e.l. idem an. anathematize it. anatemizzare
anatocismus --i, m org. Ic el. idem an. capitalization it. anatocismo
anatocizo -are org. Irl el. pecuniam fenori do, Anglice present value, turn into capital an capitalize it. capitalizzare
anatomia -ae, f. org. Irl el. idem, adi. anatomicus an. anatomy it. anatomia
androgynaecismus -i, m org Irl el. hermaphroditismus an. hermaphroditism it. androginia
androgynus -i, m org Irl el hermaphroditus an. androgynous, hermaphrodite it. androgino
andron -onis, m. org. Irl el. vestibulum an. entrance hall, passage it. androne
andropausa -ae,f org. Irl el. idem an male menopause it. andropausa
anemographia -ae, f org Bacci el. idem an. anemography it. anemografia
anemometrum -i, n. org. Irl e.l. idem an. anemometer it. anemometro
anemone -es, f Irl an wind flower it. anemone
anemoplanum; vide: 'aeronavis velifera' -i, n. org. ivl e.l. idem an. glider it. veleggiatore
aneurysma -atis,n org Irl el. dilatio arteriorum, adi. aneurysmaticus an. aneurism it. aneurisma
angina -ae, f. org. Irl an. angina it. angina
angioma -ae, f org Irl an. angioma it angioma
Anglus-Saxo -i-onis, m org Ic el idem an Anglo-Saxon it. anglosassone
anguria -ae, f. org. Irl. el. Citrullus Vulgaris an. wa-termelon it. anguria
anhaemia -ae, f. org. Irl an anaemia it anemia
anhodus vel anhodos -i, m/f org. Irl el. adi. anhodicus an. anode (elect.) it. anodo
anisocycla -orum, n. org. Irl el. de autocinetis an. transmission it. differenziale

antibioticus

anniversarium -i, n. org. nl e.l. dies matrimonii an. anniversary it. data di matrimonio
annualis-is -e org nl an. annual it. annuale
annus currens -i, m. org. nl el. hic annus an. current year it. anno corrente
annus praeteritus -i, m. org. nl el. idem an. last year it. anno passato
anomia -ae, f org. Irl el. absentia legis an. anomy it. anomia
anonymus -a-um org nl el. sine nomine an. anonymous it. anomino
anoscopicum -i, n. org. Irl el. speculum retroscopicum, (Hefner) an rearview mirror it. retrovisore
ansa -ae, f. org. ivl el. genus anuli adhibitum in colligatione; ansula an. eye it. anello
ansa pedalis f org Irl el. vectis birotalis an petal crank it. pedivella
antemna -ae, f org Irl an. antenna it. antenna
antepagmentum -i, n org ivl el. idem an windowsill it. davanzale
antesignanus -i, m org. Irl el. signifer an standard bearer it. alfiere
anthracites -is, m. org. Irl e.l. carbo fossilis an. antracite it. antracite
anthrax -cis, m. org med. el. morbus qui efficitur Bacillo Anthracis an. anthrax it. antrace
anthropographus -i, m org Irl el idem an portrait painter it. ritrattista
anthropologia -ae, f. org. Irl el. idem, adi. anthropologicus an. anthropology it. antropologia
anthropologicus -a-um org nl el. de anthropologia an. anthropologic it. antropologico
anthropomorphicus -a-um org Irl el. idem an anthropomorphic it. antropomorfico
anthropophagia -ae, f org Irl el. idem an cannibalism it. antropofagia
anthropophagus -i, m. org. Irl el. carne humana vescens an. cannibal it. cannibale
antiae -arum, f. org. ivl el. de capillis an. fringe it. frangetta
antiaerius -a -um org Irl el. idem an anti-aircraft like it. antiaereo
antiatomicus -a-um org. Irl el. atomicae potentiae adversus an. anti-nuclear it. antiatomico
antibactericus -a-um org Irl el. idem an. anti-bacterial it. antibatterico
antibioticum -i, n. org. Irl el. idem an. antibiotics it. antibiotico
antibioticus -a-um org. Irl el. idem an. antibiotic it. antibiotico

anticancerosus -a-um org Irl el. anticanceraticus an. anticancerous it. anticanceroso
antichristus -i, m org Irl el. idem an. antichrist it. anticristo
anticoagulum -i, n org. Irl el. idem an. anticoagulant it. anticoagulante
anticorpus -oris, n Irl an antibody it anticorpo
antigelidum -i, n. org. Irl el. idem an. antifreeze it. anticongelante
antihystaminicus -a-um org Irl el. idem an antihistamine it. antistaminico
antimafia -ae, f. org. Irl el. antimafia an. Antimafia it. antimafia
antimateria -ae, f org Irl el. idem an antimatter it. antimateria
antineutron -onis, n. org. Irl el. idem an. antineutron it. antineutrone
antiproton -is, n. org. Irl el. idem an. anti-proton it. antiprotone
antipyresis -is, f. org. Irl el. idem, adi. antipyreticus an. antipyrine it. antipiresi
antipyreticus -a-um org. Irl el. febrim sedans an antipyretic, preventing fever it. antipiretico
antisemites -ae, m. org. Irl e.l. idem, adi. antisemiticus an. antisemite it. antisemita
antisemitismus -i, m. org. Irl el. Semitarum odium an. anti-Semitism it. antisemitismo
antisepsis -is, f. org Bacci el. idem an antisepsis (med.) it. antisepsi (med)
antisepticus -a-um org Bacci el. idem an antiseptic it. antisettico
antistes -itis, m. et f. org. lc el. moderator an. leader it. capo,custode
antitheticus -a-um org Irl el. idem an antithetical it. antilogico
antitromocratia -ae, f org. Irl adi. antitromocraticus an. antiterrorism it. antiterrorismo
antlia -ae, f. org nl el. antlia generalis an. pump it. pompa
antlia electronica f org. Irl el. idem an. electronic pump it. pompa elettronica
anuli -orum, m. org. ivl el. vide: 'circuli' an. rings it. anelli
aorta -ae, f. org. Irl e.l. arteria magna an. aorta (anat.) it. aorta (anat.)
aperculum -i, n. org. ivl el. idem an. can opener it. apriscatole
aphonia -ae, f. org. Irl el. defectus vocis an. aphonia (loss of voice) it. Afonia
aphorismus -i, m. lc an. aphorism it. Aforisma

apiaries -ii, m org Irl an beekeeper it apicoltore
aplasia -ae, f. org. Irl an. aplasia it. aplasia
apocalypticus -a-um org. Irl el. idem an. apocalyptic it. apocalittico
apocha -ae, f org Irl el. acceptilatio an. receipt it. ricevuta
apocopa -ae, f. org. Irl el. idem an. apocope (Gram) it. apocope (Gram)
apocryphus -a-um org. Irl el. idem an. apocryphal it. apocrifo
apodemicus -a-um org. nl el. de peregrinatione an. tourist it. turistico
apodicticus -a-um Irl an apodictic it apodittico
apodosis -is, f org. Irl an. apodosis it. apodosi
apographon -i, n org Irl el. exemplar an. copy (exact) it. apografo
apophonia -ae, f. org. Irl e.l. idem an. alteration (of vowels) it. apofonia
apophthegma -atis, n org Irl el. sententia; dictum an. apothegm it. apoftegma
apoplexia et apoplexis (cardiaca etc.) -ae, f et is, f, org. Irl el. sanguinis ictus, adi. apopleticus, a-um an. apoplexy (heart attack etc.} it. apoplessia (del cuore ecc.)
apostolicus -a-um ls an apostolic it. apostolico
apparatio ludi scaenici f. org Irl el. idem an. staging it. messinscena
apparatus respirationis -is, m org nl el. idem an. respirator it. respiratore
apparatus stereophonicus m org ivl el idem an. stereo system it. stereo (di sistema)
apparitor scholasticus m. org Irl el. accensus scholasticus; scholae custos an janitor (school) it
appello -ere org ivl el idem an land it atterrare
appulsus -us, m. org. ivl el. de aeroplano, aeronave etc. an. landing it. atterraggio
apricatio -onis, f. org. ivl el. idem an. sunbathing it. cura (del sole)
apsidalis -e org. Irl an. apsidal it absidale
apsis -idis, f. org. Irl el. absis an apsis it. abside
aptenodytes -is, f. Irl an. penguin it. pinguino
aqua Coloniensis -ae, f org Irl el. idem an cologne it. acqua di colonia
aqua medicata -ae, f org. Irl el. idem an. mineral water it. acqua minerale
aqua potulenta -ae, f. org. Irl el. ad bibendum apta. an. potable water it. acqua potabile
aquatilis narta -ae, f org Irl el. idem an water skiing it. acquaplano

aquilex -egis, m. org. Bacci e.l. rhabdomantes, is an. dowser it. rabdomante
aquilo -onis, m org Irl el. chartaceus milvus an kite it. cervo volante
aquimolina -ae, f org ivl an water mill it mulino
ara chartotechnica f org Irl el industria chartaria an. paper industry it. cartotecnica
arachis -idis, f. org. Irl el. arachis hypogea an. peanut it. arachide
arancium -i, n org ivl an. orange it. arancia
aratrum automatarium n org. Irl el. idem an motor plough it. motoaratrice
arbiter -tri, m. org. Irl el. ludi iudex; certaminis an. referee it. arbitro (sportivo)
arbor natalicia -oris, f org Irl el. arbor natalis an Christmas tree it. albero di natale
arbor pomifera f. org. ivl el. idem an. fruit tree it. albero da frutta
arca epistularis f. org ivl el. idem an. postbox it. cassetta postale
arca ferrata f. Irl an. strong box it cassaforte
arca gelatoria f. org. ivl el. arca gelufica an. deep-freeze it. congelatore
arca glacialis f org ig. el. etiam Anglice cooler an. ice box it. ghiacciaia
arca loculata f. org. Irl el. idem an. chest (of drawers) it. canterano
Arcansiensis - e. org. Inl el. de vel ex Arcansia an. from/of Arkansas it. da Arkansas
arcarius -ii, m org Irl el. syn: mensarius an. cashier it. cassiere
arcera -ae, f. Irl an. ambulance it. ambulanza
arcera automataria f org Irl el. autoarcera an ambulance it. autoambulanza
archaeologia -ae, f org nl el. archaeologia an. archaeology it. archeologia
archimagirus -i, m. org. Irl el. coquorum ductor; syn: archicoquus an. chef it. cuoco
archipelagus -i, m org Irl el mare insulis refertum an. archipelago it. arcipelago
architectonicus -a-um org. nl el. de architectura an. architectual it. architettonico
architectura -ae, f org. Is el. idem an. architecture it. architettura
architectus -m. org ivl el. architecta f. an. architect it. architetta
archivum -i, n. org. Irl el. tabularium an. archive it. archivio
arcticus -a-um org Irl el. ad polum pertinens an artic it. artico

arctologus -a-um org. Is e.l. de studio ursorum an. bears (of) it. orsi (di)
arctophobia -ae, f. org. nl el. timor ursi an. fear of bears it. paura dei orsi
arcus pluvius -i, m. org. ivl el. idem an. rainbow it. arcobaleno
area festiva f ivl an fairgrounds it area festiva
area poenalis f. org. ivl el. area prope rete de pedilludio an. penalty area it. area di rigore
area portaria f ivl an goal area it area di porta
area stativa f org. Irl el. statio autocrinetorum an. parking area it. parcheggio
arenarium -ii, n org Irl el. Blaise; catacumbae, f pl. an. catacomb it. catacomba
arenitherapia -ae, f org. Irl el. curatio arenaria an. sand curing it. sabbiatura
argentaria -ae, f org Irl el. mensa nummularia an. bank it. banca
argentarius -ii, m org Irl el nummularius, mensarius an. banker it. banchiere
arhythmia -ae, f org. Irl el adi. arhythmicus an arrhythmia it. aritmia
arma atomica -n, pl org Irl el. idem an atomic arms it. armi atomiche
arma automataria -orum, n org nl el idem an automatic weapons it. armi automatici
arma ignifera -orum, n. org. nl el. idem an. firearms it. armi da fuoco
arma perniciosa -orum, n. org. nl el. idem an. weapons of mass destruction it. armi di distruzione intensa
arma usitata n, pl org Irl el. idem an. conventional arms it. armi convenzionali
armarium actorum n. org. ivl el. idem an. filing cabnet it. armadio
armarium frigidarium n. org. Irl el. idem an. refrigerator it. frigorifero
armarium multiplex n org Irl el. syn: arca vestiaria an. chest (of drawers) it. cassettone
armatura -ae, f (electronica) org Draco el idem an. hardware it. hardware (computer)
armentarius -ii, m org Irl an cowboy it cowboy
armillaris -is, n. org nl el. pars manus an. wrist it. polso
ars atletica -tis, f. Irl an. athletics it. atletismo
ars ballistaria -tis, ae f. org Irl el. idem an ballistics it. balistica
ars battuendi f org ivl an. fencing it. scherma
ars coquinaria f org. Irl an culinary it culinaria

73

ars culinaria

ars culinaria *f org*. Irl *el*. ars coquinaria *an* culinary art *it*. arte culinaria

ars dactylographica *f org* Irl *el* idem *an* typewriting *it*. dattilografia

ars designandi -artis, *f org* nl *el*. idem *an*. design *it*. disegno, progetto

ars didactica *f. org*. Irl *el*. ars docendi; *adi*. didacticus *an*. didactics *it*. didattica

ars diurnariorum *f. org*. Irl *el*. idem *an*. journalism *it*. giornalismo

ars falconaria *f org* Irl *an* falconry *it* falconeria

ars gymnastica *f org* ivl *el*. idem *an*. gymnastics *it*. ginnastica

ars heraldica *f org*. Irl *an* heraldry *it*. araldica

ars magica malefica *f. org*. Irl *el*. idem *an*. black magic *it*. magia nera

ars maieutica *f org*. Bad *el*. etiam Anglice dialectics *an*. maieutic studies *it*. maieutica

ars medica -tis, *f*. nl *an*. medicine *it*. medicina

ars philatelica -artis, *f. org*. Irl *el*. philatelia *an*. philately *it*. filatelia

ars phototechnica -artis, *f. org*. nl *el*. ars photographica *an*. phototechnical art *it*. fotografia

ars robotica *f. org*. Irl *an*. robotics *it*. robotica

arsenicum -i, *n. org*. Irl *an*. arsenic *it*. arsenico

arteria carotis *f org*. Irl *el*. arteriae carotides, *f pl* (Bacci) *an*. carotid *it*. carotide

arteriographia -ae, *f org* Irl *el*. idem *an*. arteriography *it*. arteriografia

arteriosclerosis -is, *f. org*. Irl *el*. idem *an*. arteriosclerosis *it*. arteriosclerosi

articulus -i, *m org* nl *el*. caput in acta diurna *an* article *it*. articolo

artifex rei frigorificae *m. org*. Irl *el*. rei frigorificae peritus *an*. refrigeration expert *it* frigorista

artifex vestiarius -icis, *m. org*. nl *e.l*. idem *an*. fashion designer *it*. designer da moda

artificialiter -*adv org* nl *el*. transl. haud naturaliter *an*. artificially *it*. artificiale

artificium manu factum -i, *n. org*. nl *e.l*. idem *an*. handwork, handicraft *it*. mestiere

arundo sacchari -inis, *f org*. nl *el*. idem *an* sugar cane *it*. canna da zucchero

arx -cis, *f. org*. ivl *el*. idem *an*. castle *it*. castello

asbestosis -is, *f*. Irl *an* asbestossis *it* asbestosi

ascensio montium -onis, *f org* ivl *el*. idem *an* mountaineering *it*. alpinismo

ascensor montium -oris, *m. org*. ivl *el*. acenstrix montium *f. an*. mountaineer *it*. alpinista

asellus -i, *m org* Irl *an* cod fish *it* merluzzo

atheismus

asparagus -i, *m org* Irl *an* asparagus *it* asparago

aspiratrum -i, *n. org* ivl *el*. vide: 'pulveris hauritorium' *an*. Vacuum cleaner *it*. aspirapolvere

assecuratio -onis, *f. org*. ivl *el*. idem *an*. Insurance *it*. assicurazione

assecuratio indemnitatis *f. org*. ivl *e.l*. idem *an*. accident insurance *it*. assicurazione

assecuratio socialis *f org*. ivl *el*. idem *an*. social insurance *it*. previdence

assecuratio valetudinaria *f. org*. ivl *el*. idem *an*. health insurance *it*. assicurazione di malattie

assecuratio vehicularia *f org* ivl *el* idem *an*. auto-insurance *it*. assicurazione automobilistica

assecuratio vitae *f. org* ivl *el*. idem *an* life insurance *it*. assicurazione sulla vita

assignatio argentaria *f. org*. ivl *el*. idem *an*. cheque *it*. assegno

Assisium -ii, *n org*. lnl *an*. Assisi *it*. Assisi

assistens -entis, *m org* ivl *el*. assistrix, icis, *f an* assistant *it*. assistente

assum -i, *n. org*. ivl *an*. meat roast *it*. arrosto

asteroides -is, *m org* Irl *el* stellae similis *an* asteroid *it*. asteroide

asthma -atis, *n org* Irl *el*. adi asthmaticus *an* asthma *it*. asma

astigmatismus -i, *n. org* Irl *el*. idem *an*. astigmatism *it*. astigmatismo

astrographus -i, *m. org*. nl *el*. chartographus stellaris *an*. star mapper, astrometrist *it* cartogramfo delle stelle

astronauta -ae, *m. org* Irl *el*. syn; nauta siderralis *adi*; astronauticus *an*. astronaut *it*. astronauta

astronavis -is, *f. org*. Irl *el*. syn; navis sideralis, aeronavis cosmica *an*. spaceship *it*. astronave

astronomia -ae, *f. org*. Irl *el*. idem *an*. astronomy *it*. astronomia

astrophysica -ae, *f org*. Irl *el*. idem *an*. astrophysics *it*. astrofisica

astropolis -is, *f org* nl *el*. statio sideralis , *f. an* space station, space city *it*. stazione spaziale

asylum -i, *n org*. Irl *el*. ludus pueritiae *an*. preschool *it*. asilo

asymmeter -tra-trum *org* Irl *el*. idem *an* asymmetric *it*. asimmetrico

asynchronicus -a-um *org*. Irl *el*. idem *an* asynchronous *it*. asincrono

ataxia -ae, *f. org*. Irl *el*. *adi*. ataxicus *an*. ataxia *it*. atassia

atheismus -i, *m. org* Irl *el*. nulla Dei fides *an* atheism *it*. ateismo

atheisticus-i, *m org* nl *el.* irreligionis suasor, *m an.* atheist *it.* ateista
atheroma -atis, *n* Irl *an.* atheroma *it.* ateroma
athleta -ae, *m. org* Irl *el.* vir fortissimus, *adi*; a-thleticus *an.* athlete *it.* atleta
athletica gravis *f. org.* ivl *e.l.* idem *an.* combat sports *it.* atletica pesante
athletica hiberna *f. org.* ivl *e.l* idem *an.* winter sport *it.* sport invernale
athletismus -i, *m* nl *el* ludus *an* sport *it.* sport
atmosphaericus -a-um *org.* Irl *el.* de atmosphaera *an.* atmospheric *it.* atmosferico
atollus -i,*m org* Irl *el.* insula corallica *an* atoll *it* atollo
atomus -i, *m. org.* Irl *an.* atom *it.* atomo
atramentum -i, *n org.* Irl *an.* ink *it* inchiostro
atresia -ae, *f* Irl *el* atresia *an.* atresia it. atresia
atrium theatri *n. org.* ivl *e.l.* idem *an.* theater hall *it.* vestibulo
attibutio sicialis *f. org.* ivl *el.* idem *an.* social contributions *it.* contributi sociali
attractivus -a, um *org.* Irl *el.* gratus; iucundus *an.* attractive *it.* attrattivo
auditorium -i, *n org* ivl *an* auditorium *it.* sala
aula athletica *f* ivl *an.* gymnasium *it* palestra
auriculare -is, *n org* ivl *el.* idem *an.* telephone receiver *it.* cornetta
auscultabulum -i, *n. org.* Helfer *el.* telephonicum exceptaculum, vide: 'auriculare' *an.* receiver *it.* ricevitore
autobirota -ae,*f. org.* ivl *el.* idem *an.* motorcycle *it.* motocicletta
autobirotarius -i, *m. org.* ivl *el.* idem *an.* motorcyclist *it.* motociclista
autocarrarius -i, *m. org.* nl *el.* autocineti onerarii ductor *an.* truck driver *it.* camionista
autocarrus (onerarius) -i, *m. org.* nl *el.* autocinetum onerarius; autocarrum i, n(ivl) *an.* truck *it.* camion
autochthon -onis, *m org* Irl *el.* indigena, ae, *m an.* autochthon *it.* autoctono
autocineti lavatio *f. org.* Irl *el.* idem *an.* car wash *it.* autolavaggio
autocinetistes -ae, *m org* Irl *el.* autoraedarius (Bacci) *an.* driver *it.* autista
autocinetodromus -i, *m. org.* Irl *el.* idem *an.* speedway *it.* autodromo
autocinetorum statio *f. org.* Irl *el.* idem *an.* parking *it.* autoparco

autocinetum -um, *n org* Irl *el .* automataria raeda *an.* car *it.* automobile
autocinetum bisellarium *n org* Irl *el.* idem *an* sports car *it.* spider
autocinetum laophorum -i, n. *org.* Irl el. populum portans an. bus it. autobus
autocinetum onerarium *n. org.* Irl *e.l.* idem *an.* truck *it.* camion
autocinetum statuo -are *org.* Irl *e.l.* idem *an.* park *it.* parcheggiare
autocinetum subversatile *n org.* Irl *el.* idem *an.* hatchback (car) *it.* autoribaltablie
automataria scapha *f org* Irl *el.* idem *an.* speedboat *it.* motoscafo
automatarius-a-um *org* Irl *el.* ipse movens *an* self-propelled *it.* semovente
automatico -a-um *org* Irl *el.* idem *an* automatic *it.* automatico
automatum -i,*n. org.* Irl *el.* automaton- atis,*n an.* robot *it.* automa
autonomia *f* Irl *an.* autonomy *it.* autonomia
autoplaustrum -i, *n org* Bacci *el.* sarcinarium *an.* van *it.* furgone
autoraeda laophorica -ae,*f. org.* Irl *e.l.* idem *an.* bus, coach *it.* autobus
autoraeda meritoria *f org* ivl *an* taxi *it.* tassi
autoraedarius -i, *m org* ivl *el.* vide: 'gubernator autocineti' *an.* driver *it.* autista
autoscapha -ae,*f. org.* ivl *el.* idem *an.* motorboat *it.* barca a motore
avis Canaria *f org* Irl *an.* canary *it.* canarino
avolatio -onis,*f. org* Irl *el.* idem *an.* a take-off (*noun*) *it.* decollo
avolo -are *org.* Irl *e.l.* evolo (de aeroplano) *an.* take off *it.* decollare
azimutum -i, *n. org.* Irl *el.* directio *an.* azimuth *it.* azimut
azoicus -a-um *org* Irl *el.* E.g. aetas azoica *an* a-zoic *it.* azoico
azotum -i, *n. org* Irl *el.* azoton- atis, *n an* nitrogen *it.* azoto
Aztecus-i, *m org* Irl *el.* idem *an* Aztec *it* Azteco
Babel -elis,*f* Irl tumultusque *an* Babel *it* babele
babelicus -a-um *org* Irl *el* mixtus atque confusus an. confusing *it.* babelico
baccalaureatus -us, *m. org* Irl *el.* idem *an* bachelorship *it.* baccellierato
baccalaureus -i, *m. org* Irl *el.* idem *an* bacherlor *it.* baccelliere

bacchanalia -ae, *f. org* Irl *el.* bacchatio; trans. ridicula *an.* carnival (like) *it.* carnevalata

bacilliformis - e *org* Ic *el.* bacillo pertinens *an.* bacillus (*adj.* of) *it.* bacillare

bacillum nicotianum *n* Irl *an* ci-gar *it.* sigaro

bacterium Salmonenis *n. org* Irl *el.* idem *an* salmonella *it.* salmonella

bacterium Salmonense *n org.* Irl *e.l* idem *an* salmonella it. salmonella

baculum nartatorium -i, *n org* ivl *el.* idem *an* ski pole *it.* bastone da sci

badiolus -i, *m. org.* eccl. el. nummulus *an* coin (papel) *it.* baiocco

bahaismus -i,*m org* Irl *an* bahaism *it* bahaismo

bahaistes -ae, *m org* Irl el. bahista, ae,*f an* bahaist *it.* bahaista

bakelitis -is, *f. org* Irl *el.* idem an resin(synthetic) *it.* bachelite

balea -ae, *f. org.* ivl *an.* crossbow *it* balestra

ballatio -onis, *f.* Irl *el* chorea *an.* dance *it.* ballo

ballatio scaenica *f.* ivl *an.* ballet *it.* balletto

ballator -oris, *m. org.* ivl *el.* ballatrix-icis, *f an.* dancer *it.* ballerino

ballipedium -ii, *n org* Irl *el.* campus ballisticus, *an.* shooting range *it.* balipedio

balneae pensiles -arum, ium *f*, pl *org* Irl *el.* idem *an.* shower *it.* doccia

balneator -oris,*m org* Irl *el.* balneatrix-icis,*f an* lifeguard *it.* bagnino

balneo -are *org.* ivl *an.* bathe *it.* fare bagno

balneotherapia -ae, *f org* Irl *el.* curatio baineariä *an.* hydrotherapy *it.* balneoterapia

balneum -i, n *org* ivl an bathroom it bagno WC

balteum -i,*n. org.* Irl *el.* idem *an* saftey belt *it.* cintura di sicurezza

banana -ae, *f org* Irl *an.* banana *it.* banana

bananarius -a-um *org.* Irl *e.l.* idem *an.* banana (*adj.*) *it.* bananiero

bananetum -i, *n. org.* Irl *e.l.* idem *an.* banana grove *it.* bananeto

Bantuenses -ium, *m* pl*. org.* Irl *e.l.* Bantuensis, *an.* Bantu *it.* Bantu

barba -ae, *f org* ivl *el.* idem *an.* beard *it.* barba

barbula -ae, *f. org.* ivl *el.* etiam Italice=favoriti an. side-wiskers *it.* fedine

barigildus -i, *m org.* Irl *el.* ministrorum dux, urbanae custodiae *an.* constable, chief of police *it.* bargello

baro nobilis -*m org* Irl *el.* homo imperiosus *an* Baron *it.* barone

barographum -i, *n. org* Irl *el.* scribendi instrumentum *an.* barograph *it.* barografo

barographum, -i, *n. org* Irl *el.* barometrum instrumento scribendi *an.* barometer [with tape to register history] *it.* barografo

barometrum -i, *n. org* Irl *el.* idem *an* barometer *it.* barometro

baronissa -ae, *f.* Irl *an.* Baroness *it.* baronessa

baronulus -i, m *org* Irl an baronet it baronetto

barycentrum -i, *m org* Irl *el.* centrum gravitatis corporum (Bacci) *an.* center of gravity *it.* baricentro

barymetria -ae,*f. org.* Irl *el.* animalium dimensio ac probatio *an.* measuring [weights all of live animals] *it*. barimetria

barysphaera -ae, *f org* Irl *el.* mediarum scilicet terrarum massa ex nikelio ferroque confecta *an.* barysphere *it.* barisfera

barytonalis - e *org.* Irl *el.* idem *an.* baritone (like) *it.* baritonale

barytonista -ae, *m. org* ivl *el* vide: 'barytonus' *an.* baritone *it.* baritono

barytonus -i, *m. org.* Irl *e.l.* gravis vocis cantor *an.* baritone *it.* baritono

basaltes -is, *m. org* Irl *el.* Syn: basanites, ae *an.* basalt *it.* basalto

bassista -ae, *m org* ivl *el* cantor vocis imae *an* bass singer *it.* basso

bathymetrum -i, *n. org.* Irl *el.* batimetria *an.* bathymeter *it.* batimetro

bathyscapha -ae, *f.* org. Irl *el.* idem *an.* bithyscaphe *it.* batiscafo

bathysphaera -ae, *f org* Irl *el.* idem *an* bathysphere *it.* batisfera

battutor -oris, *m. org.* ivl *el.* de folle bassu *an.* batter *it.* battitore

bellariolotheca *f org* Irl *el.* bellariolorum theca *an.* box of sweets (etc.) *it.* bomboniera

bellator tectus *m* Irl *an* guerilla *it* guerrigliero

bellis -idis, *f org* ivl *an.* daisy *it.* magarita

bellum tectum *n. org.* Irl *el.* idem *an.* guerilla warfare it. guerriglia

bene comede - xxxx *org.* Irl *el.* vel bene comedite *an.* buon appetito *it.* buon appetito

beneficiarius -ii, *m. org.* Irl *el.* idem *an* beneficiary *it.* donatario

benzinium -ii, *n. org.* Irl *el.* benzinum *an.* gas (for car) *it.* benzina

benzinopolium -i, *n org* ivl *el.* vide: 'statio autocinetum' *an.* petrol station *it* stazione di rifornimento

bestiola experimentalis

bestiola experimentalis *f org* Irl *el.* idem *an* guinea-pig *it.* cavia
betulla - ae, *f. org.* ivl *an* birch tree *it.* betulla
bibliopegus -i, *m. org.* Irl *e.l.* etiam bibliopegae, m (ivl) *an.* bookbinder *it.* rilegatore
bibliotheca cinetica *f org* Irl *el.* idem *an* bookmobile *it.* autolibro, bibliobus
bicinium-ii, *n org* Irl *el.* idem *an* duet *it* duetto
biconcavus -a-um *org* Irl *el.* idem *an.* biconcave *it.* biconcavo
biconvexus -a-um Irl *an* biconvex *it* biconvesso
biellia-ae, *f* Irl *an* connecting rod *mech. it* biella
biennalis -e *org.* Irl *an.* biennial *it.* biennale
bifrons -ontis, *n. org.* Irl *el.* ludus aenigmisticus *an.* word game (Italian) *it.* bifronte (il gioco)
bimensuralis-e *org* Irl *el.* idem *an* two dimensional *it.* bidimensionale
binaris -is-e *adi. org.* Draco *el.* numerans tantum duobus *an.* binary *it.* binario (math)
binoculus -i, *m org* Irl *el.* telescopium geminatum *an.* binoculars *it.* binocolo
binomium -ii, *n. org.* Irl *el.* algebrica summa duorum monomiorum *an.* binomial *it.* binomio
bioclimacologia -ae, *f org* Irl *el. adi.* Bioclimatologicus *an.* bio-climatology *it.* bioclimatologia
biocolyta -ae,*m. org.* Irl *e.l. adi.* biocolyticus-a-um *an.* policeman *it.* poliziotto
biocolyticum -i, *n. org* Irl *el.* publici, orum, custodes publici *an.* police *it.* polizia
biocolyticus -a-um *org.* Irl el. idem *an.* policeman-like *it.* poliziesco
biogeneticus -a-um *org.* Irl *el.* idem *an.* biogenetic *it.* biogenetico
biogenia -ae, *f. org.* Irl *e.l.* generationis cursus *an.* biogenesis *it.* biogenia
biogeographia -ae, *f. org.* Irl *el.* idem *an.* biogeography *it.* biogeografia
biographia -ae, *f* Irl *an* biography *it.* biografia
biologia -ae, *f. org.* Lrl *an.* biology *it.* biologia
biologus -i, *m. org.* Irl *an.* biologist *it.* biologo
biometria -ae, *f.* Irl *an.* biometry *it.* biometria
biophilia -ae, f *org* Irl *el.* vitae amor *an.* survival instinct *it.* biofilia
biophysica -ae, *f org* Irl *el. adi.* biophysicus *an* biophysics *it.* biofisica
biopsis -is, *f. org* Irl *an.* biopsy *it.* biopsia
biosphaera -ae, *f* Irl *an* biosphere *it.* biosfera
biotechnologia -ae, *f. org* Irl *el.* idem *an.* biotechnology *it.* biotecnologia
biotopus -i, *m. org.* Irl *an.* biotope *it.* biotopo

brephotropheum

bipolaris -e *org* Irl *an.* bipolar *it.* bipolare
birota -ae,f *org.* Irl el. idem an. bicycle it. bicicletta
birota automataria *f org* Irl *el.* idem *an.* motorbike *it.* motocicletta
birota gemina *f org* Egger *el.* idem *an* tandem bike *it.* tandem
birota montana *f org* Irl *el.* idem *an* mountain bike *it.* mountain bike
birotalis - e *org* Irl *el.* cyclisticus (Badellino) *an.* cycling *it.* ciclistico
birotarius -ii, *m org* Irl *el.* birotaria-ae, *f an* cyclist *it.* ciclista
birotula automataria-ae,*f org* Irl *el.* idem *an* motorbike *it.* ciclomotore
birotularius -i, *m. org.* ivl *el.* vide: 'birotarius' *an.* cyclist *it.* ciclista
bis flexus -m. *org.* Irl *an.* bifocal *it.* bifocale
biscapha-ae, *f* Irl *an* catamaran *it* catamarano
bisexualis -e *org* Irl *an.* bisexual *it.* bisessuale
bitumen -inis, *n org* Irl *el.* bitumare= to spread asphalt *an.* asphalt *it.* Bitume
bitus -i, *m* Draco *el.* binaris digitus *an* bit *it.* bit
boa -ae, f. *org.* Irl *el.* bova *an.* German measles *it.* rosolia
Boerus -i, *m.* Irl *el.* Burus, *m. an.* Boer *it* Boero
bolis -idis, *m. org.* Irl *e.l.* aerolithus uranolithus (Bacci) *an.* shooting-star *it.* bolide
bolsevismus -i, *m org* Irl *el. adi.* bolsevicus *an* bolshevism *it.* Bolscevismo
bombus -i, *m. org.* lc *an* bumble-bee *it* bombo
bombylius -i, *m. org.* ivl *el.* vide: 'bombus' *an.* bumble-bee *it.* bombo
borax -acis, *m org* Irl *el.* boracium *an.* borax *it* borace
bracae *f. pl org* Irl *el.* idem *an* pants *it.* calzoni
bracae breves *f, pl* Irl *an* shorts *it* calzoncini
bracae brevissimae *f. pl. org.* Irl *el.* idem *an.* shorts *it.* shorts
bracae Genuenses *f, pl.* ivl *an* jeans *it.* jeans
brachiale -is, *n org.* Irl *an.* arm rest *it* bracciale
brachycephalus -i, *m. org.* Irl *el.* idem *an.* brachycephaly *it.* brachicefalo
bracina-ae, *f* ivl *an* brewery *it* fabbrica di birra
bradycardia -ae, *f. org.* Irl *el.* idem *an.* bradycardia *it.* bradicardia
brassica Sabellìca *f. org.* Bacci *el.* idem *an.* broccoli *it.* broccolo
brephotropheum -i, *n. org.* Irl *an.* foundling hospital *it.* brefotrofio

breviata

breviata -ae, *f org*. Irl *el*. subscriptio temporaria *an*. initials *it*. parafa
brevi-o -are *org* Irl *el*. Syn:contraho, corripio *an* abbreviate *it*. abbreviare
bronchitis -is, *f*. Irl *an*. bronchitis *it*. bronchite
bronchopneumonia -ae, *f org* Irl *el*. idem *an*. bronchial pneumonia *it*. broncopolmonite
bryologia -ae, *f org* Irl *an*. bryology *it* briologia
bubo -onis, *m org*. ivl *an* eagle owl *it*. gufo
bucina -ae, *f. org*. ivl *an*. horn (car) *it*. clacson
Buddhismus -i, mIrl *an* Buddhism *it* buddismo
Buddhista -ae, *m*. Irl *an*. Buddhist *it*. Buddista
buleuterium -i, *n* ivl *an* town hall *it*. municipio
bulgula nummaria *f* org Irl *el*. idem *an*. wallet *it*. portafoglio
bulimus -i, *m*. Irl *el*. fames inexplebilis *an*. bulimia *it*. bulimia
buphthalmia -ae, *f org*. Irl *an*. eye swelling *it*. buftalmia
burculum-i, n *org* Irl *el* phaselus *an* canal boat *it*. burchio
burgimagister-tri *m org* ivl *el* magister civium Irl *an*. mayor *it*. sindaco
buto -onis, *m org* ivl *an*. button *it* bottone
butyrificium -i, *n org* Irl *el*. idem *an* buter factory *it*. burrificio
cabbalista -ae, *m. org*. Irl *el*. idem, *adi*. cabbalisticus *an*. diviner *it*. cabalista
caccabus -i, *m org*. Irl *el*. Syn:sartago; coculum *an*. casserole *it*. casseruola
cacophonia -ae, *f org* Irl *el*. idem *adi*. cacophonicus *an*. cacophony *it*. cacofonia
cactaceae -arum *f. pl. org*. Irl *el*. idem *an*. cactaceae *it*. cactacee
cactus -i, m *org* Irl *el*. idem *an* cactus *it*. cactus
cadaverum -i, *n*. Irl *an*. mortuary *it*. obitorio
caeliscalpium -ii, *n. org*. Irl *el*. supereditae aedes, *f pl an*. skyscraper *it*. grattacielo
caementum -i, *n org* ivl *an* cement *it* cemento
caeneathesis -is, (eos) *f org* Irl *el*. sensus communis (psyc.) *an*. cenesthesis *it*. cenestesi
caenozoicus -a-um *org*. Irl *e.l*. tertianus (geol.) *an*. caenozoic *it*. cenozoico
caespes -itis, *m org* ivl *e*. idem *an* lawn *it* prato
cafaeina-ae, *f org* Irl *el*. cafaeinum, i, *n an*. caffeine *it*. cafeina
cafaeopola -ae, *m org* Irl *el*. minister tabernae potoriae *an*. bartender *it*. barman
cafaeum -i, *n org* Irl *el* potio Arabica (Bacci) *an* coffee *it*. caffè

camphora

cafea expressa *f org* ivl *el*. idem *an* espresso coffee *it*. espresso
cafea Mochana *f* ivl *an* mocha coffee *it*. moca
cafeum -i, *n org* ivl *el* idem *an* café *it* caféteria
calamitas autocinetica *f org*. ivl *el*. idem *an*. car accident *it*. incidente stratale
calceamenta campestria *n, pl. org*. ivl *an*. sneakers, gym shoes *it*. scarpa ginnastica
calceamenta cummea *f. org*. Bacci *el*. calcei indumentum (Helfer) *an*. galosh *it*. soprascarpa
calceamentarium -ii, *n org* Irl *el*. inductorium *an*. shoehorn *it*. calzatoio
calceamentum -i, *n*. ivl *an*. shoe *it*. scarpa
calcearia -ae, f *org*. ivl *el*. idem *an*. shoe store *it*. negozio di scarpe
calceus subrotatus -i, *m. org*. ivl *e.l*. idem *an*. roller-skate *it*. pattini
calchaemia -ae, *f*. Irl *an* calcinosis *it*. calcemia
calefactio -onis, *f. org*. ivl *el*. idem *an*. central heating *it*. riscaldamento
caleidoscopium -i, *n org*. Irl *el*. idem *an*. kaleidoscope *it*. caleidoscopio
calendarium -i, *n* ivl *an* calendar *it*. calendario
caliga -ae, *f. org*. ivl *an*. boot *it*. stivale
calligraphia -ae, *f org*. Irl *an*. Calligraphy *it* calligrafia
calluna -ae, *f org* ivl *el*. erice *an* heather *it* erica
calomelanum -i, *n* Irl *an* calomel *it* calomelano
calorimetria -ae, *f. org*. Irl *el*. caloris metiendi ratio *an*. calorimetry *it*. calorimetria
calorimetrum -i, *n org*. Irl *el*. caloris index, adi. calorimetricus *an*. calorimeter *it*. calorimetro
calorium -ii, *n org*. ig. *el*. caloris mensura, phs. *an*. calorie *it*. caloria
Calvinianus -i, *m. org* Irl *el*. professor relgionis Calvinianae *an*. calvinist *it*. Calvinista
Camaldulensis -is, *m. org*. Irl *an*. Camaldoli monk *it*. Camaldolese
camelopardalis-is, *f org* Irl *an* giraffe *it* giraffa
camisia nocturna -ae, *f. org*. ivl *el*. idem *an*. night shirt *it*. camicia da notte
camma-ae, *f org* Irl *el*. mech. *an* cam *it* camma
campagi equestres -m, *pl org* ivl *el*. idem *an*. riding boots *it*. stivali da equitazione
campanarium -i, *n. org*. ivl *el*. campanile-is, *f an*. bell tower *it*. campanile
campestre -is, *n org* ivl *el*. vide:'bracae breves' *an*. shorts *it*. calzoncini
camphora -ae, *f*. Irl *an*. camphor *it*. canfora

campter parallelus-eris, *m org* ivl *el.* idem *an* parallel sking *it.* sciata parallela

campus lusorius -i, *m org* ivl *el.* idem *an* field (sport) *it.* campo (sport)

campus pedeludiarius *m org* Egger *el.* idem *an.* soccer field *it.* campo sportivo (dei calciatori)

campus pilamallei -i, *m. org.* ivl *el.* idem *an.* golf course *it.* campo da golf

campus teniludii -i, *m org* ivl *el.* idem *an* tennis court *it.* campo da tennis

campus tentorius-*m org* ivl *el.* idem *an* campsite *it.* campeggio

canaliculus -i, *m. org.* ivl *el.* de viis *an.* storm drain *it.* canale di scolo

cancellarius -i, *m org* ivl *an* chancellor *it.* cancelliere

cancelli procursus -m, pl. *org.* ivl *el.* de equitatione *an.* starting gate *it.* cancelli di partenza

canceraticus -a-um *org* lrl *an* cancerous *it* canceroso

candela accensiva *f org.* ivl *el.* idem *an* spark plug *it.* candela

candela fumifica *f org.* Egger *el.* idem *an.* smoke bomb *it.* candellotto fumogeno

candelula-ae,*f org.* lrl *an* candle (small) *it* candellina

canis cubile - *n. org.* lrl *el.* idem *an.* dog kennel *it.* canile

canis taurinus -*m* Bacci *an.* bull-dog *it* bulldog

canis venatorius *m org.* ivl *el.* idem *an.* hunting dog *it.* cane da caccia

canistripila -ae, *f. org.* lrl *el.* canistrifollis *an.* basketball *it.* pallacanestro

canistrum -i, *n org.* lrl *an.* basket (sport) *it.* canestro (sport)

cannabetum -i, *n. org.* lrl *e.l.* idem *an.* hemp field *it.* canapaia

cannabiarius -a-um *org* lrl *an* hemp-like *it* canapiero

cannula -ae, *f org* lrl *an.* drinking-straw *it* cannuccia

cantabile -is, *n org* lrl *el.* modulabile *an.* singable (-like) *it.* cantabile

canthus -i, *m org* ivl *el* vide:'rota cummea' *an* tire(car) *it.* pneumatico

cantiuncula-ae,*f org.* lrl *el.* cantliena *an* melodic air (short) *it.* cabaletta

capitalismus -i, *m. org.* lrl *an.* capitalism *it* capitalismo

caplaris -e *org.* nl *e.l.* ad caplum pertinens *an.* cable (as adj. TV, etc.) *it.* cavetto

capligramma -atis, *n org.* lrl *an.* cablegram *it.* cablogramma

caplum -i, *n org* ig. *el.* capulum coaxiale *an* cable (TV, etc.) *it.* cavetto

capsella magnetoscopica *f. org.* lrl *e.l.* idem *an.* videocassette *it.* videocassetta

capsicum -i, *n org.* ivl *an* pepper *it* peperone

capsula Carteriana *f org.* lrl *el.* idem *an.* gear box *it.* carter

capsula ignifera *f. org.* lrl *eg.* capsula vacua = cartuccia a salve *an.* cartridge *it.* cartuccia

capsula obscura *f. org.* lrl *el.* capsa photographica *an.* dark room *it.* camera oscura

captilavium -ii, *n* lrl *an.* shampoo *it.* shampoo

captor -oris, *m org.* ivl *el.* de ludo basipilae *an.* catcher *it.* ricevitore

carabina -ae, *f. org.* lrl *an.* carabine *it* carabina

carabinarius -ii, *m. org.* lrl *an.* police (nationa) *it.* carabiniere

carabus -i, *m. org.* lrl *an.* galley *it.* caravella

carbonii hydrata -n pl *org.* lrl *el.* idem *an* carbohydrates it. carboidrati

carentia occupationis *f org* lrl *el.* desidia *an.* unemployment *it.* inoccupazione

carnauba -ae, *f org* lrl *an* carnauba *it* carnauba

caroticus -a-um *org* lrl *an.* carotid *it* carotideo

carpus -i, *m. org.* ivl *an.* wrist *it.* polso

carrulus automatarius *m. org.* lrl *el.* de vectione hominium vel instrumentorum *an.* power truck *it.* motocarrello

carrulus sarcinalis -i, *m org* ivl *el* adhibetur in aeroportidus etc. *an.* luggage cart *it.* carrello portabagagli

carrus clatratus *m org.* ivl *el.* adhibetur laborandi causa in hortis *an.* work wagon (small) *it.* carro a rastrelliera

carrus remulcandi *m org.* ivl *el.* idem *an* tow truck *it.* carro attezzi

cartogramma-atos, *n org* lrl *el.* idem(stat.) *an* graph *it.* cartogramma

casa nartatorum *f org* ivl *el.* idem *an* ski chalet *it.* refugio per sciatori

casa scaphara *f. org.* ivl *el.* idem *an.* boathouse *it.* rimessa (barche)

caseina -ae, *f org* lrl *chem. an* casein *it* caseina

caseta -ae, *f. org* ivl *el.* caseta taeniolam continens; vide: 'taeniola magnetophonica' *an.* cassette *it.* Cassetta

casetophonium -i, *n. org.* ivl *an.* cassette recorder *it.* registratore

castra stativa *f org* Irl *el* Syn: militum statio *an* barracks *it*. caserma

castula -ae, *f. org*. Irl *el*. tunica inferior; supparum *an*. skirt *it*. gonna

casula -ae, *f org*. Irl *el*. syn : tuguriolum *an*. hovel *it*. casipola

catabolismus -i, *m org*. Irl *el*. syn: disiunctio chemica *an*. catabolism *it*. catabolismo

catachresis -is, *f org*. Irl *el*. Syn: abusio *an*. catachresis *it*. catacresi

cataclysmus -i, *m org* Irl *el* diluvies -ei, *f* vehementissima aquae aspersio *an*. cataclysm *it*. cataclisma

catalogus -i, *m org* Irl *an* catalogue *it* catalogo

catana -ae, *f org* Irl *el*. gladius Iaponicorum *an* Japanese sword *it*. catana

cataracta -ae, *f org* Irl *el* convolutabilia claustra *an*. rolling shutter *it*. saracinesca

catarrhalis -e *org* Irl *el*. Syn: ad catarrhum pertinens *an*. catarrhal *it*. catarrale

catarrhus -i, *m. org*. Irl *el*. adi. catarrhosus *an*. catarrh *it*. catarro

catechismus -i, *m org* Irl *el* idem *an* catechism *it*. catechismo

categoria -ae, *f. org*. Irl *el*. adi. categoricus *an*. category *it*. categoria

catena -ae, *f org* Draco *el* numerus gregis electronici *an*. mailing list *it*. lista elettronica sul rete

catena birotalis -ae, *f org*. ivl *el*. idem *an*. bicycle chain *it*. catena

catenaria -ae, *f org* Irl *an* catenary *it* catenaria

catharsis -is, *f org* Irl el Syn: purificatio; *adi*. catharticus *an*. catharsis *it*. catarsi

catheter -eris, *m*. Irl *an*. catheter it. catetere

cathetus -i, *m. org*. Irl *e.l*. perpendicularis linea *an*. perpendicular line *it*. cateto

cathodus -i, *m org* Irl *el*. adi. cathodicus *an* cathode *it*. catodo

catio -onis, *f. org*. Irl *an*. kation *it*. catione

catoptricus -a-um Irl *an* catoptric *i*. catottrico

cauda cometae *f. org*. ivl *e.l*. idem *an*. comet tail *it*. coda della cometa

caudula subscripta *f. org*. Irl *el*. idem (gram.) *an*. cedilla *it*. cediglia

caulis floridus -*m org*. Irl *el*. brassica bortyodes *an*. cauliflower *it*. cavolfiore

caupona -ae, *f* ivl *an*. restaurant *it*. ristorante

cauter -eris,*m org* Irl *el*. syn. cauterium *an* cautery *it*. cauterio

cauterisatio -onis, *f org*. Irl *el*. idem *an*. cauterization *it*. cauterizzazione

cauterizo -are Irl *an*. cauterize *it*. cauterizzare

cavaedium scholare *n. org*. ivl e.l. idem *an*. school yard *it*. cortile della scuola

cavea media -ae, *f org* ivl *el* de theatro *an* upper circle *it*. seconda fila

cavea prima -ae, *f. org*. ivl *el*. de theatro *an*. dress circle *it*. prima fila

cavea summa -ae, *f. org*. ivl *el*. de theatro *an*. gallery *it*. terza fila

ceila frigorifica *f org* Irl *el*. idem *an* refrigerator *it*. cella frigorifera

celebritas saltatoria *f. org*. ivl *el*. ballatio *an*. dance *it*. ballo

cella aeroplani *f org* ivl *an*. cockpit *it* carlinga

cella munitissima *f org*. Irl *el*. idem (*mil*.) *an*. casemate *it*. casamatta

cella telephonica *f. org*. ivl *el*. idem *an*. telephone booth *it*. cabina telefonica

cella vinaria *f org* Cic. *an* wine cellar *it* cantina

cellarium subterraneum -i,*n org* ivl *an* cellar

cellula -ae ,*f org* Irl *el*. (bio.) *an* cell *it* cellula

cellularis -e. *org*. Irl *el*. e.g. telephonium cellulare *an*. cellulare *it*. cellulare

cellulitis -idis, *f org* Irl *el*. cellulites, is, *f an* cellulite *it*. cellulite

celluloides -is, *f* Irl *an*. celluloide *it* cellu-loide

cellulosa -ae, *f org* Irl *el*. cellulosa tela *an*. cellulose *it*. celluloso

cenaculum -i, *n. org*. ivl *el*. invenitur in domibus *an*. dining room *it*. sala da pranzo

cenatio -onis, *f. org* ivl *el*. invenitur in deversoriis, cauponis *an*. dining hall *it*. sala da pranzo

cenotaphium -ii, *n org* Irl *el*. inane sepulcrum, tumulus vacaus. *an*. monument *it*. cenotafio

centesima -ae, *f org*. Irl *el*. eg. quinque centesimae vel 5% *an*. hunderdth *it*. percentuale

centigradus -a-um *org* Irl *el*. in gradus centum diductus (Bacci) *an*. centigrade *it*. centigrado

centigramma-atis,*n org* Irl *el*. centesima grammatis pars (Bacci) *an* centigram *it* centigrammo

centilitra -ae, *f org* Irl *an* centiliter *it*. centilitro

centimetrum -i, *n an* centimeter *it* centimetro

centipeda -ae, *f an*. centopede *it*. centopiedi

centralis -e *el*. medius an. central *it*. centrale

centrifugus -a-um *org*. Irl *el*. idem *an*. centrifugal *it*. centrifuga

centuplicatus -a-um *org* Irl *an*. hundred times *it*. centuplicato

centuplum -i, n. *org*. Irl *e.l.* idem *an*. hundredfold *it*. centuplo
cenula -ae, *f. org*. Irl *an*. snack *it*. stuzzichino
cenula subdivalis *f. org* Irl *an*. picnic *it*.picnic
cephalalgia -ae, *f. an*. headache *it*. cefalea
cerastes -ae, *f. org*. Irl *el*. nomen serpentis *an*. cerastes *it*. ceraste
cerasum marascum -i, n. *org*. Irl *e.l.* idem *an*. black berry *it*. amarasca
ceratina -ae, *f org*. Irl *an*. cerate *it*. cheratina
ceratites -is, *f. org*. Irl *an*. cornea (inflamation) *it*. cheratite
ceratium-ii,*n org* Irl *el*. pondus quoddam; obolus siliquis tribus appenditur *an*. carot *it*. carato
ceratum -i, *n org*. Irl *el*. pittacium medicamento illitum *an*. strip (medicinal) *it*. cerotto
cercopithecus -i, *m org*. Irl *el*. idem (zool.) *an*. monkey *it*. cercopiteco
cerebralis - e. *org*. Irl *el*. rationalis, e. *an*. cerebral *it*. cerebrale
cerebriformis - e *org*. Irl *e.l.* praeditus cerebri forma *an*. cerbral (in shape) *it*. cerebriforme
cerebropathia -ae,*f org* Irl *el*. idem *an* cerebal (illness) *it*. cerebropatia
cerebrospinails -e *org* Irl *an*. cerebrospinal *it*. cerebrospinale
cereolus sulphuratus -i, *m org* Irl *el* cereolus flammifer (Bacci) *an*. wax match *it*. cerino
cerium -ii, n. *org*. Irl *an*. cerium *it*. cerio
ceroma -atis, *n. org*. Irl *an*. make-up *it*. cerone
ceroplastes -is, *m. an*. wax art *it*. ceroplasta
certamen cursus velifici -inis, *n org* ivl *an* sailing regata *it*. regata velica
certamen equestre obstaculorum -inis, *n. org*. ivl *an*. steeplechase *it*. corsa da ostacoli
certamen natatorium *n org*. ivl *an* swimming contest *it*. gara di nuoto
certamen paenultimum *n org* Irl *el*. idem *an* semifinal *it*. semifinale
certator princeps -*m org* Irl *el*. Idem *an* champion *it*. campione(sport)
cervicalis - e *org*. Irl *an*. cervical *it*. cervicale
cervisia -ae, *f org*. Irl *el*. cerevisia, cervesia *an*. beer *it*. birra
cervisiaria taberna -ae, *f. org*. Irl *el*. idem *an*. beer-shop, pub *it*. birreria
cervisiarius -ii, *m org*. Irl *el*. cervisiae confector *an*. beer maker *it*. birraio
cessibilis -e *org*. Irl *an*. transferable (funds) *it* cedibile

cesso bonorum -onis, f *org* ivl *el* vide: 'decoctio' *an*. bancruptcy *it*. fallimento
cesticillus -i, *m. org*. Bad. *an*. porter's knot *it*. cercine
chalcographia -ae, *f. org*. Irl *an*. engraving *it*. calcografia
chalcotypta -ae, *f. org*. Irl *an*. cliché *it*. cliché
chamulcus automatarius -*m org*. Irl *an*. bulldozer *it*. bulldozer
characterologia -ae, *f org* Irl *el*. idem *an*. characterology *it*. caratterologia
charta -ae, *f org* lc. *el*. idem *an*. paper *it*. carta
charta bibula *f org* Irl *an*. tissue paper *it* carta assorbente
charta computativa -ae, *f org*. Draco *el*. idem *an*. spreadsheet *it*. foglio elettronico
charta creditoria *f org* VoxL. *el*. idem *an*. credit card *it*. carta creditoria
charta densata *f org*. Egger *el*. idem *an* cardboard *it*. cartone
charta duplicatoria *f. org*. Irl *el*. idem *an* carbon paper *it*. carta carbone
charta epistularis *f. org*. ivl *an*. writing paper *it*. carta da lettere
charta hygienica *f. org*. ivl *e.l.* idem *an*. toilet paper *it*. carta igienica
charta macerata *f org* Irl *el*. idem *an*. papermache *it*. cartapesta
charta nummaria -ae, *f. org*. Irl *el*. idem *an*. banknote *it*. banconota
charta parietaria *f. org* Irl *el*. charta ornandis parietibus *an*. wall paper *it*. carta da parati
charta purgatoria *f org* Irl *el*. mundatoria *an* toilet paper *it*. catta igienica
charta scriptoria *f org* Irl *el*. idem *an* writing paper *it*. carta da scrivere
charta vitraria *f org* Irl *el* idem *an* glass paper *it*. carta vetrata
chartaceus -a-um *org* Irl *an* paper *it*. cartaceo
chartae ineptae *f. pl org*. Irl *cl*. idem *an*. packing paper *it*. cartastraccia
chartellum -i, *n. org* ivl *el*. grex negotiatorium *an*. cartel *it*. cartel
chartographia -ae, *f. org* Irl *el*. idem *an* cartography *it*. cartografia
chartographus -i, *m org*. Irl *el*. idem *an*. chartographer *it*. cartografo
chartomantea -ae, *f. org*. Irl *an*. cartomancy (divining with playing cards) *it*. cartomanzia

chartopola

chartopola -ae, *m org* Irl *el.* is qui chartas vendit *an.* stationary vendor *it.* cartolaio
chartotheca -ae, *f. org.* Irl *el.* syn: chartophylacium *an.* map collection *it.* cartoteca
chartula -ae, *f. org.* Irl *e.l. e.g.* cartula variata; cartula cursualis *an.* post-card *it.* cartolina
chartula fascalis *f. org.* ivl *el.* idem *an.* parcel dispatch form *it.* bolletino di spedizione
chartula lusoria *f. org* ivl *el.* idem *an.* playing card *it.* carta di gioco
cheddites -itis, *f org* Irl *el.* pyrius pulvis scilicet maxima vi dirumpendi praeditus *an.* explosive (from cheddes) *it.* cheddite
cheilites -is, *f org.* Irl *el.* inflammatio labrorum *an.* cheilites *it.* cheilite
cheloides -is, *f. org.* Irl *el.* cutis tumor *an.* skin tumor *it.* cheloide
chelones -um, *m pl org.* Irl *el* gens testudinium *an.* chelonian *it.* cheloni
chemia -ae, *f org.* Irl *an.* chemistry *it.* chimica
chemica -ae, *f. org.* Irl *an.* chemist *it.* chimica
chemicus -a-um *org* Irl *el* vide:chemica *an* chemical *it.* chimico
chemioreceptorium -ii, *n. org.* Irl *an.* chemoreceptor *it.* chemiorecettore
chemiosynthesis -is, *f org* Irl *el.* idem *an* chemosynthesis *it.* chemiosintesi
chemiotropismus -i, *m org.* Irl *el.* idem *an* chemotropism *it.* chemiotropismo
chemitherapia -ae, *f org* Irl *el.* iderm *an.* chemotherapy *it.* chemioterapia
cheto -onis, *m org* Irl *an* ketone *it* chetone
chetonicus -a -um Irl *an* ketonic *it* chetonico
chiramaxium -ii, *n. org* Irl *el.* infantis carrulus; Anglice pram *an.* baby carriage *it.* carrozzina
chiromantia -ae, *f org* Irl *el.* divinatio ex manus lineis (Bacci) *an.* palmistry *it.* chiromanzia
chirotheca -ae, *f org.* ivl *an.* glove *it.* guanti
chirurgia -ae, *f. org.* Irl *an.* surgery *it* chirurgia
chirurgia plastica -ae, *f. org. ig. el.* idem *an.* plastic surgery *it.* chirurgia plastica
chirurgicus -a-um Irl *an.* surgical *it.* chirurgico
chirurgium -ii, *n. org* Irl *el.* idem *an.* operation room it. sala operatoria
chirurgus -i, *m. org.* Irl *an.* surgeon *it.* chirurgo
choreographia -ae, *f. org.* Irl *e.l.* saltatio scaenica *an.* choreography *it.* coreografia
chorus -i, *m. org.* ivl *e.l.* idem *an.* choir *it.* coro
chrematista -ae, *m. org* ivl *el.* idem *an* broker *it.* intermediario

claustra munitissima

chrematisterium -i, *n. org.* Irl *e.l.* bursa- ae, *f* (ivl) *an.* stock market *it.* borsa
chrematistica ars *f. org. ig. el.* idem *an.* chrematistics *it.* crematistica
chrematographum -i, *m org* ivl *el* titulus partem possesionis indicans *an.* stock *it.* titolo
chronoscopium -i, *n org.* ivl *el.* idem *an* stopwatch *it.* cronometro
ciliorum pilus - *m org* ivl *an.* eyelash *it.* cilia
cinemateum -i, *n. org.* Traup. *e.l.* theatrum cinematographicum *an.* movie theater *it.* cinema
cinematicus -a-um *org* Irl *el* idem *an.* cinematic *it.* cinematico
cinematographeum -i, *n org.* Irl *el. adj.* Cinematographicus *an.* cinema *it.* cinema
cinematographica machinula -ae, *f. org. e.l.* idem *an.* camera *it.* cinepresa
cinematographicus artifex - m. *org.* Irl *e.l.* idem *an.* camera man *it.* cinematografaro
cinerarium -i, *n* ivl *an.* ashtray *it.* portacenere
cingulum salutis -i, *n. org. e.l.* idem *an.* life jacket *it.* cintura di salvataggio
circuitio argentaria -ionis, *f org* Irl *el.* ratio argentaria *an.* clearing (of checks etc.) *it.* bancogiro
circuli -orum, *m org* ivl *el.* de gymnasticis; vide: 'anuli' *an.* rings *it.* anelli
circumvectabulum -i, *n. org.* ivl *e.l.* idem *an.* merry-go-round *it.* giostra
circumvectio nautica *f. org.* Irl *e.l.* idem *an.* cruise *it.* crociera
cisium -ii, *n org* Irl *an* light carriage *it* carrozzino
cithara alpestris *f. org.* ivl *el.* de instrumentis musicis *an.* zither *it.* cetra
cithara balalaica -ae, *f. org* Irl *el.* genus chitarae Russicae *an.* balalaika *it.* balalaica
citharista -ae, *m org* Irl *el.* chitaristria, *f* (Badellino) *an.* guitar player *it.* chitarrista
cithira Hispanica -ae, *f. org.* Irl *e.l.* idem *an.* guitar it. chitarra
citophonium -ii, *n. ig an.* intercom *it* citofono
citrum -i, *n org* ivl *el.* idem *an* lemon *it* limone
civitas praepollens *f org* Irl *el.* idem *an* superpower *it.* superpotenza
classis operariorum *f org* Irl *el.* idem *an* working class *it.* bracciantato
classis periegetica -is, *f. org. ig. e.l.* idem *an.* tourist class *it.* classa turistica
claustra munitissima -ae, *f org* Irl *el.* idem *an.* saftey lock *it.* serratura di sicurezza

claustrarius

claustrarius -i, *m org* ivl *el.* claustraria-ae, *f an* locksmith *it.* fabbro
clava -ae, *f* ivl *an.* golf club *it.* ba-stone da golf
claviatura -ae, *f. org.* Draco *e.l.* plectra ivl. *an.* keyboard *it.* tastiera
clavicen -inis, *m org* ivl *el.* vide: 'clavicymbalista' *an.* pianist *it.* pianista
clavicymbalista -ae, *m. org* lrl *el.* idem *an.* pianist *it.* pianista
clavicymbalum -i, *n* lrl *an.* piano *it* pianoforte
clavile -is, *n org* ivl *el* vide: 'clavicymbalum' *an* piano *it.* pianoforte
clavile aliforme -is, *n org* ivl *el.* idem *an* grand piano *it.* pianoforte a coda
clavis accensiva -ae, *f. org.* ivl *el.* idem *an.* ignition key *it.* chiavetta d'accensione
clavis conclavis *f. org.* ivl *el.* idem *an.* room keys *it.* chiave della camera
clavis musicalis *f. org.* ivl *an.* clef *it.* chiave
clavium thecula *f* lrl *an* key ring *it* portachiavi
cliens -tis, m, *f org* nl *el.* eg. cliens iurisconsulti *an.* client *it.* cliente
climatologia -ae, *f org.* lrl *e.l.* idem *an.* climatology *it.* climatologia
clocca -ae, *f org.* ivl *el.* etiam campana-ae, *f an* bell *it.* campana
clusura tractilis *f org* ivl *el.* vide: 'verticula' *an* zipper *it.* cerniera
cobaltum -i, *n. org.* lrl *an.* cobalt *it.* cobalto
cocainum -i, *m. org.* lrl *an.* cocain *it.* cocaina
coccum -i, *n. org.* lrl *el.* coccus *m. an.* carmine *it.* carminio
cochlea -ae, *f org* ivl *el.* idem *an.* screw *it.* vite
cochlear coquinarium -aris, *n org* ivl *an* wooden spoon *it.* cucchiaio
cochleitorstrum -i, *n org* ivl *el.* idem *an* screwdriver *it.* cacciavite
cocoa -ae, *f* ivl *an* chocolate drink *it* cioccolata
coctorium -i, *n.* ivl *an.* cooking pot *it.* pentola
codex cursualis icis, *m org.* nl *el.* idem *an* zip code *it.* codice postale
codicillus anularis *m org* ivl *el* idem *an* loose leaf notebook *it.* quaderno a fogli mobili
codicillus chartarum *m. org.* ivl *e.l.* idem *an.* notepad *it.* bloco per appunti
coeloma -atos, *n org* lrl *an* coelom *it.* celoma
coenautocinetum -i, *n. org.* ivl " *el.* vide: 'laophorum' *an.* bus *it.* autobus
coenautocinetum periegeticum -i, *n org.* ivl *e.l.* idem *an.* coach *it.* pullman

compendium

coenobita -ae, *m org* lr *el.* vir rigidae vitae *an.* cenobite *it.* cenobita
coenobium -ii, *n. org.* lrl *el.* monasterium; *adi.* coenobialis, -e *an.* monastery *it.* cenobio
coetus generalis *m org* ivl *el.* idem *an.* general meeting *it.* assemblea generale
collectorium -i, *n org* ivl *el.* etiam Italice schedario *an.* file-holder *it.* raccoglitore
collegialis - e *org* lrl *el.* syn: communis *an.* collegian *it.* collegiale
collegium opificum *n org* lrl *el* idem *an* trade union *it.* sindacato
collisio -onis, *f. org.* lrl *an.* collision *it.* cozzo
colloquium interrogatorium *n. org.* ivl *el.* idem *an.* interview *it.* intervista
collyra -ae, *f org* irl *el.* idem *an.* pasta *it.* pasta
collyrae tubulatae *f, pl org* lrl *el.* idem *an.* rigatoni *it.* rigatoni
colobium -i, *n org.* ivl *el.* idem *an.* vest *it.* gilet
colobium breve *n org.* lrl *an.* vest *it.* camiciola
colonus partiarius *m org.* lrl *an.* sharecropper *it.* mezzadro
columella -ae, *f org* lrl *el.* syn. balaustium *arch. an.* balauster *it.* balaustro
columna vertebralis *f org* lc. *el* idem an spinal column *it.* colonna vertebrale
colymbus -i, *m org* ivl *el.* natabulum; piscina *an* swimming pool *it.* piscina
cometa -ae, *f org* lrl *el.* stella cincinnata; stella crinita *an.* comet *it.* cometa
cometes -ae, *m org* ivl *el* vide:'cometa' *an* comet *it.* cometa
commeans laophorium *n org* lrl *el.* idem *an* shuttle (ship) *it.* navetta
commeatus -us, *m.* ivl *an.* traffic *it.* traffico
commendatio -onis, *f org.* ivl *el.* idem *an.* advertising *it.* pubblicita'
commentarii -orum *n, pl. org.* ivl *e.l.* idem an. magazine *it.* rivista
commenticia fabula *f org.* lrl *el.* fabula Romanensis; *an.* novel *it.* romanzo
commercium externum - *n. org.* ig. *e.l.* idem *an.* foreign trade *it.* commercio estero
communicatio -onis, *f org* ivl *el.* idem *an* communication *it.* comunicazione
comoedia -ae, *f org* ivl *el* de theatro *an* comedy *it.* commedia
compendium -ii, *n org.* lrl *el.* syn: abbreviatio, contractio an. abbreviation it. abbreviazione

competitio commercialis *f. org.* ivl *e.l.* idem *an.* competition *it.* concorso
compilo - are Draco *an.* compile *it.* compilare
compitum-i,*n org* ivl *an* intersection *it* incrocio
complexus mercatorius-us, *m org* ivl *el.* consortium; consortio negotiosa *an.* consortium *it.* consorzio
compositio -ionis, *f. org.* Draco *el.* forma disci *an.* format of a disc *it.* formato
compossessio -onis, *f org* Irl *el.* idem *an.* condomium *it.* condominio
comptus -us, *m* ivl *an* hairstyle *it* acconciatura
computatio inversa *f org.* Irl *an.* count down *it.* conto alla rovescia
computatralis -is-e *adi. org* Draco *el.* idem *an* refering to computer *it.* del computer
computatrum gestabile *n org* ivl *el.* idem *an* pocket calculator it. calcolatore
computratum -i,n *org* Draco *el* machina quae computat *an.* computer *it.* computer
computus-i,*m org* ivl *el* idem *an* bank account *it.* conto bancaria
computus conditorius -*m org* ivl *el* videm *an* depost account *it.* conto di risparmio
concentus magister -*m. org.* Irl *e.l.* idem *an.* conductor *it.* concertatore
concentus musicus -us, *m. org.* ivl *e.l.* idem *an.* concert *it.* concerto
conceptaculum -i, *n org* Irl *el.* expiculum, de autocineto *an.* gas tank *it.* serbatoio
conclamatum -I,n *org* Irl *el* periculum indicum *an.* allarm *it.* allarme
conclave chirurgicum *n org* Irl *el.* cubiculum corporibus secandis. *an.* surgery room *it.* camera operatoria
conclave funestum -i, *n. org.* Irl *an.* mortuary *it.* camera mortuaria
conclave scholare - *n* ivl *an* classroom *it* aula
concursus creditorum -*m. org* ivl *el.* idem an bancruptcy it. fallimento
condicio oeconomica f. *org.* ivl e.l. idem *an.* economic cycle it. congiuntura
conditorium -i, *n org.* Irl *el.* autocinetorum receptaculum *an.* garage *it.* autorimessa
conductor operae -*m. org* ivl *el.* idem *an* employer *it.* datore di lavoro
conexio telephonica -onis, *f. org.* ivl *e.l.* idem *an.* telephone plug *it.* collegamento (tele.)
conformo - are *org.* Draco *el. e.g.* discum conformare *an.* format *it.* formattare

conglobatio -onis, *f. org.* Irl *an.* centralization *it.* accentramento
coniacum -i, *n. org.* ivl an. cognac it. cognac
coniectio pyrobolorum *f org* Irl *el.* idem *an* bombing *it.* bombardamento
conscriptio -onis, *f.* Irl *el.* perscriptio *an.* deed *it.* rogito
conservo -are *org.* Draco *an* save (on a disk) *it* serbare (sul disco)
consilium -ii, *n* Irl *an.* committee *it.* comitato
consociatio -onis, *f. org.* Irl *an.* club *it.* club
consolidatrum -i, *n. org.* Draco *an.* Linker *it.* meccanismo da linkage
consolido-are *org* Draco *el* conectere (archiva) *an.* to link *it.* connettere fili, archivi ecc.
consonatio litterarum -iones,*f. org.* Irl *el.* Agnominatio *an.* alliteration *it.* allitterazione
constitutum -i, *n org.* Irl *el.* idem *an.* appointment *it.* appuntamento
contabulatio -onis, *f org.* Irl *el* contignatio; tabulatio; tabulatum *an.* scafold *it.* ponteggio
contactrum -i, n *org* ivl *an* wall outlet *it.* presa
contra inquinamentum -i, *n. org.* Irl *an* antipollution *it.* antinquinamento
contractum -i, *n org* ivl *el.* capsa contactus *an* socket *it.* presa di corrente
contractus collectivus -*m. org* ivl *el* idem *an* collective agreement *it.* contratto collettivo
conus lusorius -i, *m. org.* ivl *el.* idem *an* bowling pin *it.* birillo
conus manubriatus - *m. org.* ivl 'discus manubriatus' *an.* curling stone *it.* pietra da curling
conventus summi gradus *m. org.* Irl *e.l.* vertex *an.* summit *it.* vertice
cooperculum -i, *n org.* Draco *el.* idem *an.* folder *it.* cartelletta, raccogliatore
copa -ae, f. *org.* lc. an. barmaid *it.* ostessa
copadium -i, *n.* ivl *an.* escalope *it*, scaloppina
copernicanus -a-um *org* Irl *el.* idem *an* copernican *it.* copernicano
copio - are *org.* Draco *el.* transcribere *an.* copy *it.* copiare
coprocessorum -i, *n. org.* Draco *e.l.* idem *an.* coprocessor *it.* coprocessore
coquina -ae, *f. org.* lc. *e.l.* conclave coquinare; etiam ars coquinaris *an.* kitchen *it.* cucina
Coranum -i, *n. org.* Irl *an.* Koran *it.* Corano
corda violinae -ae, *f. org* ivl el. idem *an* violin cord *it.* corda di violino

cordis debilitas *f. org.* Irl *el.* myocardiopathia *an.* myocardiopathy *it.* miocardia
corollarium -ii, *n. org* Irl *el.* mercedula *an* gratuity, tip *it.* buonamano
corrugatio frontis *f org* ivl *el.* idem *an.* frown *it.* aggrottamento
cortina -ae, *f. org.* vulg. *an.* curtain *it.* tenda
coryza -ae, *f. org.* ivl *an.* cold *it.* raffreddore
cosmographia -ae, *f. org.* Irl *e.l.* idem *an.* cosmography *it.* cosmografia
cosmonauta -ae, *m org* Irl *el.* idem *an* cosmonaut *it.* cosmonauta
cramum battutum *n org* ivl *el* idem *an* whipped cream it. panna montata
craticula -ae, *f. org.* ivl *e.l.* idem *an.* barbecue grill *it.* graticola (griglia)
creditum -i, *n. org.* Bad. e.l. credita; fides *an.* credit it. credito
cremlinologia -ae, *f. org.* Irl *el.* idem *an* kremlinology *it.* cremlnologia
crepido ferriviaria -inis, *f org.* ivl *el.* idem *an* train platform *it.* marciapiede(stazione)
crepita -ae, f. *org.* Irl *el.* caligula domestica *an.* slipper (bedroom) *it.* babbuccia
crepito viaria -inis, *f. org.* ivl *el.* idem *an* sidewalk *it.* marciapiede
creta -ae, *f.* ivl *el.* de schola *an.* chalk *it* gesso
cribrum -i, *n. org* ivl *el.* de coquina *an.* sieve *it* crivello
criminologia -ae, *f org* Irl *el.* crimìnum scientia *an.* criminology *it.* criminologia
crines nexiles -m, *pl org* ivl *el* de tonstrino *an* plait *it.* treccia
crocodilus caimanus -i, *m. org.* Irl *an* cayman *it.* caimano
crucigramma -atis, n. *org.* Hefner e.l. verba decussata an. crossword puzzle *it.* parole incrociate
crumina -ae, *f* lc. *an* money purse *it* borsellino
crustulum -i, *m.* ivl. *an.* croissant *it.* foccacina
crustum -i, *n. org.* lc. *e.l.* idem *an.* pastry *it.* pasticino (dolce)
cryptogramma -atos, *n. org.* Irl *an.* cryptogram *it.* criptogramma
cryptographia -ae, *f. org.* Irl *e.l.* idem *an* cryptography it. criptografia
cryptum -i, *n. org.* Irl an. krypton *it.* cripto
cubicularia -ae, *f org.* Irl *el.* cubitoria vestis *an* pygamas *it.* pigiama
cubile pensile *n org.* Irl *an* hammock *it* amaco

cuccuma thearia *f org.* Irl *an* teapot *it.* teiera
cucullus -i, *m org* Irl *el.* syn: papyraceus cucullus *an.* paper bag *it.* cartoccio
cucurbita -ae, *f. org.* ivl *an.* pumpkin *it.* zucca
cucurbitula -ae, *f. org.* Irl *e.l.* idem *an.* Italian squash *it.* zucclino
culcita inflatilis *f. org.* ivl *el.* idem *an* air mattress *it.* matarassino pneumatico
cultualis - e. *org.* Irl *el.* ad cultum pertinens *an* cult (like) *it.* cultuale
cumba Indica *f org.* Irl *an.* dinghy *it.* dinghy
cumba multorum remigum *f org* ig. *an.* racing shell *it.* barca a remi
cummis Americana *f org.* ig. *el.* cummis mandendi *an.* chewing gum *it.* gomma americana
cummis deletilis -is, *f org.* Irl *el.* idem *an* eraser *it.* gomma (cancellare)
cummis masticabilis -is, *f org.* ivl *el.* idem *an* chewing gum *it.* gomma da masticare
Cuparum opifex - *m. org.* Irl *e.l.* doliorum *an.* cooper it. barilaio
cuppedinarius -ii, *m org* Irl *el.* crustularius; siliginarius;dulciarius; pistor *an* confectioner *it* pasticcere
cuppedium -i, *n.* Irl *an.* pastry *it.* pasticcino
curator -oris, *m org* Irl *el eg.* cautionum, nummularius *an.* agent e.g. insurance, bank *it.* agente *e.g.* assicurativo, banca
curator deversorii -oris, *f org.* ivl *el.* idem *an.* hotel manager *it.* albergatore
curator traminis *m. org.* ivl *el.* idem *an.* train guard *it.* capotreno
curia -ae, *f. org.* ivl *an.* town hall *it.* municipio
curriculum (vitae) *n org.* lc *el.* curricula vitae; curricula, *n pl. an.* resume *it.* curriculum
curriculum aeronavium - *n. org.* Irl *e.l.* idem *an.* flight path *it.* pista di volo
curriculum nivale *n org* ivl *el* idem *an* ski run *it.* pista da sci
curriculum praetergressionis *n. org.* Irl *el.* Idem *an.* passing lane *it.* corsia di sorpasso
curriculus lateralis *m org* ivl *el* idem *an* sidecar *it.* motocarrozzetta
currus cursualis -us, *m org* ivl *el.* idem *an* postal truck *it.* vagone postale
currus dormitorius *m. org.* ivl *an.* sleeping car it. vagone a letto
currus electricus *m. org.* ivl *an.* tram *it.* tram
currus escarius - *m org.* ivl *el.* idem *an* dining car *it.* vagone ristorante

currus ferriviarius

currus ferriviarius *m org* Irl *el.* idem *an* train car *it.* carro ferroviario
currus funestus *m org.* Irl *el.* idem *an* hearse *it.* carro funebre
currus instrumentarius *m org* Irl *el.* idem *an* tow-truck *it.* carro attrezzi
currus loricatus *m. org.* Irl *e.l.* currus cataphractus *an.* tank *it.* carro armato
currus pecuarius - *m. org.* Irl *el.* currus pecori transferendo *an.* animal car *it.* carro bestiame
currus postalis *m org.* ivl *el.* vide: 'currus cursualis' *an.* mail van *it.* vagone postale
currus remulcatus *m* ivl *an* trailer *it* rimorchio
currus sarcinarius *m. org.* ivl *el.* idem *an* luggage van *it.* bagagliaio
curruum agmen -*n* Irl *an* convoy *it.* convoglio
cursor -oris, m.*org.* ivl *an.* runner *it.* corridore
cursualis -e Irl *e.l.* idem *an.* postal *it.* postale
cursus brevis -us, *m org* ivl *el.* idem *an* sprint *it.* corsa di velocita'
cursus campester -us, *m org.* ivl *el.* de nartatione per silvam *an.* cross country sking *it.* fondo
cursus citatus - *m org.* ivl *el.* idem *an* gallop *it* corsa al galoppo
cursus electronicus -us, *m. org.* nl *e.l.* litterae electronicae *an.* e-mail *it.* e-mail
cursus pedester *m org* Irl *an* jogging *it* jogging
cursus silvestris - *m. org.* ivl *el.* idem *an* cross country *it.* corsa campestre
cursus spatii longi *m org.* ivl *el.* idem *an* long distance race *it.* corsa di fondo
cursus super obstacula *m org* ivl *el.* idem *an* steeplechase *it.* corsa a ostacoli
cursus super saepimenta *m org.* ivl *el.* idem *an.* hurdle race *it.* corsa a ostacoli
cursus tolutilis *m* ivl *an* trotting race *it* trotto
cursus volaturae *m. org.* ivl *e.l.* idem *an.* trajectory *it.* traiettoria
custodes montani -*m, pl. org.* ivl *el.* idem *an.* mountain rescue service *it.* soccorso alpino
custos parvulorum -odis, *m. org.* Irl *el.* ancilla *an.* nursemaid *it.* bambinaia
custos viae -odis, *m/f. org.* Irl *el.* idem *an.* signalman *it.* cantoniere
cyberspatium -i, *n. org.* Draco *e.l.* spatium cyberneticum *an.* cyberspace *it.* cyberspazio
cyclotron -onis, *n. org.* Irl *e.l.* idem *an.* particle chamber *it.* ciclotrone
cylindrus pressorius - *m. org.* Irl *e.l.* idem *an.* compressor *it.* compressore

decalitrum

cylindrus vaporarius -i, *m org* ivl *el.* idem *an* steamrollor *it.* rullo
cymba automataria *f org* Irl *el.* navigium automatarium, *n an.* motorboat *it.* motobarca
cymba speculatoria automataria *f. org.* Irl *el.* idem *an.* patrol boat *it.* motovedetta
cymbalum -i, *n* Irl *an.* tambourine *it.* cembalo
cymbula -ae, *f. org.* Irl *an.* canoe *it.* canoa
cynismus -i, *m. org.* Irl *an.* cynism *it.* cinismo
cynocephalus -i, *m org.* Irl *an.* baboon *it.* babbuino
cynodromus -i, *m org* Irl *el* idem *an* dog track *it.* cinodromo
dactyliotheca -ae, *f. org.* Irl *e.l.* idem *an.* glass showcase *it.* bacheca
dactyloscopia -ae, *f org* Irl *el.* idem *an* fingerprints (examination) *it.* dattiloscopia
dactylus -i, *m. org.* lc. *e.l.* genus pomi *an.* date *it.* dattero
dadaismus -i, *m. org.* Irl *el.* idem *an.* dadaism, dada *it.* dadaismo
dadaistes -ae,*m org* Irl *el.* dadaismi fautor *an.* dadaist *it.* dadaista
Daiailama -ae, *m. org.* Irl *e.l.* magister Buddhistarum Tibetanorum *an.* Dali-lama *it.* dalailama
dalmatica -ae, *f. org.* Eccles. *e.l.* idem *an.* dalmatic *it.* Dalmatica
daltonìcus -a-um *org* Irl*el* achromatopticus *an* Colour-blind *it.* daltonico
daltonismus --i, *m org* Irl *el* achromatopsis *an* daltonism *it.* daltonismo
Dantianus -a-um *org.* Irl *el.* pertinens ad Dantem Alagherium *an.* Dantean, Dantesque *it* dantesco
Darvinianus -a-um *org* Irl *el* pertinens ad doctrinam Darvinii *an.* darwinian *it.* darviniano
darvinismus -i, *m. org* Irl *el.* Darviniana doctrina *an.* darwinism *it.* darvinismo
data -orum, *n. org.* Draco *el.* informationes *an.* data *it.* dati
datarum ordinatrum -i,*n org* Draco *el.* idem *an* database *it.* base dati
dealbatio -onis, *f org* Irl *el.* dealbandi ratio *an.* bleaching *it.* candeggio
dealbator -oris, *f org.* lc *el.* dealbatrix, *f,* pictor aedium *an.* house painter *it.* imbianchino
decagramma -atis, *n org.* Irl *el.* idem *an* decagram *it.* decagramma
decalogus -i, *m.* Irl *an.* decalogue *it.* decalogo
decalitrum -i, *n org.* Irl *an* decaliter *it* decalitro

86

decametrum -i, *n org* Irl *el.* idem *an.* decameter *it.* decametro

decanus -i, *m. org* ivl *el.* decana, ae; de universitate *an.* dean *it.* preside

decapodae -arum, *f pl org* Irl *el.* decem et pes *an.* decapoda *it.* decapodi

decasyllabus -a-um *org.* Irl *e.l.* idem *an.* decasyllable *it.* decasillabo

decathlon -i, *n.* Irl *an.* decathlon *it.* decathlon

decidiculum -i, *n org* ivl *el.* idem *an.* parachute *it.* paracadute

decimalis ratio *f. org.* Irl *e.l.* idem *an.* decimal system *it.* sistema decimale

decimetrum -i, *n org.* Irl *el.* idem *an.* decimeter *it.* decimetro

decimillimetrum -i, *n org* Irl *el.* idem *an* decimillimeter *it.* decimillimetro

declinometrum -i, *n. org.* Irl *e.l.* declinationis magneticae index *an.* instrument (for magnetic declination) *it.* declinometro

decoctio -ionis, *f. org.* Irl *e.l.* argentariae dissolutio; vide: concursus creditorum *an* bankruptsy *it.* bancarotta

decontegibile-is, *n org* ig. *el.* autocinetum velorio contectum *an.* convertible *it* decappottabile

decumanus-a-um *org* Irl *el* decimalis, decimanus *an.* decimal *it.* decimale

decurio -onis, *m. org.* Irl *e.l.* idem *an.* staff sergeant *it.* sergente

decursio flexuosa *f org.* ivl *el.* de athletica hiberna *an.* slalom *it.* slalom

decursio simplex *f org* ivl *el* de nartatione *an* downhill racing *it.* discesa libera

decursus sclodiae *m org* ivl *el.* de athletica hiberna *an.* toboggan run *it.* pista per slitte

defensor --oris, *m. org.* ivl *e.l.* de pedifollio *an* defender *it.* defensore

deflecto -ere *org.* Irl *e.l.* de autocineto *an.* skid (go into) *it.* sbandare

deflexio-onis, *f orq* Irl *el* de autoceneto *an* skiding *it.* sbandamento

deiectus *(aquae) m.* ivl *an* waterfall *it* cascata

deietio -onis, *f. org.* ivl *el.* deietus-us, *m*; de teniludio *an.* service *it.* sevizio

delecti iudices -*m, pl. org.* Irl *an.* jury *it.* giuria

deminutio pretii *f org* ivl *el* idem *an* price discount *it.* riduzione di prezzo

densitas populationis *f org* Irl *el.* nimia densitas demographica *an.* overpopulation *it* sovrappopolazione

denticulatio -onis, *f org* Irl *el* machinamentum denticulatum (Bacci) *an.* gearing *it.* ingranaggio

denticulatio primaria -onis, *f org.* ig. *el.* de autocineto *an.* first gear *it.* marcia bassa

denticulatio quinta -onis, *f org* ig. *el.* de autocineto an. fift gear it. marcia alta

denticulationem iungo -ere *org.* ig. *el.* de autocineto *an.* put in gear *it.* ingranare

denticulationem muto -are *org.* ig *e.l.* de autocineto *an.* change gears *it.* cambiare marcia

denticulus -i, *m. org.* Irl *e.l.* opus hamatum *an* lace *it.* merletto

dentifricium-i, *n org* Irl *el* idem *an* tooth paste *it.* dentifricio

dentilatio reversa -onis, *f. org.* ig. *e.l.* de autocineto *an.* reverse gear *it.* retromarcia

dentiscalpium -ii, *n. org.* Irl *an.* toothpick *it.* stuzzicadenti

depositorum syngrapharum -i, *n. org.* ivl *el.* de pecuniaque rebus pretiosis *an.* safe-deposit box *it.* cassetta di sicurezza

depulsio ruchetae *f org* ivl *el.* deducens ruchetae *an.* rocket launching *it.* lancio

desultorium -i, *n. org.* ivl *e.l.* de arte palaestrica *an.* trampoline *it.* trampolino

desultura nartatoria *f org* ivl *el.* idem *an* ski jumping *it.* salto dei sci

detrimentum -i, *n. org.* ivl *el.* amissus de faeneratione, chrematographo etc. *an.* loss *it.* perdita

deversorium -ii,*n. org.* Irl *an.* hotel *it* albergo

deverticulum[1] -i, *n org* ivl *el.* locus quo via primaria divertit *an.* fork *it.* Bivio

deverticulum[2]-i, *n. org.* ivl *el.* quoad binae orbitae *an.* railroad junction *it.* scambio

devestio -ire, ivi *org.* ivl *e.l.* exuere vestitus *an* take off clothes *it.* spogliarsi

diaeta -ae, *f* Irl *an* apartment *it* appartamento

diaeta fumatorum *f. org.* ivl *el.* pars conclavis adhibita fumatoribus *an.* smoking compartment *it.* compartamento (fumatori)

diaeta non-fumatorum *f. org* ivl *el.* idem *an* non smoking section *it* compartamento non fumo

diaeta primae classis *f. org.* ivl *e.l.* diaeta secunda classis etc. *an.* first class *it.* prima classe

diaeteticus -a-um *org.* Irl *e.l.* de diaetetica *an.* dietetic *it.* dietetico

diametrum -i, *n. org.* Irl *an.* calibre *it.* calibro

diarium septimanale -i, *n org.* ivl *el.* idem *an* weekly newspaper *it.* settimanale

dichotomia -ae, *f. org.* lrl *e.l.* idem *an.* dichotomy *it.* dicotomia
dictaphonum -i, *n. org.* lrl *el.* genus magnetophonium; etiam dictaphonium *an.* dictating machine *it.* dittafono
didascalia -ae, *f. org.* lrl *el.* explicatio *an.* footnote *it.* didascalia
digitabula -orum, *n pl org* ivl an gloves *it* guanti
digitalis -is-e *org.* Draco *el.* de computrato *etc. an.* digital *it.* digitale
dihedrum -i, *n. org.* lrl *an.* dihedron *it.* diedro
dihodus -i, *m org* lrl *el.* idem *an* diode *it* diodo
diluculum -i, *n org* ivl *el.* idem an dawn *it* alba
dimidium tempus *n. org* ivl *el.* de athletica *an* half it. primo tempo
dimissio emeriti *f. org.* ivl *el.* idem *an.* retirement *it.* pensionamento
dioxinum -i, *n. org.* lrl *an.* dioxane *it* diossina
diploma -atis, n *org* lrl *el.* diploma vehiculo automatario ducendo, *an.* license *it.* patente (di guida)
diploma gubernationis -atis, *n org* ivl *el* vide: 'diploma' *an.* driving license *it.* patente
diploma inventi *n org* lrl *el.* inventionis documentum *an.* patent *it.* brevetto
diribitorium cursuale n. *org.* ivl e.l. idem an. post office it. ufficio postale
discophonum -i, *n. org.* ivl *el.* idem *an* record player *it.* giradisco
discotheca -ae, *f. org* lrl *el.* taberna discothecaria *an.* discotheque *it.* discoteca
discriminatio phyletica *f org.* lrl *el.* idem *an* racial discrimination *it.* discriminazione razziale
disculus -i, *m.* Draco *an.* Diskette *it.* dischetto
discus[1] -i, *m org.* Draco *e.l.* discus compactus, discus durus *an.* disk *it.* disco
discus[2] -i, *m. org.* ivl *el.* de alsulegia glaciali *an* hockey puck *it.* disco da hockey
discus coctorius *m. org.* ivl *e.l.* instrumentum de coquina *an.* hotplate *it.* fornello
discus selectorius *m org.* ivl *el.* de telephono *an.* telephone dia *it.* disco teleselettivo
Diseliana machina vectoria *f org* ivl *el* idem *an.* diesel locomotive *it.* diesel locomotiva
diselianus -a -um *org.* lrl an. diesel it. diesel
dispositor -oris, *m org.* ivl *el.* de cinematographeo *an.* director *it.* regista
distributor benzini *m org* lrl *el.* idem *an* pump attendent *it.* pompista

diuresis -is, *f org* lrl *el.* urinae profluvium, diureticus, a, um *an.* diuresis *it.* diuresi
diurnarius -ii, *m.* lrl *an.* journalist *it* giornalista
divortium -i, *n. org.* ivl *an.* divorce *it* divorzio
divortium curriculorum *n org* lrl *el.* crepido dissaepiens *an.* medium *it.* spartitraffico
docens -entis, *m/f org* ivl *an* teacher *it* docente
docimasia -ae, *f. org.* lrl *e.l.* pervestigatio *an.* testing *it.* docimasia
docimologia -ae, *f. org.* lrl *e.l.* examinandi scientia *an.* science (of testing) *it.* docimologia
doctor machinarius -i, *m. org.* lrl *el.* idem *an.* engineer *it.* Ingegnere
doctoralis - e. ThLL *an.* doctoral *it.* dottorale
doctrina cartesiana *f. org.* lrl *e.l.* adi. Cartesianus *an.* cartesianism *it.* cartesianismo
doctrina genetica *f. org.* lrl *e.l.* idem, *adi.* geneticus *an.* genetics *it.* genetica
doctrina geodynamica *f org.* lrl *el.* geodynamica *an.* geodynamics *it.* geodinamica
documenta -orum, *n org.* ivl *el.* acta -orum, *n. an.* documents (files) *it.* Atti
dolabra automataria *f org* lrl *el* idem *an* trimmer (selfpowered) *it.* decespugliatore
dollarium -ii, *n org* lrl *el.* nummus Americanus *an.* dollar *it.* dollaro
dolo-onis, *m org* ivl *el* genus spadii de arte battuendi *an.* epee *it.* spada
dolo bullatus -m *org* ivl *el.* spadium in arte battuendi *an.* foil *it.* fiorettto
dolor capitis -oris, *m org* ivl *el* idem *an* headache *it.* mal di testa
dolor dentium *m. org.* ivl *e.l.* idem *an* toothache *it.* mal di denti
domiseda -ae, *f.* lrl *an.* housewife *it.* casalinga
domitor ferarum -oris, *m. org.* ivl *el.* idem *an* tamer *it.* domatore
domuncula autocinetica *f org* lrl *el.* idem *an* camper *it.* camper
domuncula subrotata -ae, *f org* ivl *el.* parvus domuncula autocinetica *an.* caravan *it.* caravana
domus editoria -us vel i, *f. org.* lrl *e.l.* societas editoria *an.* publisher *it.* editrice
domus efecttoria *f. org* lrl *el.* societas effecttoria *an.* agency *it.* azienda
domus plurium familiarum -us, *f org.* ivl *e.l.* idem *an.* multiple dwelling *it.* casa plurifamiliare
domus serialis *f. org.* ivl *el.* idem *an* terraced house *it.* casa a schiera

domus unius familiae *f. org.* ivl *e.l.* idem *an.* single home *it.* casa unifamiliare
dosis -is, *f. org.* ThLL *an.* dose *it.* quantita
doxologia -ae, *f.* lrl *an.* doxology *it.* dossologia
drappus -i, *n.* ivl *an.* cleaning rag *it* stofinaccio
drappus lavatorius -*m org* ivl *el* idem *an* face towel *it.* strofinaccio per lavare
dualismus -i, *m org.* lrl *an* dualism *it* dualismo
dualitas -atis, *f. org.* lrl *an.* duality *it* . dualità
ducissa -ae, *f. org.* lrl an. duchess *it.* duchessa
ductus electricus -us, *m. org.* ivl *e.l.* funiculus primaries de commeatu electricitatis *an.* power lines *it.* linea
ductus gasii -*m org* lrl *an* gas pipe *it* gasdotto
dulcacidus -a-um *org.* lrl *e.l.* suaviter asper *an.* bitter-sweet *it.* agrodolce
dulciolum -i, *n org* ivl *el* genus dulcis *an* candy *it.* caramella
duopolium -ii, *n. org.* lrl *e.l.* de oeconomiis *an.* duel-opoly *it.* duopolio
dux cohortis - *m. org.* lrl *e.l.* idem *an* brigadier general *it.* brigadiere generale
dux itinerarius *m. org.* ivl *e.l.* mystagogus *an* turist guide *it.* guida turistico
dynamice -es, *f org* lrl *el.* doctrina de motu *an* dynamics *it.* dinamica
dynamites -is, *f.* lrl *an.* dynamite it. dinamite
dynamon -i, *n.* Bacci an. dynamo it. dinamo
dyscrasia -ae, f. *org.* lrl *e.l.* mixtio mala; trans. perturbatio *an.* dyscrasia *it.* discrasia
ebenum ficticium -i, *n org* lrl *el.* hebenum assimulatum *an.* ebonite *it.* ebanite
ebullitio -onis, *f. org.* lrl *e.l.* idem *an.* effervescence *it.* effervescenza
ecchinococcus -i, *m. org.* lrl *e.l.* idem *an.* echinococcus *it.* echinococco
ecchymosis -is, *f. org.* lrl *el.* vibix, icis, *f an* eccymosis *it.* ecchimosi
ecchymoticus a um *org* lrl *el.* idem *an* bruise (like) *it.* ecchimosi (*med.*)
ecclesia -ae, *f. org.* ivl *e.l.* templum religiosum praesertim Christianum *an.* church *it.* chiesa
ecclesia cathedralis *f org.* ivl *el.* idem *an* cathedral *it.* cattedrale
ecclesialis -e *org* lrl *an* ecclesiastic *it* ecclesiale
ecclesiologia -ae, *f. org.* lrl *e.l.* idem *an.* ecclesiology *it.* ecclesiologia
ecdemicus -a-um *org.* lrl *el.* de morbo *an.* non spreading *it.* ecdemico (med.)
echidna -ae, *f. org.* lrl *an.* echidna *it.* echidna

echinodermata -um, *n pl. org.* lrl *e.l.* idem *an.* echinoderm *it.* echinodermi
echogoniometrum -i, *n. org.* lrl *e.l* idem *an.* echo location *it.* ecogoniometro
echogramma -atis, *n org* lrl *el.* idem *an* diagram (from a sonograph) *it.* ecogramma
echographia -ae, *f. org.* lrl *e.l.* adi. echogramphicus *an.* sonograph *it.* echografia
echolalia -ae, *f org* lrl *el.* voces repercussae *an* echolalia *it.* ecolalia
echometrum -i, *n. org.* lrl *e.l.* idem *an.* echo sounder *it.* ecometro
eclectismus -i, *m. org.* lrl *e.l. adi.* eclecticus *an* eclecticism *it.* eclettismo
eclipsis -is, *f. org.* lrl *el. adi.* eclipticus *an.* eclipse *it.* eclissi
ecphrasis -is, *f acc.* in *org.* ig. *el.* phrasis, genus dicendi *etc. an.* style *it.* stile
ectomia -ae, *f. org.* lrl *e.l.* chirurgica sectio *an.* ectomy *it.* ectomia
ectypa imago *f. org* lrl *el* alta crusta *an* relief (sculpture) *it.* altorilievo
eculeus[1] -i, *m. org.* lrl *e.l.* ligneus eculeus an. easel *it.* cavalletto
eculeus[2] -i, *m. org.* ivl *e.l.* de gymnasticis *an* horse *it.* cavallo
eczema -atis, *n. org.* lrl *e.l.* impetigo- inis, *f an.* eczema (med) *it.* eczema
eden - *indcl. org* lrl *el* paradisus terrestris, *adi.* edenicus *an.* eden *it.* Eden
editio -onis, *f org.* lrl *e.l.* divulgatio operum *an.* edition, publication *it.* edizione
editor -oris, m. *org.* lrl *an.* editor it. editore
editoria -ae, *f. org.* lrl *e.l.* ars editoria *an.* publishing trade *it.* editoria
editorium -i, *n org.* Draco *e.l.* programma editorium *an.* wordprocessor *it.* elaborazione di testi, wordpro
effervescens -entis *org.* lrl *e.l.* fervens (Badellino) *an.* effervescent *it.* effervescente
eideticus -a-um *org* lrl *e.l.* cognitionis *an.* eidetic *it.* eidetico
Einsteinianus -a-um *org.* lrl *e.l.* idem *an.* Einsteinian *it.* einsteiniano
elastica -vis, *f org* lrl *el.* flexibilitas, *adi.* elasticus *an.* elasticity *it.* 'elasticita'
elater -eris, *m. org.* ivl *e.l.* chalybs mollis *an.* spring *it.* molla
electio -onis, *f. org.* ivl *an.* election *it* elezione
elector -oris, *m org.* lrl *an* elector, voter *it.* elettore

electrica stimulatio *f. org.* lrl *e.l.* zinci inductio, vivificatio, onís, *f an.* galvanization *it.* galvanizzazione

electricista -ae, *m. org.* lrl *e.l.* artifex electridis *an.* electrician *it.* elettricista'

electricitas -atis, *f. org.* ivl *e.l.* idem *an* electricity *it.* elettricita'

electricus -a-um *org.* lrl *el.* pertinens ad genus vis *an.* electric *it.* elettrico

electriductus -us, *m. org.* ivl *e.l.* idem *an* wire (electric) *it.* linea elettrica

electrificina -ae, *f. org.* ivl *e.l.* idem *an* power station *it.* centrale elettrica

electrificina nuclearis *f. org.* ivl *e.l.* idem *an.* nuclear power station *it.* centrale nucleare

electris -idis, *f. org.* lrl *e.l.* genus vis *an.* electricity *it.* elettricita'

electrobiologia -ae, *f org* lrl *el.* idem *an* electrobiology *it.* elettrobiologia

electrocardiograhia -ae, *f org* lrl *el.* idem *an* electrocardiograph *it.* elettrocardiografia

electrocardiogramma -atis, *n org* lrl *el.* idem *an.* electrocardiogram *it.* elettrocardiogramma

electrocauterium -ii, *n. org.* lrl *e.l.* electricus cauter *an* cautery (electrically) *it* galvanocauterio

electrochemia -ae, *f. org.* lrl *el.* idem *an* electrochemistry *it.* elettrochimica

electroductus -us, *m. org.* lrl *el.* idem *an* lines (electric) *it.* elettrodotto

electrodynamicus -a-um *org.* lrl *e.l.* idem *an.* electrodynamic *it.* elettodinamico

electrodynamometrum -i, *n. org.* lrl *el.* idem *un.* electrodynamometer *it* elettrodinamometro

electrogenus -a-um *org.* lrl *e.l.* idem *an.* electrogenic *it.* elettrogeno

electrohodus -i, *f.* lrl *an* electrode *it* elettrodo

electrolysis -is, *f. org.* lrl *e.l.* idem *an.* electrolysis *it.* elettrolisi

electrolyticus -a-um *org.* lrl *e.l.* idem *an.* electrolytic *it.* elettrolitico

electrolytum -i, *n. org.* lrl *e.l.* idem *an* electrolyte *it.* elettrolito

electromachinalis disciplina *f org* lrl *el.* idem *an.* electromechanics *it.* elettromeccanica

electromagneticus -a-um *org.* lrl *e.l.* idem *an* electromagnetic *it.* elettromagnetico

electromagnetismus -i, *m org* lrl *el.* idem *an* electromagnetism *it.* elettromagnetismo

electrometrum -i, *n. org.* ivl *el.* idem *an* electric meter *it.* contatore

electrophilus -a-um *org.* lrl *el.* idem *an* charged (electrical) *it.* eletrofilo

electrotechnice - es, *f. org.* lrl *e.l.* electrochemicus usus *an.* galvano-tecnics *it.* galvanotecnica

elenchus -i, *m. org.* lrl *e.l.* index, catalogus *an.* list *it.* elenco

elephantiasis -is, *f. org.* lrl *e.l.* morbus *an* elephantiasis (med) *it.* elefantiasi

embamma -atis, *n org.* ivl *an.* sauce *it.* sugo

emissarium -i, *n. org.* ivl *e.l.* de autocineto *an* exhaust (system) *it.* scarico

emissio radiophonica *f org* lrl *el.* idem *an* radio transmission *it.* radiotrasmissione

emissio televisifica f *org* ivl *el* idem *an* transmission (TV) *it.* transmissione (TV)

emistrum -i, *n org.* ivl *el.* idem *an* station (TV) *it.* stazione (TV)

encomboma -atis, *n.* ivl *an.* overalls *it.* tuta

ensiculus chartarius *m. org.* ivl *e.l.* idem *an.* letter-opener *it.* tagliacarte

ensis falcatus -is, *m org* ivl *el.* de arte battuendi *an.* sabre *it.* sciabola

ephelis -idis, *f* lrl *an.* ephelis, freckle *it.* efelide

ephemeris -idis, *f org* ivl *el* acta diurna *an* daily newspaper *it.* giornale quotidiano

epibata -ae, *m. org* ivl *el.* vector *an.* passenger *it.* passeggero

epimedion -ii, *n.* ivl *an* banisters *it.* ringhiera

epistula accelerata -ae, *f org.* ivl *e.l.* idem *an* express letter *it.* lettera espressso

epistula certificata -ae, *f. org.* ivl *el.* idem *an* certified mail *it.* lettera raccomandata

epistula electronica -ae, *f org* ivl *el.* idem *an* e-mail *it.* posta elettronica

epistula oppignerata -ae, *f org* ivl *el* idem *an* registered mail *it.* lettera assicurata

epitonium -ii, *n. org.* lrl an faucet *it.* rubinetto

epitonium electricum *n. org.* Heffer *el.* idem *an.* switch *it.* interruttore

equipotentia -ae, *f. org.* lrl *el.* idem *an* horsepower *it.* cavallo vapore

equisitus -a-um *org* lrl *el* expolitus, elegans *an* chic *it.* chic

Equites Columbi *m org* lrl *el.* idem *an* Knights of Columbus *it.* cavalieri di Colombo

ergasterium -i, *n org* lrl *el.* domus fabricatoria *an.* factory *it.* fabbrica

ergasterium casearium -ii, *n. org.* lrl *el.* idem *an.* cheese factory *it.* caseificio

ergasterium lithocollare

ergasterium lithocollare - *n. org.* lrl *e.l.* idem *an.* cement factory *it.* cementificio
ergolabus -i, *m org* lrl *el* susceptor operum *an* contractor *it.* Imprenditore
ergon -onis,*n org* lrl *el* de chimia *an* trace (element) *it.* ergone
ergonomia -ae, *f. org.* lrl *e.l.* idem *an.* ergonomics *it.* ergonomia
erneum -i, *n.org.* ivl *an.* blancmange *it* budino
escariorum lavator -oris, *m org.* lrl *el.* patinarum lotor vel machina escariorum lavatoria *an.* dishwasher *it.* lavastoviglie
eschatologia -ae, *f. org.* lrl *e.l.* idem *an* eschatology *it.* escatologia
esotericus -a-um *org.* lrl *e.l.* idem *an.* esoteric *it.* esoterico
ethnologia -ae, *f* lrl *an.* ethnology *it* etnologia
eucalyptus -i, *f.* lrl *an.* eucalyptus *it.* eucalipto
eudaemonia -ae, *f org* lrl *el.* res prosperae *an* eudaemonism *it.* eudemonia
eudiometrum -i, *n. org.* lrl *e.l.* idem *an* eudiometer *it.* eudiometro
euphemismus -i, *m. org.* lrl *el.* syn: euphemia; *adi.* euphemisticus *an.* euphemism *it.* eufemismo
euphonia -ae, *f. org.* lrl *e.l.* gratus sonus; *adi.* euphonicus *an.* euphony *it.* eufonia
euphoticus - a-um lrl *an.* euphotic *it.* eufotico
euro -onis, *m org* vox l. *el.* moneta Europea *an* euro *it.* euro
euronotus -i, *m* lrl *el.* auster, tri *m an.* sirocco *it.* scirocco
eurus (os) -i, *m org* ig. *el.* moneta europaea *an* euro *it.* euro
euthanasia -ae, *f. org.* lrl *e.l.* idem *an.* euthanasia *it.* eutanasia
euthenica -ae, *f. org.* lrl *e.l.* ratio bene vivendi *an.* euthenics *it.* eutenica
euthymia -ae, *f org* lrl *el.* laetitia; tranquillitas animi *an.* wholeness *it.* eutimia
everriculum -i, *n. org.* ivl *an* brush *it* scopetta
everriculum hirtum -*n org* lrl *el* idem *an* floor polisher *it.* spazzolone
excavatrum -i, *n. org.* ivl *e.l.* machina fossoria *an.* backhoe *it.* escavatore
exceptio cinematographica -onis, *f org* ivl *el* idem *an.* shot (film) *it.* ripresa (film)
excisura -ae, *f. org.* ivl *e.l.* idem *an.* neck (of dress) *it.* scollatura
exegesis -is, *f. org.* ThLL *an* eregesis *it.* esegesi

faber lignarius

exeo -ire *org* Draco *el* idem *an* logout *it* logout, uscire una pagina
exercitator -oris, *m. org* lrl *el.* idem *an* trainer (coach) *it.* allenatore
exercitia gymnastica -orum, *n, pl. org.* ivl *e.l.* exercitia libera *an.* physical exercises *it.* esercizi
exercitor -oris,*m org* ivl *an* trainer *it* allenatore
exigibilis -e. *org.* lrl *el.* boni nominis *an* due *it.* esigibile
exlex -egis, *m. org.* lrl *an.* outlaw *it.* fuorilegge
exogenus -a-um *org.* lrl *el.* extrarius *an* exogenous *it.* esogeno
exorcismus -i, *m.* lrl *an* exorcism *it.* esorcismo
exotericus --a-um lrl *an* exoteric *it.* essoterico
experimentalis -e *org. med.* aet. *e.l.* idem *an.* experimental *it.* sperimentale
exploratio -onis, *f org.* lrl *el.* inquisition, percontatio *an.* survey (poll) *it.* sondaggio
explosivus -a-um *org.* Badellino *e.l.* idem *an.* esplosive *it.* esplosivo
expositio artificiorum -onis, *f org* ivl *el* idem *an.* art gallery *it.* galleria
expressionismus -i, *m. org.* lrl *el.* idem *an* expressionism *it.* espressionismo
expressum photographice *n org* lrl *el.* idem *an.* photocopy *it.* fotocopia
exscribo -ere *org* lrl *el* idem *an* copy *it* copiare
exsistens -entis. *org* lrl *an* existing *it* esistente
exsistentia -ae, *f* lrl *an.* existence *it.* esistenza
exsistentialis - e. *org.* lrl *an* existential *it* esistenziale
exsistentialismus -i, *m. org.* lrl *el.* idem *an* exsistentialismus *it.* esistenzialismo
exstinguere *f. org.* ivl *el.* stinguere lumen *an.* turn off *it.* interrompere
exstructorius -a-um *org* lrl *el* idem *an* construction (as adj.) *it.* edile
extracomunitarius -i, *m org* ig. *el.* homo non pertinens ad Unionem Europeam *an.* person (non E.U.) *it.* extracomunitario
extraculum -i, *n. org.* ivl *e.l.* instrumentum *an* corkscrew *it.* cavatappi
extrapolo -are lrl *an* extrapolate *it* estrapolare
exustio spontanea *f org* lrl *el.* idem *an* spontaneous combustion *it.* autocombustione
faber hydraulicus -bri, *m. org.* ivl *el.* idem *an* plumber *it.* idraulico
faber lignarius -bri, *m org* ivl *el.* idem *an* carpenter *it.* falegname

faber scriniarius -bri, *m. org.* ivl *e.l.* idem *an.* cabnet maker *it.* ebanista
fabrica -ae, *f org* ivl *el.* ergasterium industriale *an.* factory *it.* fabbrica
fabrica chartaria *f* ivl *an* papermill *it* cartiera
fabrica chemica *f org* ivl *el.* idem *an* chemical factory *it.* fabbrica di chimica
fabrica porcellanica *f org* ivl *el* idem *an* china factory *it.* fabbrica di porcellane
fabrica textoria *f. org.* ivl *e.l.* idem *an.* textile mill *it.* fabbrica di tessuti
fabricabilis -e *org* lrl *el* aedificandus *an* manufacture (able to be) *it.* fabbricabile
fabricator -oris, *m. org.* lrl *e.l.* opifex, dominus ergasterii *an.* manufacturer *it.* fabricante
facialis - e *org* lrl *el.* ad faciem pertinens *an* facial *it.* facciale
factio politica -onis, f *org* ivl *el* idem *an* party (political) *it.* partito
fagotista -ae, *m. org.* Badellino *e.l.* tibiae magnae modulator *an.* bassoon-player *it.* fagottista
Fahrenheitiana mensura -ae, *f. org* lrl *el.* caloris gradus secundum Fahrenheit *an.* Fahrenheit *it.* fahrenheit
fakirus -i, *m. org.* Bacci *el.* pauper Arabicus *an* fakir *it.* fachiro
falcastrum -i, *n org* ivl *el* falx *an* scythe *it* falce
falconarius -i, *m. org.* Badellino *e.l.* idem *an.* falconer *it.* falconiere
faldistorium -i, *n org* eccl. *el.* poncificale subsellium *an.* faldstool; episcopal seat *it.* faldistorio
fallibilis - e *org* lrl *el.* subdolus *an* fallible *it* fallibile
fallita -ae, f. *org.* vl *e.l.* fractura terrarum crustae (geol.) *an.* fault (geol.) *it.* faglia
farcimen -inis, *n. org.* ivl *an.* sausage *it* salume
fascalis -is, *m.* lrl *el.* idem an. fascist *it* fascista
fascalis factio f *org* lrl *el.* restituti fasces, fascale regimen. *an.* fascism *it.* fascismo
fasciculus chartarum - *m. org.* lrl *e.l.* idem *an* dossier *it.* dossier
fasciola glutinosa *f. org.* lrl *e.l.* adhaerens *an* adhesive tape *it.* nastro adesivo
fasciola talaris *f org.* lrl *e.l* fasciola elastica quam athletae adhibent *an.* ankle brace *it.* cavigliera
fascis cursualis -is, *m.* ivl *an* parcel *it.* pacco
fastigium -ii, *n org* lrl *el.* aedicula velo tecta *an* canopy *it.* baldachino

fauna -ae, *f. org.* ls. *e.l.* animalium genera *an* fauna *it.* fauna
faunisticus -a-um ls. *an* faunistic *it.* faunistica
favonius -i, *m.* ivl *an* hair drier *it* asciugacapelli
fax electrica -cis, *f. org* lrl *el.* pharus autocineticus *an.* headlights *it.* faro
febrifugum -i, *n. org* lrl *el.* medicamentum febrifugium *an.* febrifuge *it.* febbrifugo
febris purpurea *f org* Bad. *el.* idem *an* scarlet fever *it.* scarlattina
fecundatio artificiosa *f org* Badellino *an.* artificial insemination *it.* fecondazione artificiale
fedahini -orum, *m pl org* lrl *el* clandestinus bellator Palaestinensis *an.* fedayeen *it.* fedayin
femina homophila *f.* lrl *an.* lesbian *it.* lesbica
feminalia -ium, *n, pl. org.* ivl *e.l.* vide: 'femoralia' *an.* long underpants *it.* mutanda lunga
feminismus - i, *m. org.* lrl *e.l.* idem *an.* feminism *it.* feminismo
feminista -ae,*m org* ig. *el.* fautor feminismi *an* feminist *it.* feminista
femoralia -ium, *n pl org* ivl *el.* vide: 'feminalia' *an.* long underwear *it.* mutande lunghe
fenestra -ae, *f. org* Draco *el.* idem *an* window *it.* finestra (schermo)
fenestra tabernaria *f org* ivl *el.* idem *an* shop window *it.* vetrina
ferculorum anabathrum - *n. org.* lrl *e.l.* idem *an.* dumbwaiter *it.* montavivande
ferrea lorica *f. org.* lrl *e.l.* protectio ferrata *an* armour *it.* Blinda
ferrivia dentata *f. org.* ivl *e.l.* idem *an.* rack railway *it.* ferrovia cremagliera
ferrivia montana *f org* ivl *el.* idem *an* mountain railway *it.* cabinova
ferrivia subterranea *f. org.* lrl *e.l.* hamaxostichus subterraneus *an.* subway *it* sotterranea
ferrum politorium *n. org* ivl *el.* idem *an* iron *it.* ferro da stiro
ferrum transversum *n. org.* ivl *el.* de gymnastica *an.* horizontal bar *it.* sbarra
ferruminatio -onis, *f. org.* lrl *e.l.* idem *an.* welding *it.* saldatura
ferruminator -oris, *m. org* lrl *el.* idem *an* welder *it.* saldatore
ferula percussionalis *f org.* ivl *el.* malleus repandus, ivl. *an.* hockey stick *it* bastone da hockey
festum -i, *n. org.* ivl *e.l.* celebratio *an.* celebration *it.* festa

festum deii natalis

festum deii natalis -n org ivl *an* birthday party *it.* compleanno

festum nativitatis Dominicae -i, *n. org* ivl *el* idem *an.* Christmas *it.* natale

festum pervigilii Silvestri *n. org.* ivl *e.l.* idem *an.* New Year's Eve *it.* capodanno

fibicula chartarum -ae, *f. org.* ivl *e.l.* idem *an* paper clip *it.* fermaglio

fidicula violina *f. org.* Irl *an.* violin *it.* violino

figulinum -i, *n. org.* Irl *an* ceramics *it* ceramica

figulus -i, *m* Irl *an* ceramics expert *it* ceramista

filtrum -i, *n. org.* ivl *e.l.* idem *an.* filter *it.* filtro

filum -i, *n. org.* Draco *an.* wire *it.* filo elettrico

filum electricum - i, *n org.* ig. *e.l.* de electricitate *an.* electric wire *it.* filo elettrico

fines tuti -*m. pl. org.* Irl *e.l.* intra tutos fines *an.* margine of safety *it.* margine di sicurezza

firmamen iunctionis -inis, *n. org.* ivl *e.l.* idem *an.* belay *it.* sicura

fissio nuclearis f *org* Irl *el.* atomi compaginum scissio *an.* nuclear fission *it.* fissione nucleare

fistula[1] -ae, *f org* Irl *el.* syn: calamus, avena *an* bagpipe *it.* cennamella

fistula[2] -ae, *f org* ivl *el* ad pastam faciendum *an* rolling pin *it.* matterello

fistula hydraulica -ae, *f org* Irl *el.* idem *an* hydrant *it.* idrante

fistula nicotiana *f org* Irl *el.* idem *an* sigarette *it.* sigaretta

fistula organi -ae, *f* ivl *an* organ pipe *it.* canna

flos lactis *m. org.* Irl *e.l. eg.* Fraga cum panna transcensa *an.* Whipped cream *it.* panna

fluentum alternum -i,*n org* ivl *el* de electricitate *an* alternating current *it.* corrente alternata

fluentum continuum -i, *n. org.* ivl *el.* de electricitate *an.* direct current *it.* corrente continua

fluentum triphasicum -i, *n org* ivl *el.* de electricitate *an* three phase current *it* corrente trifase

flurntum electricum -i, *n. org* ivl *el.* idem *an* current *it.* corrente

focale Croatum -is,*n org* Irl *el* licet uti tantummodo focale sine Croatum *an.* tie *it.* cravatta

focile (bifistulatum) -is, *n. org.* ivl *e.l.* idem *an.* shotgun *it.* fucile

focus -i, m *org* ivl *el.* uti potest electricitate vel alia materia eg gasum terrestre *an* stove it cucina

fodina carbonaria -ae, *f. org.* ivl *e.l.* idem *an.* coal mine *it.* miniera di carbone

foederalismus -i, *m. org.* Irl *e.l.* idem *an* federalism *it.* federalismo

Freudianus

foederalista - ae, *f/m. org.* Irl *e.l.* idem *an.* federalist *it.* federalista

foederativus -a-um Irl *an* federal *it* federativo

follem per portam iacio -ere,ieci *org* ivl *el* idem *an.* score a goal *it.* segnare un goal

follem portae infero -ferre, tuli *org* ivl *el* de pedifollio *an.* score a goal *it.* segnare *un* goal

folliludium -i, *n. org.* Irl *el.* pediludium *an* soccer *it.* calcio

folliludium aquatile -i, *n. org.* ivl *el.* idem *an* water polo *it.* pallanuoto

follis aerius (tutorius) -is, *m org* ivl *el* idem *an* airbag *it.* airbag

follis bascaudarius -is, *m. org.* ivl *el.* vide: 'ludus canistri' *an.* basketball *it.* pallacanestro

follis bassus -is, *m org* ivl *el.* vide: 'ludus basipilae' *an.* baseball *it.* baseball

follis ferrarius -is, *m. org.* ivl *el.* idem *an.* bellows *it.* soffietto

follis volaticus -is, *m. org.* ivl *el.* idem *an* volleyball *it.* pallavolo

fomentatio -onis, *f. org.* Irl *e.l.* cataplasma *an.* plaster (*med.*) *it.* cataplasma

forceps -cipis, *m/f. org.* ivl *an* pliers *it* tenaglie

forfex -icis, *m/f. org.* ivl *an.* scissors *it* forbici

foricula volubilis -ae, *f org.* ivl *el.* aliud genus foriculae foricula labens est *an.* roller shutter *it.* persiana avvolgibile

foris -is, *f. org* ivl *el.* de autocineto *an* car door *it.* portiera

formula -ae, *f org.* Irl *el.* ratio *an.* procedure *it* procedura

fornacula electrica - ae, *f org.* ivl *el.* idem *an* electric heater *it.* termoventilatore

fornax metallorum -acis, *f org* Irl *el.* aeraria fornax *an.* blast-furnace *it.* altoforno

forulus reciprocus -i, *m. org.* ivl *e.l.* de mensa scriptoria vel armario *an.* drawer *it.* cassetto

fossor -oris, m. ivl *an.* mineworker *it.* minatore

fractillum -i, *n. org.* Irl *e.l.* pistrilla molendo piperi *an.* pepper grinder *it.* macinapepe

Francomurarius -ii, *m org* Irl *el.* idem *an* freemason *it.* massone

frenum manuale -i, *n. org* ivl *el.* de autocineto etc. *an.* handbrake *it.* freno a mano

frenum necessitatis -i, *n org* ivl *el.* etiam frenum subitae *an.* emergency brake *it.* segnale d'alarme

Freudianus -a-um Irl *an* Freudian *it.* freudiano

frigidarium

frigidarium -ii, n. org. Irl e.l. idem an. ice box, freezer it. ghiacciaia
frons aedificii -tis, f. Irl an. façade it. facciata
frontispicium -i, n. org ivl el. pagina principalis libri vel relationis an. title page it. frontespizio
fucatio -ones, f. org. Irl an make-up it trucco
fulcimen vestiarium - n. org. Irl e.l. idem an. crutch it. stampella
fumarium -i, n. org Ic. el. locus ubi vinum carnemque ad fumandum an smoker it cella fumaria
fumator -oris, m. org. ivl el. homo qui fumat, f fumatrix an. smoker it. fumatore
fumisugium -i, n org Irl el infundibulum (nicotianum), n (Bacci) an. pipe it. pipe
fumo -are org. ivl e.l. fumum tabaci haurio an. smoke it. fumare
funambulus -i, m. Irl an. acrobat it. acrobata
funda vestis -ae, f. org. ivl el. idem an trouser pocket it. tasca
fundulus ambulatilis m org Irl el. reciprocus an. piston it. stantuffo
fune alligor-ari org ivl el de athletica montana an rope up it. legarsi in cordata
fune descend -ere org ivl el de athletica montana an. rope down it. discesa
funiculus electricus -i, m. org. ivl e.l. funis tenuis de electricitate an. electric cable it. cavo
funis chalybeius m. org. Irl e.l. idem an. steel cable it. cavo (accciaio)
funis coaxialis - m. org. ig. e.l. idem an coaxial cable it. cavo coassiale
funis electricus - m orq ig. el. vide: 'funiculus' an. electric cable it. cavo elettrico
funis scansorius -is, m org. ivl e.l. de athletica montana an. climbing rope it. corda
funivia -ae,f org ivl el currus funilis; vehiculum funale an. mountain cableway it. funivia
furnaria -ae, f ivl an baker's shop it. panetteria
fuscinula -ae, f. org. ivl an. fork it. forchetta
fusoria officina f org Irl an foundry it fonderia
fusorium -ii, n org Irl an kitchen sink it acquaio
Gal -indecl. org Irl el. mensura accelerationis - 1 cm. Singulis secundis an. gal (1cm./sec) it. Gal
galacticus -a-um org Irl an galactic it galattico
galactometrum -i, n. org Irl el. instrumentum quo mensuratur composition et densitas lactis an instrument (for density of milk) it. galattometro
galalithes - is, f org. Graec. el. idem an. casein (product of) it. galalite
galaxias -ae, m. org. Irl an. galaxy it galassia

gastronomus

Galenicus -a-um org. Irl an. galenic it galenico
Galileanus -a-um Irl an. Galilean it. galileiano
gallina assata -ae, f. org. ivl el. idem an roast chicken it. pollo arrosto
gallus Indicus m. org. Irl el. gallopavo, onis, m an. turkey it. tacchino
Galvanicus -a-um Irl an. galvanic it. galvanico
galvanismus -i, m org. Irl el. electricarum pilarum studium an. Galvanism it. Galvanismo
galvanometrum-ii,n org Irl el electrometrum, adi. galvanometricus, a-um an. galvanometer it. galvanometro
galvanoplastica -ae, f. org Irl el. electrolithica impressio (Badellino) an. galvanoplasty, electro-deposition it. galvanoplastica
gametogenesis -is, f org Irl el. idem an gametogenesis it. gametogenesi
gangraena -ae, f. org. Irl e.l. ad. gangraenosus an. gangrene it. cancrena
gardenia -ae, f. org. Irl e.l. idem an. gardenia (bot.) it. gardenia
gasarius -ii, m org. Irl e.l. faber gasarius ; gasii domestici distributor an. gas-man, gas fitter it. gassista
gasioleum -i, n org Irl el gasiuni oleosum, gasii oleique mixtura an. diesel fuel, heating oil it. gasolio
gasiometrum -i, n org. Irl el. vaporibus temperandis vas an. tank (distribution) it. gassometro
gasiosa potio f org Irl el. carbonica potio; aqua effervescens (Bacci) an. soda water it. gassosa
gasiosus -a-um org. Irl el. aeriformis, vaporosus (Badellino) an. gaseous, gassy it. gassoso
gasium -ii,n org Irl el. aeriformis substantia an gas it. gas
gasium acetaethylenicum -i, n org Irl an. a-cetylene gas it. acetilene
gasium lacrimogenum n. org. Irl e.l. lacrimatorium an. tear gas it. gas lacrimogeno
gastricus -a-um org. Irl el. stomachicus an gastric it. gastrico
gastritis -is, f. org. Irl el. inflammatio stomachi an. gastritis it. gastrite
gastroentericus -a-um org Irl el. idem an gastroenteric it. gastroenterico
gastronomia -ae, f. org Irl e.l. ad culinam pertens an gastronomy it gastronomia, adi gastronomicus
gastronomus -i, m org Irl el cuppedinarius an gastronome (expert) it. gastronomo

gastroscopia -ae, *f org.* Irl *el.* idem *an.* gastroscope *it.* gastroscopia
gausapina -ae, *f. org.* ivl *e.l.* idem *an.* bath towel *it.* asciugamano da bagno
gelatinum -i, *n org* Irl *el* ius concretum *an* jelly *it.* gelatina
gelida sorbitio *f org* Irl *el* sorbillum glaciatum *an.* ice cream *it.* gelato
gemmologia -ae, *f org.* Irl *el.* margaritarum disciplina *an.* gemmology *it.* gemmologia
gen -*indecl. org.* Irl *e.l.* genum (Helfer) *an* gene *it.* gene
genocidium -i, *n.* Irl *an.* genocide *it.* genocidio
genotypus -i, *m.* Irl *an.* genotype *it.* genotipo
gentiana -ae, *f. org.* ivl *an.* gentian *it* genziana
genus barocum -eris, *n org* ivl *el.* de architectura *an.* baroque *it.* stile barocco
genus conchatum *n. org.* ivl *e.l.* de architecttura *an.* rococo style *it.* stile rococo'
genus florale - *n org* ivl *el.* de architectura *an* art nouveau *it.* stile art nouveau
genus Gothicum *n. org.* ivl *el.* de architecttura *an.* Gothic style *it.* stile gotico
genus Romanicum *n. org* ivl *el.* de architectura *an.* Roomanesque *it.* stile romanico
geocentricus -a-um *org* Irl *an.* geocentric *it.* geocentrico
geodaesia -ae, *f org* Irl *el.* terrarium formae studium, adi. geodaeticus *an* geodesy *it* geodesia
geographus -i, *m. org.* Irl *e.l.* idem *an.* geographer *it.* geografo
geoides -is, *m org.* Irl *an.* geoid *it.* geoide
geologia -ae, *f org* Irl *el adi.* geologicus *an* geology *it.* geologia
geologus -i, *m org* Irl *el.* peritus de geologia *an* geologist *it.* geologo
geolunaris -e *org.* Irl *an.* geolunar *it* geolunare
geomagneticus -a-um *org.* Irl *el* de geomagnetismo *an.* geomagnetic *it.* geomagnetico
geomantia -ae, *f* Irl *an* geomancy *it* geomanzia
geometres -ae, *m. org.* Irl *el.* terrarum mensor *an.* land-surveyor *it.* geometra
geophysica -ae, *f. org.* Irl *el.* geophysice- es, *f*; *adi.*=geophysicus *an.* geophysics *it.* geofisica
geosolaris -e *org.* Irl *an* geosolar *it.* geosolare
geothermica doctrina *f.* Irl *el.* geothermmica *adi.* geothermicus *an.* geothermic studies *it.* geotermica
geotropismus -i, *m org* Irl *el* idem *an* geotropism *it.* geotropismo

geriatria -ae, *f. org.* Irl *e.l.* medicina senectutis *an.* geriatrics *it.* geriatria
gerontocomium -i, *n. org* ivl *el.* locus quo seniores curantur *an.* old people's home *it.* casa per anziani
gerontoiatra -ae, *m. org* Irl *el.* medicus senectutis *an.* doctor (of gerontology) *it.* gerontoiatra
gerontoiatria -ae, *f org.* Irl *el.* geriatria *an.* geriatrics *it.* gerontoiatria
gerontologia -ae, *f org.* Irl *el.* idem *an.* gerontology *it.* gerontologia
gerontologus -i, *m. org.* Irl *el.* idem *an.* gerontologist *it.* gerontologo
gestamen oneris -inis, *n. org.* ivl *e.l.* de athletica gravi *an.* weightlifting *it.* sollevamento
gigantographia -ae, *f org* Irl *el* idem *an* photo-enlargment *it.* gigantografia
glaciata moles *f org* Irl *an* glacier *it* ghiacciaio
glacies edibilis -iei, *f org* ivl *el* vide:'gelida sorbitio' *an.* ice cream *it.* gelato
glandula thyroidea -ae, *f org.* lc. *el.* idem *an.* thyroid gland *it.* ghiandola tiroide
glans ignita *f. org* Bacci *el* glans metatalica *an* bullet *it.* pallottola
glans metallica *f. org.* Irl *el.* idem *an.* projectile *it.* proiettile
globuli gemmi --orum, *pl. org.* ivl *e.l.* de vestimento *an.* cuff-links *it.* gemelli
globulus -i, *m. org.* Irl *e.l.* malleolus *an.* botton *it.* bottone
globus armatorum -i, *m org* Irl *el.* grex armatorum *an.* armed group *it.* banda armata
glossolalia -ae, *f. org.* Irl *el.* idem *an.* glossolalia *it.* glossolalia
glottologia -ae, *f. org.* Irl *e.l.* idem *an.* linguistics *it.* glottologia
glottologus -i, *m.* Irl *an.* linguist *it.* glottologo
gnomum -i, *n. org.* Irl *an.* gnome *it.* gnomo
goniometrum -i, *n org* Irl *el* idem *an* protractor *it.* goniometro
gradalis solutio *f. org.* Irl *el.* idem *an.* amortization *it.* ammortizzamento
graduum series *f org.* Egger *an.* stairs *it* scala
grafum -i, *n org.* ivl *el.* idem *an* wafer *it* cialda
gralvanoscopium -ii, *n. org.* Irl *el.* electroscopium (Badellino) *an.* galvanoscope *it.* galvanoscopio
grammophonum -i, *n org* Irl *el.* grammophonium *an.* record player *it.* giradischi

grana tosta maizae *f org* Irl *el.* idem *an* popcorn *it.* popcorn
grapharium -i, *n. org.* ivl *el.* vide: 'praeceptum medicum' *an.* prescription *it.* ricetta
grapheocrates -ae, *f. org.* Irl *e.l. adi.* grapheocraticus *an.* bureaucracy *it.* burocrate
grapheum -i, *n org* Irl *el.* conclave scriptorium *an.* office *it.* studio
graphium -ii, *n. org.* Irl *el.* plumbatus stilus *an* pencil *it.* matita
graphium coactile -i, *n. org.* ivl *e.l.* de scriptione *an.* felt tip pen *it.* pennarello
graphium replebile -i, *n. org.* ivl *e.l.* de scriptione *an.* fountain pen *it.* penna stilografica
graphium sphaeratum -i, *n. org.* ivl *e.l.* de scriptione *an.* ball point pen *it.* biro
grex interneti -gis, *m. org.* Draco *e.l.* idem *an.* mailing list *it.* lista di discusione, mailing l
grex periegeticus -gis, *m. org.* ivl *el.* idem *an.* tourist group *it.* comitiva
gubernaculum -i, *n org* ivl *el* gubernum parvum *an.* rudder *it.* timone
gubernaculum auxiliare *n org* Irl *el.* idem *an* power steering *it.* servosterzo
gubernator aeronavis *m. org.* Irl *el.* aeroplaniga *an.* pilot *it.* pilota
gubernator autocineti -oris,*m org* ivl *el* vide: 'autoraedarius' *an.* driver *it.* autista
gubernator cymbulae *m. org* Irl *el.* gubernator navis cubiculata; navicularius *an.* gondolier *it.* gondolieri
gubernio localis -onis, *m org* ivl *el* explorator; ductor localis *etc. an.* local guide *it.* pilota pratico
guberno -are *org* ivl *el.* quoad vehi autocrinetum *an.* drive (car) *it.* guidare
gunna -ae, *f. org.* ivl *el.* idem *an.* skirt *it* gonna
gymnasialis -e *org.* Irl *el.* de schola *an* elementary *it.* ginnasiale
gymnasium -i, *n. org.* ivl *el.* idem *an* grammar school *it.* ginnasio
gymnastica -ae, *f org.* ivl *el.* ars palaestrica *an* gymnastics *it.* ginnastica
gynaecologia *f. org.* Irl *el. adi.* gynaecologicus *an.* gynecology *it.* ginecologia
gynaecologus -i, *m. org.* Irl *an.* gynecologist *it* ginecologo
gypsotheca -ae, *f org.* Irl *el.* aedificium, in quo servantur simulacra vel partes architectonicae *an* gallery of casts *it.* gipsoteca
gyroscopium -i, *n org* Irl *an* gyroscope *it* giroscopio

gyrostatum -i, *n org* Irl *el. adi.* gyrostaticus *an* gyrostat *it.* girostato
habitaculum -i, *n. org.* Irl *e.l.* idem *an.* slum dwelling *it.* abitacolo
habitaculum remulcatum -i, *n. org.* ivl *el.* vide: 'domuncula subrotata' *an* trailer *it.* caravana
habitatio-onis, *f org* Ic *an* flat *it* apparatmento
hagiographia -ae,*f. org.* Irl *el.* ars hagiographica *an.* hagiography *it.* agiografia
hagiographus -i, *m. org.* Irl *el.* idem *an.* hagiographist *it.* agiografo
hallux -ucis, *m. org.* ivl *an.* great toe *it.* alluce
halmaturus -i, *m* Irl *an.* kangaroo *it.* canguro
hamaxobius -ii, *m. org.* Irl *an* gypsy *it.* zingaro
hamaxostichus -i, *m* Egger *an.* train *it.* treno
hamaxostichus subterraneus *m. org.* Irl *e.l.* idem *an.* subway *it.* metropolitana
hanseaticus -a-um *org.* Ima *e.l.* idem *an.* hanseatic *it.* anseatico
harakirium -ii, *n. org.* Irl *e.l.* mors voluntaria; voluntaria scissio ventris *an.* harakiri *it.* carachiri
harenatum -i, *m org* ivl *an* plaster *it.* intonaco
harengus-i, m org Irl *el* aringus (Bacci) *an* herring *it.* aringa
harmonica diductilis -ae, *f org* ivl *el* idem *an* accordion *it.* fisarmonica
harmonica inflatilis -ae, *f org* ivl *el.* idem *an.* mouth organ *it.* armonica a bocca
harmonium -ii, *n org* Irl *el* harmonicum instrumentum *an.* harmonium (reed organ) *it* harmoniurn
harpastum -i, *n. org.* ivl *an.* rugby *it.* rugby
harpastum Americanum - i, *n org* ig *el.* idem *an.* football (Am.) *it.* football americano
harpes -es, *f. org.* ivl *e.l.* de arte battuendi *an.* sabre *it.* sciabola
harundo piscatoria -inis, *f org.* ivl *el.* idem *an* fishing rod *it.* canna da pesca
hasisum-i, *n org* Egger *el* indicum soporiferum, sucus cannabinus *an.* hashish *it.* hascisc
hasta ansata -ae, *f.* Irl *an.* halberd *it.* alabarda
hastae parallelae -arum, *pl org* ivl *el* de gymnastica *an.* parallel bars *it.* parallele
hastiludium -ii, *m org.* Irl *an.* joust *it.* giostra
Hebraismus -i, *m org* Irl *el.* religio Hebraica *an* Hebrew *it.* ebraismo
hecatogramma -atos,n *org* Irl *el.* centum scripula (Bacci) *an.* hectogram *it.* ettogramma
hecatontarea -ae, *f. org.* Irl *el.* syn: hectarium *an.* hectare *it.* ettaro

hedonismus

hedonismus -i, *m org* lrl *el* delectatio, *adi*. hedonisticus *an*. hedonism *it*. edonismo
hedonista-ae,*m org* lrl *an* hedonist *it* edonista
Hegelianus -a-um lrl *an* Hegelian *it*. hegeliano
helicopterum -i, *n org*. lrl *el*. idem *an* helicopter *it*. elicottero
herbaria -ae, *f*. org. lrl *an*. botany *it*. botanica
herbisectrum -i, *n*. org. ivl *e.l*. idem *an*. lawn mower *it*. machina tosaerba
hermeneuta -ae, *m. org* lrl *el*. interpres; explicator hermeneuticus *an*. hermeneutic *it*. ermeneuta
herpes -etis, *m. org*. lrl *an*. herpes *it*. erpete
herpetologia -ae, *f. org* lrl *el*. herpetum scientia *an*. herpetology *it*. erpetologia
heterotopia -ae, *f. org*. lrl *el*. idem *an* heterotopy *it*. eterotopia
heuretice -es, *f. org*. lrl *e.l. adi*. heureticus *an*. heuristic *it*. euristica
hierocratia -ae, *f. org*. lrl *el*. sacerdotale imperium, *adi*. hierocraticus *an* hierocracy *it* ierocrazia
hierophania -ae, *f org*. lrl *el*. deorum visio *an*. manifestation (of the sacred) *it*. ierofania
hippalus -i, *m org*. lrl *el*. ventus monsonius *an*. monsoon *it*. monsone
hippocastanus -i, *m org* ivl *el* castanea (arbor) *an*. chestnut tree *it*. castagno
hippodromus -i, *m. org*. lrl *e.l*. idem *an*. track, riding ground *it*. galoppatoio
hirnea cafearia -ae, *f org*. ivl *el*. hirniola cafearia *an*. coffee pot *it*. caffettiera
hirnea theana -ae, *f org* ivl *el*. hirniola theana *an*. teapot *it*. teiera
histrix -icis, *f*. lrl *an*. porcupine *it*. porcospino
Hitlerianus -a-um *org*. lrl *el*. ad Adolfum Hitler pertinens *an*. Hitlerian *it*. hitleriano
hodonomasticus -a-um *org*. lrl *e.l*. ad viarum nomina pertinens. *an*. street (naming) *it*. odonomastico
homo albicomus -i, *m*. lrl *an*. albino *it* albino
hora loci propria *f* lrl *an* local time *it*. ora locale
horae (modernae) *f. org*. lc. *el*. horae modernae incipiunt ab hora VII nocte *an*. modern hours *it*. ore moderne
horae matutinae *f org* lc. *el. eg*. hora decima minuta vicesima mane *an*. morning hours *it*. hore della mattina
horae negotiosae *f. org*. lrl *el*. idem *an*. working hours *it*. ore lavorative

hybridismus

horae postmeridianae f. *org*. ls. *el. e.g*. hora secunda post meridiem *an*. afternoon hours *it*. hore del pomeriggio
horae vespertinae *f. org*. lc. *el. e.g*. hora octava semis nocte (ivl) *an*. evening hours *it*. hore di sera
horarium -i, *n. org*. lrl *el*. idem *an*. timetable, schedule *it*. orario
hordeolus -i, *m. org*. lrl an. stye *it*. orzaiolo
hormo -onis, *m*. lrl *an*. hormone *it*. ormone
horologium -ii, *n org*. lrl *an*. watch *it*. orologio
horologium armillare -i, *n org* ivl *el* idem *an*. wrist watch *it*. orologio a polso
horologium digitale -i, *n. org*. ivl *el*. idem *an*. digital watch *it*. orologio digitale
horologium excitatorium -i, *n org* ivl *el* idem *an*. alarm clock *it*. sveglia
horologium gestabile -i, *n org* ivl *el*. idem *an* pocket watch *it*. orologio da tasca
horologium oscillatorium -i, *n. org*. ivl *e.l*. idem *an*. pendulum clock *it*. orologio a pendolo
horologium parietarium -i, *n org* ivl *el*. idem *an*. wall clock *it*. orologio da parete
horologium pensile -i, *n org*. ivl *el*. vide: 'horologium parietarium' *an*. wall clock *it*. orologio da parete
horologium solare -i, *n. org*. ivl *e.l*. idem *an*. sundial *it*. orologio solare
horologium stativum -i, *n. org*. ivl *e.l*. idem *an*. grandfather clock *it*. orologio a pendolo
horoscopica -ae, *f. org*. lrl *e.l*. idem *an*. horoscope *it*. oroscopia
horreum ordinatrale -i,*n org* ivl *el*. vide: 'discus' *an*. fixed disk *it*. disco rigido
hortulanus -a-um *org* lrl *el*. hortensis; hortensius *an*. horticultural *it*. orticolo
hortus zoologicus -i, *m. org*. ivl *e.l*. therotrophium *an*. zoo *it*. zoo
hosa campestris -ae, *f. org*. ivl *an*. shorts *it*. calzoncini
hospitaculum -i, *n. org*. lrl *e.l*. hospitale cubiculum *an*. guest room *it*. camera degli ospiti
humanismus -i, *m org*. lrl *el*. studia humanitatis, artes liberales *an*. humanism *it*. umanesimo
hyalinus -a-um *org*. lrl *e.l*. vitreus *an*. hyline, translucent *it*. ialino
hyalites -is,*m org* science *el* genus opali *an* hyalite (Muller's glass) *it*. ialite
hyalus -i, *m. org*. ivl *el. e.g*. hyalus cervesarius, vinarius etc. *an*. glass *it*. bicchiere
hybridismus -i, *m* lrl *an* hybridism *it*. ibridismo

hybridologia

hybridologia -ae, *f org* Irl *el.* idem *an.* hybridism (study) *it.* ibridologia
hydnocarpus -i, *m. org.* Irl *e.l.* idem *an.* chaulmoogra *it.* chaulmoogra
hydrargyrus -i, *m.* Irl *an* mercury *it.* mercurio
hydrarthrosis -is, *f. org.* Irl *e.l.* artuum inflammatio syn: arthrosis hydropica *an.* inflamation (of joints) *it.* idrartrosi
hydrarthrum -i, *n. org.* Irl *el.* artus hydropicus; hydrarthron i, n *an.* articular (serum build-up) *it.* Idrartro
hydrobiologia -ae, *f. org.* Irl *e.l. adi.* hydrobiologicus *an.* hydrobiology *it.* idrobiologia
hydrocephalia -ae, *f org* Irl *el* cerebrum aquosum; hydrocephalus, *adi.* hydrocephalicus *an.* hydrocephaly *it.* idrocefalia
hydrocineticus -a-um *org.* Irl *e.l.* idem *an.* hydrokinetic *it.* idrocinetico
hydrocultura -ae, *f. org.* Irl *e.l.* cultura (cultus) in aqua *an.* hydro-culture *it.* idrocoltura
hydroelectricus -a-um *org.* Irl *el.* idem *an.* hydroelectric *it.* idroelettrico
hydroextractorium -ii, *n org.* Irl *el.* humorum instrumentum extractorium *an.* hrdroextractor *it* idroestrattore
hydrofricatio -onis, *f org.* Irl *el.* hydrotractatio *an.* hydro-massage *it.* idromassaggio
hydrofugus -a-um *org.* Irl *el.* hydroexpulsorius *an.* waterproof *it.* idrofugo
hydrogenum -i, *n. org.* Irl *el.* hydrogenium *an.* hydrogen *it.* idrogeno
hydrogeologia -ae, *f org.* Irl *el.* aquarum naturae doctrina *an.* hydro-geology *it.* Idrogeologia
hydrographia -ae, *f. org.* Irl *e.l.* aquarum descriptio ; res hydrologicae, *f pl. an* hydrography *it* idrognafia
hydrographicus -a-um *org* Irl *el.* idem *an.* hydrographic *it.* idrografico
hydrographum -i,*n org* Irl *el.* aquarum instrumentum descriptorium. *an.* instrument (for water level/flow) *it.* idrometro (livello/corrente)
hydrologia -ae, *f. org.* Irl *el.* de aquis doctrina, hydrologicus-a-um *an.* hydrology *it.* idrologia
hydrologus -i, *m. org.* Irl *e.l.* idem *an.* hydrologist *it.* idrologo
hydrolysis -is, *f. org.* Irl *e.l.* solutio per aquam *an.* hydrolysis *it.* idrolisi
hydrolyticus -a-um *org* Irl *el* hydrolytica via *an* hydrolytic *it.* idrolitico
hydromeli -itis, *n. org.* Irl *el.* hydromel, ellis, *n. an.* hydromel *it.* idromele

iactura

hydrometallurgia -ae, *f. org.* Irl *e.l.* idem *an.* hydrometallurgy *it.* idrometallurgia
hydrometria -ae, *f org* Irl *el* aquae metiendae doctrina, hydrometricus, a, um *an* hydrometry *it.* idrometria
hydrometrum -i, *n org* Irl *el.* aquae libramenti index *an.* hydrometer *it* idrometro *peso specifico*
hydrophilus -a-um *org* Irl *el* bibulus *an* hydrophilic *it.* idrofilo
hydrophobia -ae, *f org* Irl *el adi.* hydrophobus *an.* hydrophobia *it.* idrofobia
hydrophonum -i, *n. org.* Irl *e.l.* hydrophonium *an.* hydrophone *it.* idrofono
hydropinicus -a-um *org* Irl *el. e.g.* cura hydropinica *an.* mineral-water (as cure) *it.* idropinico
hydropinotherapia -ae, *f org* Irl *el.* cura aquis medicatis *an.* cure (by mineral water) *it* Idropinoterapia
hydroplanum -i, *n org* Irl *el.* volatile navigium *an.* seaplane *it.* idrovolante
hydrops -opis, *m org* Irl *el.* Syn: languor aquosus *an.* hydrops *it.* idropisia
hydroscopium -ii, *n. org.* Irl *e.l.* speculatorium aquarum instrumentum *an.* hydroscope *it.* idroscopio
hydrosphaera -ae, *f org* Irl *el.* aquarum globus *an.* hydrosphere *it.* idrosfera
hydrostaticus -a-um *org* Irl *el* idem *an* hydrostatic *it.* idrostatico
hydrotherapicus -a-um *org* Irl *el* idem *an* hydrotherapy *it.* idroterapico
hydrothermalis -e *org* Irl *el* fons aquarum calentium *an.* hydrothermal *it.* Idrotermale
hypertextus -us, m. *org.* Draco *e.l. adi.* hypertextualis,is-e *an.* hypertext *it.* ipertesto
hypnotherapia -ae, *f. org.* Irl *e.l.* idem *an.* hypnotherapy *it.* ipnoterapia
hypotheca -ae, *f. org.* Irl *e.l.* pignus *an.* mortgage *it.* ipoteca
hypothecarius -i, *m org.* Irl *el.* idem *an.* mortgager *it.* ipotecario
hypozonium -i, *n org* ivl *el.* idem *an* slip (full-length) *it.* sottoveste
hypsometrum -i, *n org.* Irl *e.l.* altimetrum *an.* altimeter *it.* altimetro
iacca -ae, f. *org.* ivl *el.* idem *an.* jacket *it* giacca
iacca nartatoria -ae, *f. org.* ivl *e.l.* idem *an.* ski jacket *it.* giacca a vento
iactura -ae, *f org.* ivl *el. e.g.* Detrimentum faeneratione *an.* loss *it.* perdita

iactus angularis -us, *m org* ivl *el.* de pedifollio *an.* corner kick *it.* calcio d'angolo
iactus disci -us, *m. org.* ivl *e.l.* de athletica *an.* disc throw *it.* lancio del disco
iactus septem metrorum -us, *m. org.* ivl *e.l.* de manufolle *an.* seven m. throw *it.* lancio di 7 metri
iactus undecim metrorum -us, *m. org* ivl *el.* de pedifollio *an.* penalty *it.* calcio di rigore
iaculatio iaculi -onis, *f. org.* ivl *el.* idem *an.* javelin throwing *it.* lancio del giavelloto
iacultio mallei -onis, *f org.* ivl *el* idem *an* hammer throwing *it.* lancio del martello
iaguara -ae, *f org.* lrl *el.* felis onca *an.* jaguar *it.* giaguaro
ianitor -oris, *m org* ivl *el.* de pedifollio *an* goalkeeper *it.* portiere
iassiacus -i, *m. org.* lrl *e.l.* iazensis musicus *an.* jazzist *it.* jazzista
iavanthropus -i, *m. org.* lrl *e.l.* homo Iavensis primigenius *an.* javaman *it.* javantropo
icasticus -a-um *org.* lrl *e.l.* ut imago picta accurata *an.* graphic, pictorial *it.* icastico
ichnographia -ae, *f. org.* lrl *e.l.* adi. ichnographicus *an.* groundplan (arch.) *it.* icnografia
ico -ere *org* ivl *el* de ictu artis battuendi; etiam tangere *an.* hit *it.* stoccata(fare)
icon-onis, *f* lrl *el.* imago sacrata *an* icon *it* icona
iconoclasta -ae, *f. org.* lrl *el.* eversor sacrarum iconum; iconomachus *an* iconoclast *i.* iconoclasta
iconoclasticus -a- um *org* lrl *an* iconoclastic *it* iconoclastico
iconographia -ae, *f org.* lrl *el* adi. iconographicus *an.* iconography *it.* iconografia
iconographus -i, *m. org.* lrl *el.* sacrarum imaginum. pictor vel venditor *an.* seller (of sacred images) *it.* madonnaro
iconolatra -ae, *m org* lrl *el.* cultor imaginum *an* icon worshiper *it.* iconolatra
iconolatria -ae, *f. org.* lrl *e.l.* cultus imaginum, imaginum adoratio *an.* iconolatry *it.* iconolatria
iconologia -ae, *f. org.* lrl *e.l.* interpretatio imaginum *an.* iconology *it.* iconologia
iconologus -i, *m. org.* lrl *el.* imaginun interpres *an.* iconologist *it.* iconologista
iconomachia -ae, *f org* lrl *el.* eversio sacrarum iconum *an.* iconoclasm *it.* iconoclastia
iconoscopium -ii, *n org.* lrl *el.* idem *an.* iconoscope *it.* iconoscopio
iconostasis -is, *f org.* lrl *el.* idem *an.* iconostasis *it.* iconostasi

iconotheca -ae, *f. org.* lrl *e.l.* iconum collectio *an.* icon collection *it.* iconoteca
ictus[1] -us, *m org* ivl *el.* de pilamalleo *an.* stroke *it.* colpo
ictus[2] -us, *m. org.* ivl *e.l.* de arte battuendi *an.* thrust *it.* stoccata
ictus directus -us, *m org* ivl *el.* de teniludio *an* forehand *it.* diritto
ictus inversus -us, *m org* ivl *el* de teniludio *an* backhand *it.* rovescio
ictus manuballistae *m org* lrl *el* idem *an* rifle shooting *it.* fucilata
idealismus -i, *m org.* lrl *e.l.* idem, *adi.* idealisticus *an.* idealism *it.* idealismo
idealista -ae, *m. org.* lrl *an.* idealist *it.* idealista
ideocratia -ae, *f org* lrl *el.* idearum prorsus imperium *an.* ideo-cracy *it.* ideocrazia
ideocratismus -i, *m. org.* lrl *e.l.* nimia conceptuum potentia; nimium imperium notionum *an.* political idealism (over applied) *it.* ideocratismo
ideogramma -atis, *n. org.* lrl *e.l.* nota ideographica *an.* ideogram *it.* ideogramma
ideographia -ae, *f. org.* lrl *e.l.* idem; *adi.* ideographicus *an.* ideography *it.* ideografia
ideologia -ae, *f. org.* lrl *e.l.* idem; *adi.* ideologicus *an.* ideology *it.* ideologia
ideologista -ae, *m org* lrl *el.* idem *an.* ideologist *it.* ideologista
idiomaticus -a-um *org.* lrl *e.l.* idem *an* idiomatic *it.* idiomatico
ientaculum -i, *n org* lc. *el.* idem *a* breakfast *it* prima colazione
iento-are *org* ivl *el* facere ientaculum *an* breakfast (to) *it.* fare colazione
igniarium chalybeium -i, *n org* lrl *el* idem *an* flintlock *it.* acciarino
ignifer silurus *m. org.* lrl *an.* torpedo *it.* siluro
ignitabulum -i, *n. org.* lrl *el.* vide: 'ignitabulum nicotianum' *an.* lighter *it.* accendino
ignitabulum nicotianum -i,*n org* lrl *el.* incendibulum nicotianum *an* cigarette lighter *it* accendisigari
ignitio -onis, *f. org.* lrl *e.l.* machinationis ignitio *an.* ignition (motor) *it.* accensione
imago ridicula *f* lrl *an* caricature *it* caricatura
imaguncula -ae, *f. org.* lrl *el.* lepida imago *an.* cartoon, sketch *it.* Ignetta
imaguncula Disneyana *f org.* lrl *el.* idem *an.* cartoon *it.* cartone animato
immissarium benzini -i, *n org* ivl *el.* idem *an* gas tank *it.* sebatoio

immistrum

immistrum -i, n. org ivl el. de electricitate an plug (male) it. spina
immoralis -e org lrl an. immoral it. immorale
impilia -orum, pl. org. ivl an. socks it. calzini
impressio digitalis f org lrl el idem an fingerprint it. impronta digitale
impressorium -i, n org ivl el. de ordinatro an. printer it. stampante
incido -ere org. lrl el. incidere in magnetophonio an. tape it. registrare
incitatrum -i, n org ivl el. de autocineto an ignition it. avviatore
incognitum -i, n org lrl el. idem (math) an. unknown it. incognita
indagator -oris, m. org. ivl e.l. f=indagatrix an. detective it. investigatore
index[1] -icis, m org. Draco an pointer it. indice
index[2] -icis, m org ivl el. de horologio an clock-hand it. lancetta
index hamaxostichorum m. org. lrl e.l. idem an. train schedule it. orario ferroviario
index horarum m org lrl el. idem an hand (of a clock) it. lancetta
index natalium m org lrl el. idem an. natality (birth rate) it. natalità
index plicarum -icis, m org. Draco el. idem an directory it. direttorio
index telephonicus -icis, m org ivl el idem an telephone book it. elenco telefonico
indolentia -ae, f. org. lrl e.l. indoloria an. analgesia it. analgesia
induco -ere org Draco an input it. inserire dati
indusiolum -i,n org lrl el amictorium an blouse it. camicetta
industria machinalis f. org. lrl el. quaestuosa industria an. industry it. industria
ineo -ire org Draco el. idem an. logon it. logon
infantaria -ae, f lc an. baby-sitter it. babysitter
ingeniarius -i, m org. ivl el. f ingeniaria an engineer it. ingegnere
iniectus lateralis -us, m. org. ivl e.l. de pedifollio an. throw-in it. rimessa laterale
initiatio systematis-ionis, f org Draco el idem an. booting-up it. inizio del computer
initium cursus -i, n org. ivl el. de athletica cursus an. start it. partenza
initus -us, m org Draco el. e.g. initus exitusque an. input it. input m
inscriptio cursualis f org lrl an. address it indirizzo

interrogator

insecticidium -i, n org. Helfer el. idem an. pesticide it. pesticida
inservitor -oris, m org ivl el triclinarius an barman it. barista
inspectio corporis f org. lrl el. idem an. medical exam it. esame medico
inspector -oris, m org lrl an auditor it revisore
inspector traminis -oris, m org ivl el idem an inspector it. conduttore
installo -are org. Draco an. install it. installare
institorium -i, n org ivl el. commercium an retailing it. commercio
instrumenta domestica -n, pl org ivl el idem an. household appliances it. utensili da casa
instrumenta escaria -n, pl org ivl el. idem an cutlery setting it. posata
instrumentum cinematicum -i, n. org. ivl el. vide: 'cinematographeum' an film camera it cinepresa
instrumentum cinematographicum-i,n org ivl el. vide:'cinematographeum' an film camera it cinepresa
instrumentum cuspidarium -i, n. org. ivl e.l. idem an. pencil sharpener it. temperamatile
instrumentum emissorium - i, n. org. ivl e.l. statio emissoria; vide emistrum an. broadcasting station it. stazione transmittente
instrumentum ferruminatorium -i, n org ivl e.l. idem an. soldering iron it. saldatoio
instrumentum lasericum -i, n. org. Egger el. idem an. laser it. laser
instrumentum photographicum -i, n org. ivl el vide:'machina photographica' an photo camera it. apparecchio fotografico
insula -ae, f. org. lrl e.l. idem an. appartment building it. casamento
insula corallica, f lrl el atollus an atoll it atollo
integer -gri, m. org. Draco el. numerus integer an. integer it. integro
integumentum astrictorium -i, n. org. ivl el. idem an. folder it. cartella
internationalis -e org lrl an international it internazionale
internetum -i, n org Draco el interrete,is n an internet it. internet, la rete
interphyleticus -a-um org lrl el idem an interracial it. interrazziale
interrogatio politica -onis, f. org. ivl e.l. idem an. opinion poll it. sondaggio d'opinione
interrogator -oris, m org ivl el. idem an interviewer it. intervistatore

Interruptus -us, *m. org.* Draco *el.* idem *an.* interrupt *it.* che interrompe un programma
investigator -oris, *m org* Irl *el.* vide: indagator *an.* investigator *it.* investigatore
involucre -is, *n org* ivl *el.* adhibitum in tonstrina *an.* cape *it.* mantellina
involucrum -i, *n org* Irl *el.* tegumentum *an* envelope *it.* busta
involucrum crispatorium -i, *n. org.* ivl *e.l.* de tonstrina *an.* curler *it.* bigodino
involucrum epistulare -i, *n. org.* ivl *e.l.* vide: 'involucrum' *an.* envelope *it.* busta
ioga -ae, *f. org.* Irl e.l. idem *an.* yoga *it.* yoga
iogurtum -i, *n org* ivl *el.* genus cibi *an* yoghurt *it.* yogurt
ion -onis, *m. org.* Irl *e.l.* idem *an.* ion *it.* ione
irradians vis *f org* Bacci *el.* vis radiis agens *an.* radioactivity *it.* radioattività
irrationalis -e *org* Irl *an* irrational *it* irrazionale
irrigo (caespitem) -are org ivl *el* idem *an* water the lawn *it.* anafiare
isicium Hamburgense *n. org.* Egger *e.l.* idem *an.* hamburger *it.* hamburger
islamismus -i, *m. org.* Irl *an.* islam *it.* islam
issum -i, *n org* Draco *el.* iussum in computatro *an.* command *it.* comando
iter narticum *n org* Irl *an* ski run *it* pista da sci
itinerans -antis, *m/f org.* ivl *an.* traveller *it.* viaggiatore
Iudaismus -i, *m org.* Irl *el.* Hebraismus *an.* Judaism *it.* Giudaismo
iudex linearius -icis, *m org.* ivl *el.* de pedifollio *an.* linesman *it.* guardalinee
iunctio velocitatum -onis, *f org.* ivl *e.l.* vide: denticulatio Irl *an.* gear system *it.* ingranaggio
iuris consultus -i, *m. org.* ivl *e.l.* causae actor; advocatus Irl. *an.* lawyer *it.* avvocato
ius Magonianum *n org.* Egger *an.* mayonaise
iusculum -i, *n. org* ivl el. ius *an.* soup *it.* zuppa
iuvenale diversoriolum *n. org.* Irl *e.l.* hospitiolum *an.* hostel *it.* ostello
kimonum -i, *n org* Egger *an* kimono *it* chimono
kivium -ii, *n. org.* Irl *el.* idem *an.* kiwi *it.* kiwi
labellum -i, *n. org.* ivl *e.l.* adhibetur ad faciem manusque lavandas *an.* sink *it.* lavandino
labina nivalis -ae, *f org.* ivl *an.* avalanche
laboratorio addictus *m org.* Irl *e.l.* syn: technicus *an.* technician *it.* laboratorista
laboratorium -ii, *n. org.* Irl *e.l.* E.g. officina investigationis medicae *an* laboratory *it* laboratorio

laboratorium siderale *n. org.* Irl *el.* idem *an.* spacelab *it.* spacelab
labriformis -e *org.* Irl *e.l.* labris similis *an.* lip (shaped) *it.* labbriforme
lac coagulatum -tis, *n org* ivl *el* etiam lac concretum *an.* ricotta *it.* ricotta
laconicum -i, *n org.* Ic *el.* sudatorium, sudatio *an.* sauna *it.* bagno da sudore
lacrimalis -e *org.* Irl *an.* lacrirnal *it.* lacrimale
lacrimatorius -a-um *org* Irl *el eg.* gasium lacrimatorium *an.* lachrymatory (adj.) *it.* lacrimogeno
laganum -i, *n. org.* Irl *el.* pasta segmentata *an.* lasagna *it.* lasagna
lalophobia -ae, *f org* Irl *el.* horror loquendi *an* fear (of speaking) *it.* lalofobia
lama -ae, *f. org.* Irl *e.l.* sacerdos Tibetanus, magister *an.* lama *it.* lama
lama anchenia *f. org.* Irl *an.* lama *it.* lama
lamella collineans *f org.* Irl *el.* idem *an.* sight (gun) *it.* mirino
lamina ferrea *f org* Irl *an.* sheet-iron *it* lamiera
lamina fictilis -ae, *f org.* ivl *el* de balneo, pavimento, culina etc. *an.* tile *it.* piastrella
lamina insculpta *f org.* Irl *el.* insigne metallicum, lamina numeris distincta *an.* name plate *it.* targa
lamina rasoria *f org* Irl *an.* gillette *it* gillette
lamina solaris *f org* Irl *el.* idem *an* solar panel *it.* pannello solare
laminatus -a-um *org* Irl *el.* lamellatus *an* laminated *it.* faldato
lampada electrica -ae, *f org* ivl *el.* vide: 'lampas electrica' Irl. *an.* light bulb *it.* lampadina
lampadium mauale -ii, *n. org.* Irl *el.* idem *an.* flashlight *it.* lampadina tascabile
lampas electrica -adis, *f. org.* Irl *el.* vide: 'lampada electrica' *an.* light bulb *it.* lampadina
lanificium -ii, *n. org.* Irl *el.* Syn: lanaria officina *an.* wool factory *it.* lanificio
lanolinum -i, *n. org.* Irl *an.* lanolin *it.* lanolina
lanterna -ae, *f org* ivl *el.* lampas viae *an* streetlight *it.* lampione
lanx pomaria *f. org.* Irl *el.* idem *an* fruit platter *it.* fruttiera
laophorium minutum *n. org.* Irl e.l. idem *an.* minibus *it.* minibus
laophorum -i, *n. org.* Irl *an.* bus *it.* autobus
lapidatio -onis, *f org* Irl *el* lapidum coniectio *an* stoning *it.* sassaiola
lapillus cretaceus -m. Irl *an.* chalk *it.* gessetto

lapis scriptorius m org Bacci el. graphis plumbea an. pencil it. lapis

later coctilis -eris, m org ivl el de molitione an baked brick it. mattone

lateraria -ae, f org Irl el. idem an. brick factory it. mattonificio

latronum consociatio f. org. Irl e.l. idem an. organizied crime it. criminalità organizzata

latruncularius -a-um org Irl el. idem an chess (adj.) it. scachistico

laxativum -i, n org. Irl el. medicamentum purgatorium an. laxative it. lassativo

lecticula -ae, f org Irl el. syn: pulvinar an couch it. divano

lectulus -i, m org Irl an easy chair it. dormeuse

lembus lusorius m org. Irl an. yacht it. yacht

lexicographia -ae, f. org. Irl e.l. idem an. lexicography it. lessicografia

lexicographus -i, m org. Irl el. idem an lexicographer it. lessicografo

lexicon -i, n. org. Irl e.l. thesaurus verborum; vocabularium an. dictionary it. dizionario

libellus comparsorum -i, m. org. ivl el. de argentaria an. savings book it. libretto di risparmio

libellus satyricus -i, m org Irl el idem an pamphlet it. pamphlet

liber gestabilis m org Irl el. liber portabilis an soft cover (book) it. libro tascabile

liber palmaris -bri, m org. ivl e.l. idem an. paperback it. tascabile

libra aquaria -ae, f. org. ivl el. adhibita in arte fabrilis an. level it. livella a bolla

libratus volatus m. org. Irl e.l. volatus labens an. gliding it. planamento

libum mellitum -i, n. org. ivl el. idem an. gingerbread it. panpepato

ligamen -inis, n org. Draco el. coniunctio (computatralis) an. link it. link

ligatura nartae -ae, f. org. ivl e.l. idem an. ski binding it. attacco di sicurezza

ligneolum flammiferum -i, n org Irl el ramentum sulphuratum an. wooden match it. fiammifero di legno

lignum pulsorium -i, n. org. ivl el. de ludo basipilae an. bat it. mazza

limonata -ae, f org ivl el. de potione an. lemonade it. limonata

linea lateralis -ae, f org ivl el de pedifollio an. touch line it. linea laterale

lingua machinalis -ae, f org Draco el idem an assembly language it. assemblatore

lingua Zamenhofiana f org Irl el. Zamenhof, nomen inventoris huius sermonis an esperanto it Esperanto

linoleum-i,n org Helfer an linoleum it linoleum

liquor fixatorius -oris, m org. ivl el. de capillis an. hair lotion it. fissatore

lithocolla -ae, f. org. Irl e.l. caementum; adi. lithocollaris, e an. cement it. cemento

littera maiuscula -ae, f org. ivl el. idem an capital letter it. lettera maiuscola

littera minuta f org Irl el. littera minuscula an small letter it. minuscola

litterae crassiores f. org. Irl el. impudens, insolens an. boldface it. neretto, grassetto

locatio autocinetorum -ionis,f org Irl el idem an. parking place it. autonolegio

locator operae-oris, m org ivl el. idem an employee it. prestatore d'opera

loculamentum -i, n org. Irl an. rack it scaffale

loculamentum 1 -i, n. org. Irl el. chartularium syn : armarium an. filing cabnet it. cartelliera

loculus[1] -i, m. org. Irl e.l. cellula, areola, loculamentum an. pigeon-hole it. casella

loculus[2] -i, m. org. Irl an. drawer it. cassetto

locus receptorius -i, m org. ivl el. de deversorio etc. an. reception it. ricezione

locus superior -i, m. org. ivl e.l. de theatro an. gallery it. terza fila

lomentum -i, n org. ivl el. sapo de machina lavatoria an. detergent it. detersivo

lucta caratica -ae, f. org. ivl el. de athletica et certamine an. karate it. karate

lucta iudoica -ae, f. org. ivl el. de athletica et certamine an. judo it. judo

ludicer -cra-crum org. Irl el. recerandi vim habens an. recreational it. ricreativo

ludus baculi pilaeque -i, m org ivl el de athletica an. cricket it. cricket

ludus basipilae -i, m org. Irl el. idem an. baseball it. baseball

ludus bis binorum -i, m. org. ivl e.l. ludere tenisiam cum quattuor hominibus an. doubles it. doppio

ludus canistri - m. org. ig. el. ludus pilae et canistri an. basketball it. pallacanestro

ludus follis ovati m org Irl an. rugby it. rugby

ludus glacialis conorum -i, m org. ivl el. luditur in Canada an. curling it. curling

ludus pilae Badmintonicae -i, n. org. ivl e.l. ludus pilae pinnatae an. badminton it. il volano

ludus pilae mensalis m. *org*. Irl *e.l.* idem *an*. ping-pong *it*. ping-pong

ludus scacorum -i,*m org* ivl *an* chess *it* scacchi

ludus singularis -i, *m org* ivl *el*. de tenisia *etc*. *an*. singles *it*. singolo

lumbago -inis, f *org*. ivl *el*. dolor lacertorum in lumbo *an*. lumbago *it*. lombaggine

lumen eletricum - inis, *n*. *org*. ivl *e.l*. idem *an*. electric light *it*. luce elettrica

lumen intermittens -inis, *n org* ivl *el* idem *an* flashing light *it*. segnale intermittente

lumen posticum -inis, *n*. *org*. ivl *e.l*. idem *an*. tail light *it*. fanale posterior

luminare -is, *n org* ivl *el* de autocineto *an* light *it*. faro

lupulus -i, *m*. *org*. ivl *el*. genus plantae *an*. hop *it*. luppolo

lusor latrunculorum - *m*. *org*. Irl *e.l*. idem *an*. chess-player *it*. scacchista

lusor pilamallei *m*. *org*. Irl *e.l*. follis fustisque lusor *an*. golfer *it*. golfista

lusus chartularum -us, *m org* ivl *el*. idem *an*. card game *it*. partita di carte

lusus conorum -us,*m org* ivl *el*. ludus Anglicus luditur cum novem conis *an*. skittle *it*. gioco dei birilli

luticipulum -i, *n org* Irl *el*. obiex adversus cineres *an*. fender *it*. Paracenere

lychnuchus -i, *m org* Irl *el*. lampadis umbraculum (Bacci) *an*. light socket *it*. portalampada

lycopersica condita *f org* Irl *el*. idem *an* tomato juice *it*. concentrato di pomodoro

lycopersicum -i, *n* Irl *an* tomato *it*. pomodoro

macacus -i, *m*. *org*. Irl *e.l*. simiarurm genus *an*. macaco *it*. macaco

maceratio -onis, *f*. *org*. Irl *el*. Syn: subactio. *an*. maceration (steeping) *it*. macerazioe

Machiavellianus -a -um *an*. Machiavellian *it*. machiavelliano

machina aquivora *f org* Egger *el*. *adi*. aquivorus -a -um *an*. water pumping *it*. idrovora

machina cafearia -ae, *f org* ivl *el* idem *an* coffee maker *it*. macchina da café'

machina carnaria -ae, *f*. *org*. ivl *e.l*. idem *an*. mincer *it*. tritacarne

machina coquinaria -ae, *f*. *org*. ivl *el*. cibum miscere; vide: 'machina mixtoria Irl.' *an* food processor *it*. macchina elettrica multiusu

machina elutoria -ae, *f*. *org*. ivl *e.l*. idem *an*. dishwasher *it*. lavastoviglie

machina excisoria -ae, *f*. *org*. ivl *e.l*. idem *an*. milling machine *it*. fresatrice

machina fossoria *f org* Irl *el*. idem *an* trench digger *it*. escavatore

machina gelatoria -ae, *f*. *org*. ivl *e.l*. idem *an*. ice cream maker *it*. machina per gelato

machina lavatoria -ae, *f*. *org*. ivl *e.l*. idem *an*. washing machine *it*. lavatrice

machina linteorum lavatoria -ae, *f org* Irl *el*. idem *an*. clotheswasher *it*. lavatrice

machina messoria *f org*. Irl *el*. machinamentum messorium, *n an*. reaper *it*. mietitrice

machina mixtoria *f*. *org*. Heffer *e.l*. idem *an*. mixer *it*. frullatore

machina photographica *f org*. Irl *el*. idem *an* camera (photo) *it*. macchina fotografica

machina rotalis *f org* Irl *an*. rotor *it*. rotore

machina runcinatoria -ae, *f org* ivl *el*. machina moderna adhibitur causa runcinando *an*. planing machine *it*. piallatrice

machina satoria *f*. *org*. Irl *e.l*. vide: 'machina sutoria' *an*. sowing machine *it*. seminatrice

machina scriptoria -ae, *f*. *org*. ivl *el*. machina typographica *an* typewriter *it* macchina da scrivere

machina siccatoria *f*. *org*. Th.P. *e.l*. idem *an*. clothes drier *it*. asciugatrice

machina sutoria -ae, *f org*. ivl *el*. machina satoria *an*. sewing machine *it*. macchina da cucire

machina terrae complanandae *f org*. Irl *e.l*. idem *an*. bulldozer *it*. ruspa

machina textoria -ae, *f*. ivl *an*. loom *it*. telaio

machina tractoria *f org* Irl *el*. vectrix *an* tractor *it*. motrice

machina trituratoria -ae, *f*. *org*. ivl *el*. instrumentum praedii *an* threshing machine *it* trebbiatrice

machina vaporaria -ae, *f org*. ivl *el*. idem *an*. steam engine *it*. motore a vapore

machina vectoria -ae, *f org* ivl *el*. idem *an* locomotive *it*. locomotiva

machinamentum -i,*m*. *org*. Irl *el*. machina *an*. mechanism *it*. ordigno

machinarius -i, *m org* ivl *el*. vide:'machinator', Irl *an*. engine driver *it*. macchinista

machinator -oris, *m org* Irl *el* machinae ductor *an*. engineer (train) *it*. macchinista

macrobioticus -a -um *org*. Irl *an*. macrobiotic (diet) *it*. macrobiotico

macrocardia -ae, *f org* Irl *el* idem *an* heart enlargement *it*. macrocardia

macrocosmus

macrocosmus -i, *m org.* lrl *el.* mundus universus *an.* macrocosm *it.* macrocosmo

macromolecula -ae, *f org* lrl *el* plurium atomorum molecula *an* macromolecule *it* macromolecola

macromolecularis -e *org.* lrl *e.l.* idem *an.* macromolecular *it.* macromolecolare

macroscopium -ii, *n org* lrl *el.* telescopium *an* macroscope *it.* macroscopio

maenianum -i, *n.* lrl *an.* balcony *it.* balconata

mafia -ae, f. *org.* it. *el. adi.* mafianus *an.* mafia

magia -ae, *f org.* lrl el. magice, es, *f* (Baccio) *an* magic *it.* magia

magicus -a-um *org.* lrl *an.* magical *it.* magico

magister deversorii *m org.* lrl *an.* Maître vel concierge *it.* maitre

magister natandi -tri, *m. org.* ivl *e.l.* idem *an.* swimming instructor *it.* maestro di nuoto

magister neurospasticus *m org* Bacci *el* neurospastorum agitator *an.* puppet showman *it.* burattinaio

magistrale -is, *n. org.* Draco *e.l.* idem *an.* bus (computer) *it.* bus *s.m. inv.*

magnes -etis, *m org.* lrl *an.* magnet *it.* calamita

magnes electricus -*m org* lrl *el* idem an electromagnet *it.* elettrocalamita

magnetites -is, *f org* Bacci *el.* lapis ferratus *an* magnetite *it.* magnetite

magnetophonium -ii, *n. org.* lrl *e.l.* magnetophonum *an.* tape recorder *it.* registratore

magnetoscopium -i, *n. org* ivl *el* idem *an.* video recorder *it.* videoregistratore

maieutice -es, *f org* Bacci *el.* ars obstetricia *an* midwifery *it.* maieutica

maiza -ae, *f. org.* Egger *el.* maizium -i,*n.* ivl. *an* corn *it.* mais

malacia -ae, *f org.* lrl *el.* maris tranquillitas *an.* calm (sea) it. bonaccia

malleus repandus -i, *m org* ivl *e.l* ferula percussionalis *an.* hockey stick *it.* bastone da hockey

malum Armeniacum -i, *n org.* lrl *el.* idem *an* apricot *it.* albicocca

malum Persicum-i,*n org.* ivl *an* peach *it* pesca

malum pineum-i, *n org* ivl *el* vide: 'ananasum' *an.* pineapple *it.* ananas

malum Sinense *n org.* lrl *an* orange *it* arancia

malus aer *m org* Egger *el.* morbus palustris *an* malaria *it.* malaria

malus Armeniaca -i, *f org* lrl *el.* idem *an* apricot tree *it.* albiccoco

Marokiensis

malus electricus -i, *m. org.* ivl *el.* malus telephonicus *an.* electric pole *it.* traliccio da elettrico

mamillare -is, *n org* ivl *el.* vide:'strophium' *an.* bra *it.* reggiseno

mandatum nummarium - *n. org.* Bacci *e.l.* idem *an.* check *it.* assegno

mandolinum-i, *n* lrl *an* mandolin *it* mandolino

mandragoras -ae, *f. org.* lrl *e.l.* idem *an.* mandrake *it.* mandragora

marihuana -ae, *f* lrl *an* marijuana *it* marijuana

mantele -is, *n org* ivl *el.* idem *an* tablecloth *it.* tovaglia da tavolo

manuballista -ae, *f org.* lrl *el.* manuballista ignivoma; pyroballista *an.* rifle *it.* fucile

manuballista venatoria *f org.* Egger *el.* idem *an.* hunting rifle *it.* fucile da caccia

manuballistarius tectus *m org* lrl *el* idem *an* sniper *it.* cecchino

manuballistula -ae, *f. org.* lrl *e.l.* idem *an.* revolver *it.* rivoltella

manubrium[1] -ii, *n org* lrl *el.* gymn. *an* pommel horse *it.* maniglia

manubrium[2] -i, *n org.* ivl *el.* de birota *an.* handle bars *it.* manubrio

manufollis -is, *m. org* ivl *el.* idem *an.* handball *it.* pallamano

manus aeneatorum *f org* lrl *el.* idem *an* musical band *it.* banda musicale

manutergium -ii, *n. org.* lrl *e.l.* idem *an.* hand towel *it.* asciugamani

manutergium rotabile *n. org.* lrl *el.* mantele *an.* roller towel *it.* bandinella

mappa -ae, *f org* ivl *el* vide: 'mappula' *an* napkin *it.* tovagliolo

mappula -ae, *f org* lrl *el.* suppositorium textile *an.* place mat *it.* centrino

marchionissa -ae, *f org* lrl *el.* marchionis uxor *an.* marchioness *it.* marchesa

marcus-i,m *org* ivl *el* marcus ingens *an* sledgehammer *it.* mazza

marescalcus summus -i, *m. org.* Du Cange *el.* idem *an.* field-marshal *it.* feldmaresciallo

margarinum -i, *n org* Hefter *el.* idem *an.* margarine *it.* margarina

margo -inis, *m/f. org.* ivl *e.l.* idem *an.* window frame *it.* telaio da finestra

marmelata -ae, *f. org.* ivl *e.l.* idem *an.* jam *it.* marmellata

Marokiensis -e lrl *an* Moroccan *it* marocchino

masticha -ae, *f org* Irl *el.* mastiche es; *an* mastic *it.* mastice
materia cellophanica *f org* Irl *el.* cellophanus *an.* cellophane *it.* cellophane
materia propulsoria -ae, *f. org.* ivl *e.l.* de rucheta *an.* rocket fuel *it.* propellente
matrix -icis, *f org* Draco *el.* idem *an* dimension *it.* dimensione
matrix cochleae -icis, *f org* ivl *el.* vide: 'vagina chochleae' *an.* nut *it.* madrevite
matta pensils -ae, *f. org.* ivl *el.* lectulus pensilis *an.* hammock *it.* amaca
mechanographia-ae, *f org* Irl *el* idem *an* data processing *it.* meccanografia
medianum -i, *n* ivl *an* living room *it.* soggiorno
medicamen -inis, *n org* lc. *el.* medicamentum *an.* medicine *it.* medicamento
medicamentarius -a-um *org.* Irl *e.l.* pharmaceuticus-a-um *an* pharmaceutical *it* farmaceutico
medicamentum stupefactivum -i, *n. org.* Irl *e.l.* idem *an.* narcotic *it.* stupefacente
medicus callorum -i, *m. org.* Irl *e.l.* idem *an.* chiropodist *it.* callista
medicus dentarius - *m org.* Bacci *el.* idem *an* dentist *it.* dentista
medicus ocularius-i, *m org* Irl *el.* idem *an* eye doctor *it.* Oculista
megalopolis -is, *f. org.* Irl *el.* idem *an* megalopolis *it.* megalopoli
megaphonium -ii, *n. org.* Irl *e.l.* megaphonum *an.* megaphone *it.* altoparlante
melanoma -atis, *n org* Irl *an* melanoma *it* melanoma
melificium -ii, *m. org.* Irl *an.* beekeeping, apiculture *it.* apicoltura
melodrama -atis, *n org* Irl *el.* fabula melica *an* opera *it.* melodramma
melodramtium -i, *n org.* ivl *el.* idem *an.* operetta *it.* operetta
melongena -ae, *f. org.* ivl *e.l.* Solanum melongena: *Am.* eggplant *an.* arbergine *it.* melanzana
melopepo -onis, *f org* ivl *el.* Cucumis melo *an.* melon *it.* melone
memoria -ae, *f* Draco *an.* memory *it* memoria
memoriale -is, *n org* Irl *an* souvenir *it* souvenir
memorialis -is, *m. org.* Irl *el.* libellus manualis, *m*; *an.* handbook *it.* prontuario
mendun -i, *n org* Draco *el.* cimex computatorium *an.* bug *it.* cimice (computer)

meniscus -a-um *org.* Irl *el.* lunula *an.* meniscus *it.* menisco
mensa escaria -ae, *f org* Ivl *el* idem *an* dining table *it.* tavola
mensa scriptoria -ae, *f* ivl *an.* desk *it.* scrivania
mensarius -i, *m org.* ivl *el.* qui in argentaria laborat *an.* bank employee *it.* impiegato di banca
mensura plicatilis -ae, *f org* ivl *el* de ferris *an* folding rule *it.* metro pieghevole
meo-are *org* ivl *el* ambulare per silvam *an* hike *it.* caminare
mercatura clandestina *f org* Irl *an* black market *it.* mercato nero
mercatura magnaria -ae, *f org* ivl *el* idem *an* wholesale trade *it.* commercio all'ingrosso
mercatus annuus -us, *m. org.* ivl *e.l.* idem *an.* fair *it.* parco di divertimento
meritoria -ae, *f org* Irl *el.* raeda publica *an* cab *it.* taxi
meta - ae, *f. org.* ivl *e.l.* terminus cursus *an.* finishing line. *it.* arrivo
metallurgia electrica *f org* Irl *el* electrometallurgia *an.* electrometallurgy *it.* elettrometallurgia
metempsychosis -is, *f. org.* Irl *e.l.* transmigratio animarum *an.* reincarnation *it.* reincarnazione
metropolis -is, *f* Irl *an* metropolis *it.* metropoli
metrum -i, *n org* Irl *el.* idem *an* meter *it* metro
metula mobilis -ae, *f org* ivl *el.* de ludo glaciali conorum. *an.* tee *it.* meta
micans signum -*n org.* Irl *el.* idem *an.* flashing light *it.* segnale luminoso
microanalysis -is, *f org.* Irl *el.* idem *an.* microanalysis *it.* microanalisi
microchirurgia -ae, *f org* Irl *el.* idem *an* microsurgery *it.* microchirurgia
microcosmus -i, *m. org.* Irl *el.* idem *an.* microcosm *it.* microcosmo
micropellicula -ae, *f. org.* Helfer *e.l.* idem *an.* microfilm *it.* microfilm
microphonium -ii, *n org* Irl *el.* idem *an* microphone *it.* microfono
microscopium -ii, *n org* Irl *el.* idem *an.* microscope *it.* microscopio
miles deciduus *m. org.* Irl *e.l.* idem *an.* parachutist *it.* paracadutista
miles faber -*m* Irl *an* army engineer *it* geniere
miliardarius -ii, *m org* Irl *el.* idem *an.* multimilionaire *it.* miliardario
militaris lectulus -*m. org.* Irl *el.* lectus versatilis *an.* campbed *it.* branda

milites aeneatores

milites aeneatores -*m, pl org.* Irl *el.* idem *an.* military band *it.* banda militare

minister -tri, *m org* ivl *el.* de aeroplano *an* steward *it.* steward

minister primarius -tri, *m org* ivl *el.* de re politica *an.* prime minister *it.* primo ministro

ministra aegrorum *f* Irl *an* nurse *it* infermiera

ministra cauponaria *f org* Irl *el.* theo. Kellnerin *an.* bar maid *it.* chellerina

ministrator -oris, *m. org.* ivl *el.* vide: 'minister; ministratrix (*f*)' *an.* steward *it.* steward

minutulus circuitus *m org* Irl *el* circuitus integratus *an.* micro circuit *it.* microcircuito

minutum -i, *n. org.* Irl *e.l.* una hora consistit e sexaginta minutis *an.* minute *it.* minuto

misinga -ae, *f* ivl *el.* de avi *an* tit *it* cinciallegra

missa equorum -ae, *f. org.* ivl *e.l.* de equitatione *an.* start *it.* partenza

missile -is, *n org.* Irl *an.* missile *it.* missile

missilia -ium, *n org* Bacci *el* idem *an.* machine-gun fire *it.* mitraglia

missor -oris, *m org.* ivl *el.* de ludo basipilae *an.* pitcher *it.* pitcher

mitigatorium -ii, *n org* Irl *e.l.* medicamentum mitigatorium *an* antispasmodic *it* antispasmodico

mnemosynum -i, *n* Irl *an.* souve-nir *it.* ricordo

moderator cinematographicus -*m org* Irl *el.* idem *an.* director *it.* Regista

moderator gregis -oris, *m org* Draco *el.* idem *an.* list owner *it.* moderatore della lista e-mail

moderator musicorum -oris, *m. org.* ivl *el.* praefectus musicus *an.* conductor *it.* maestro

moderatrum -i, *n org* Draco *el.* computatrum moderatrum *an.* server (net) *it.* server

modus durus -i, *m org* ivl *el* de musica; modus maior *an.* major key *it.* tonalita' maggiore

modus exhibendi -i, *m org* Draco *el.* idem *an* screen mode *it.* uso dello screen

modus mollis -i,*m org* ivl *el* de musica; modus minor *an.* minor key *it.* tonalita' minore

molina cafaearia *f. org.* Irl *el.* pistrilla *an* coffee grinder *it.* macinacaffè

monachicus -a -um *org.* Irl *el.* monachalis *an.* monastic *it.* monacale

monasterium Tibetanum *n org* Irl *el.* monachorum Tibetanorum monasterium *an.* lamasery *it.* lamasseria

moneta chartacea -ae, *f. org.* ivl *el.* idem *an.* banknote *it.* banconota

munus pleni temporis

monitorium -i, *n org* Draco *el.* idem *an* monitor *it.* monitor *s.m. inv.*

monochromaticus -a-um *org.* Irl *e.l.* unicolor, oris *an.* monochrome *it.* monocromatico

monodon -tos, *m. org.* Irl *el.* unicornis arcticus cetus *an.* narwhal *it.* narvalo

monodromus -i, *n org.* Irl *el.* idem *an* oneway-street *it.* strada a senso unico

monoorbita -ae, *f org.* ig. *el.* singulus axis ferriviarius *an.* monorail *it.* monorotaia

monopoles -is,*m org* Irl *el.* idem *an.* monopolist *it.* monopolista

monopolia -ae, *f. org.* Irl *el.* de oeconomia *an.* monopoly *it.* monopolia

monopolium -ii, *n. org.* Irl *e.l.* idem *an.* monopoly *it.* monopolio

monospecillum -i, *n. org.* Irl *e.l.* idem *an.* monocle *it.* monocolo

monsonius -a-um *org* Irl *el* monsonicus *an* monsoonal *it.* monsonico

monstratrix vestimentorum -icis, *f org* ivl *el* idem *an.* model *it.* modella

montium lustratio -ionis,*f org* Irl *el.* montium ascensus *an.* mountain climbing *it.* alpinismo

morbilli -orum, *pl org.* ivl *el.* morbus viralis *an.* measles *it.* morbillo

morbus Salmonensis *m. org.* Irl *e.l.* idem *an.* salmonellosis *it.* salmonellosi

morphema -atos, *n. org.* Irl *e.l.* idem *an.* morpheme *it.* morfema

morphinum -i, *n.* Irl *an.* morphine *it.* morfina

morum Idaeum -i, *n. org.* ivl *el.* Rubus idaeus *an.* raspberry *it.* lampone

motrum -i, *n org* ivl *an.* motor *it.* motore

motus aquae -us,*m. org.* Irl *e.l.* idem *an.* seaquake, tital wave *it.* acquemoto, maremoto

mucro Baionensis -onis, *m org* Irl *el.* idem *an* bayonet *it.* baionetta

mulierarius Latinus -i, *m. org.* Irl *e.l.* idem *an.* latin lover *it.* latin lover

mulsum -i, *n. org.* Irl *an.* syrup *it.* sciroppo

multigeneris -e *org* Irl *el* multigenerus *an* mutiracial *it.* multirazziale

multizonium -i, *n. org.* ivl *e.l.* aedificium altissimum *an.* skyscraper *it.* grattacielo

muneris gradus -*m, pl org* Irl *el* curriculum *an* career *it.* carriera

municipalis -e *org* Irl *an* municipal *it* comunale

munus pleni temporis -*n org* Irl *e.l.* syn: professio plenaria *an.* full time *it.* full time

munus vicarium *n org* Irl *el.* suffectio temporaria *an.* temporary post *it.* supplenza

murarius -i, *m. org.* ivl *el.* etiam 'murator' *an.* bricklayer *it.* muratore

murus crepidinis -i, *m. org.* ivl *e.l.* navale *an.* dock *it.* banchina

mus -muris, *m. org.* Draco *el.* mus computatralis *an.* mouse (computer) *it.* mouse *s.m. inv.*

musica iazensis *f org* Irl *el.* syn: iassica *an* jazz

musicomanes -is, *m org.* Irl *el.* idem *an* music lover *it.* musicomane

musicomania -ae, *f. org.* Irl *el.* idem *an* music mania *it.* musicomania

musivus -a -um *org* Irl *an* mosaic *it* musivo

mutatrum -i, *n. org.* ivl *e.l.* de electricitate *an.* switch *it.* interruttore

mutua pecunia *f. org.* Irl *el.* mutuatio *an.* loan *it.* mutua

myoplasmatio -ones, *f org.* Irl *el.* musculorum restitutio *an.* myoplasty *it.* mioplastica

mystagogus -i, *m org* ivl *el.* vide: 'dux itinerarius' *an.* tourist guide *it.* guida

mystax -acis, *m org.* lc *an.* mustache *it.* baffo

mythus -i, *m org.* Irl *el.* fabula *an* myth *it.* mito

nanismus -i, *m org* Irl *el.* nani natura (med.) *an* underdevolpment (*med.*) *it.* nanismo

nanometrum -i, *n. org.* Irl *el.* mensura minima longitudinis *an.* nanometer *it.* nanometro

nanosecundum -i, *n org* ig. *el.* mensura minima temporis *an.* nanosecond *it.* nanosecondo

naphtha -ae, *f. org.* Irl *el.* oleum bituminosum; terrigenum *an.* diesel oil *it.* nafta

naphthalinum -i, *n org* Irl *el.* sucus bituminei (gen.) *an.* naphthalene *it.* naftalina

Napoleonicus -a-um *org* Irl *el* ad Napoleonem pertinens *an.* napoleonic *it.* napoleonico

narcodollarium -i, *n org* Irl *el.* dollarium e medicamentis stupefactivis proveniens *an.* drug money *it.* narcodollaro

narcotismus -i, *m. org.* Irl *e.l* idem *an.* narcotism *it.* narcotismo

narratiuncula -ae, *f. org.* Irl *e.l.* idem *an* anecdote *it.* aneddoto

narratiuncularum -i, *n. org.* Bacci *el.* fabularum scriptor; fabulator, oris, *m an* novellist *it* novellista

narta -ae, *f. org.* Irl *e.l.* idem *an.* sking *it.* sci

narta aquatica *f* Irl *an.* water skiing *it.* idroscì

nartas adstringo -ere *org.* ivl *e.l.* idem *an* put on skis *it.* allacciare i sci

nartas destringo -ere *org* ivl *el.* idem *an* take off skis *it.* slacciare

nartatio-onis, *f org* Irl *an* sking corse *it* sci *corsa*

nartator -oris, *m org.* Irl *el.* nartatrix *f an* skier *it.* sciatore

nartator aquaticus *m org.* Irl el. idem *an.* water skier *it.* idrosciatore

nartona -ae, *f. org.* ig. *e.l.* narta lata *an.* snowboard *it.* snowboard

nassa -ae, *f. org.* Irl *el.* usus ad nassas marinas; astacis captandis *an.* lobsterpot (etc.) *it.* nassa

natabulum -i, *n org.* ivl *el.* vide: 'colymbus' *an.* swimming pool *it.* piscina

natatio canina -onis, *f. org.* ivl *e.l.* etiam natatio indiana *an.* crawl *it.* nuoto a braccio

natatio libera -onis, *f. org.* ivl *el.* de natatione *an.* free style *it.* stile libero

natatio prona -onis, *f. org.* ivl *el.* de natatione *an.* breaststroke *it.* nuoto a rana

natatio supina -onis, *f. org* ivl *el.* natatio resupina *an.* back stroke *it.* nuoto a dorso

nationalis -e *org* Irl *el.* gentilis *an.* national *it.* nazionale

natrium -ii, *n org.* Irl *el.* sodium *an.* natrium *it.* natrium

natrum-i, *n org* Irl *el.* idem *an* natron *it* natron

nauarchus -i, *m. org.* ivl *el.* de navibus etc. *an.* captain *it.* capitano

nauta sideralis-ae, *m org* Irl *el.* astronauta *an* astronaut *it.* astronauta

navicula remigera -ae, *f. org.* ivl *e.l.* idem *an.* rowboat *it.* barca a remi

navigium valetudinarium *n. org.* Irl *e.l.* idem *an.* hospital ship *it.* nave ospedale

navis aeroplanigera *f org* Irl *el.* idem *an.* aircraft carrier *it.* nave portaerei

navis bellica -is, *f org.* ivl *el.* idem *an* warship *it.* nave da guerra

navis deletrix -icis, *f org* Irl *el.* navis venatoria *an.* destroyer *it.* cacciatorpediniere

navis epibatica -is, *f. org.* ivl *e.l.* idem *an* passenger ship *it.* nave a passeggeri

navis fluviatilis -is, *f org.* ivl *el.* idem *an.* river steamer *it.* batello fluviale

navis glacifraga *f. org.* Egger *el.* idem *an.* ice breaker *it.* nave rompighiaccio

navis incendiaria *f. org.* Irl *e.l.* navis ad incendendum praeparata. *an.* fire-ship *it.* brulotta

navis petrolearia *f org.* Egger *el.* idem *an* oil ship *it.* nave petrolifera

navis refectoria

navis refectoria *f. org.* lrl *e.l.* navibus resarciendis *an.* repair ship *it.* nave officina

navis sideralis *f. org.* lrl *el.* aeronavis cosmica *an.* spaceship *it.* astronave

navis subaquanea *f. org.* lrl *el.* idem *an.* submarine *it.* sommergibile

navis traiectoria *f* lrl *an* ferry *it* nave tragletto

necessitudìnes *f, pl org* lrl *el.* idem *an* human relations *it.* relazione umana

neon -onis, *n. org.* lrl *el.* idem *an* neon *it.* neon

neonatalis -e *org* lrl *an.* neonatal *it* neonatale

nepiagogium -i, *n org* ivl *el.* de schola *an* nersery school *it.* giardino d'infanzia

neuron-i, *n org* ivl *el.* nervus *an* nerve *it* nervio

neurosis -is, f. *org.* lrl *an.* neurosis *it.* neurosi

neurospastum -i, *n. org.* lrl *e.l.* neurospastonatis, n *an.* marionette *it.* burattino

nichelium -ii, *n org* lrl *el.* niccolum (Helfer) *an.* nickel *it.* nichel

nidus -i, *m org* Draco *an* socket *it* presa(di elettrica)

nirvana -ae, *f. org.* lrl *an.* nirvana *it.* nirvana

nitrium -i, *n. org.* lrl *an.* saltpeter it. salnitro

nitroglycerinum -i, *n org* lrl *el.* idem *an* nitroglycerine *it.* nitroglicerina

nivata potio *f org.* lrl *an* iced drink *it* ghiacciata

nix duriuscula -vis, *f org* ivl *el* de nartatione; nix gelata *an.* hard snow *it.* neve gelata

nix farinosa -nis, *f. org.* ivl *e.l.* de nartione; nix pulverea *an.* powder snow *it.* neve farinosa

nodus gutturis -i, *m org.* ivl *el.* pomum adami *an.* Adam's apple *it.* pomo d'Adamo

nodus mobìlis *m org* lrl *an* slip knot *it* calappio

nomas -adis, *m. org.* lrl *an.* nomad *it.* nomade

nomisma aereum -atis, *n org.* ivl *el.* de Olympionicis; nomisma argenteum, aureum *an* bronze metal *it.* medaglia di bronzo

nomismatotheca-ae, *f org* lrl *el* nummotheca *an.* metal collection *it.* medagliere

nosocoma -ae, *f org* ivl *el.* nosocomus (*m*) *an.* nurse *it.* infermiera

nosocomium -ii, *n* lrl *an* hospital *it* nosocomio

nota musicalis -ae, *f org* ivl *el.* idem *an* musical note *it.* nota musicale

notaculum autocineti -i, *n org* ivl *el.* idem *an* plate number *it.* numero di targa

nova cephalaeocratia-ae, *f org* lrl *el* idem *an* neo-capitalism *it.* neo-captalismo

novicius -ii,*m org* lrl *el* novitius, tiro *an* novice *it.* novizio

oecologia

nucamentum -i, *n. org.* ivl *el.* de abiete *an.* fir cone *it.* cono

nucifrangibulum -i, *n org.* lrl *el* idem *an.* nutcracker *it.* schiaccianoci

nudatio -onis, *f.* lrl *an.* striptease *it* spogliarello

nudator *m org.* lrl *el.* etiam nudatrix *an.* stripper *it.* spogliaellista

numerus cursualis -i, *m org.* ivl *el.* codex cursualis *an.* postale code *it.* codice di avviamento

numerus praeselectorius -i, *m. org.* ivl *el.* de numero telephonco *an.* Area code *it.* prefisso

nummarius -a-um *org* ig. *el* idem *an.* financial *it.* finanzario

nummularius -i, *m org* ig. *el* vide:'argentarius' *an.* banker *it.* banchiere

nuntii radiophonici -m, *pl org* ivl *el.* idem *an* radio news it. giornale radio

nuntii televisifici -m, *pl org* ivl *el* idem *an.* television news *it.* telegiornale

nuntius perlatae epistulae m *org.* Bacci *e.l.* idem *an.* return receipt *it.* ricevuta di ritorno

nympha marina -ae, *f. org.* ivl *el.* de supernatraliis *an.* mermaid *it.* sirena

O.F.V. - *n. org.* lrl *e.l.* Officium Foederatum Vestigatorium *an.* F.B.I. *it.* F.B.I.

oasis -is, *f org.* lrl *el.* perfugium *an* oasis *it* oasi

oblectamentum -i, *n org.* lrl *el.* idem *an.* passtime *it.* passatempo

occlusio viae *f. org.* lrl *el.* idem *an.* roadblock *it.* blocco stradale

oceanographia -ae, *f. org.* lrl *e.l.* adi. oceanographicus *an.* oceanography *it.* oceanografia

oceanographus-i, *m org* lrl *el.* oceani descriptor *an.* oceanographer *it.* oceanografo

ochlocratia -ae, *f* lrl *an* ochlocracy *it.* oclocrazia

octetus -i, *m org* Draco *el.* octo biti *an.* byte *it.* byte *s.m. inv.*

odium phyleticum *n org* lrl *el.* idem *an* racial hatred *it.* odio razziale

odium phyleticum *n org* lrl *el.* idem *an* racial hadred *it.* odio razziale

odontoiatra --ae, *m. org.* lrl *e.l.* mecticus dentarius *an.* dentist *it.* odontoiatra

odontoiatricus -a-um *org* lrl *el.* idem *an.* dental (*med*) *it.* odontoiatrico

odontologia -ae, *f org* lrl *el* dentaria disciplina *adi.* odontologicus *an.* odontology *it* odontologia

oecologia -ae, f *org.* lrl *el.* adi. oecologicus *an.* ecology *it.* ecologia

oecologistes -ae, *m. org.* Irl *e.l.* oecologus *an.* ecologist *it.* ecologista
oeconometria -ae, *f org* Irl *el.* idem *an* econometrix *it.* econometria
oeconomia -ae, *f. org.* Irl *el.* oeconomicus *an.* economy *it.* economia
oeconomice - *adv. org.* Irl *el.* idem *an.* economically *it.* economicamente
oecumene -es, *f org* Irl *el.* terra habitabilis *an.* land (*inhabitable*) *it.* ecumene
oecumenismus -i, *m. org.* Irl *e.l. adi.* oecumenicus *an.* ecumenism *it.* ecumenismo
oecus hospitum -i, *m. org.* ivl *el.* idem *an.* restaurant room *it.* sala di restorante
oecus lectorius -i, *m. org.* ivl *e.l.* de bibliotheca *an.* reading room *it.* sala di lettura
oecus magistrorum -i, *m org* ivl *el.* idem *an.* staff room *it.* sala dei professori
oecus potorius -ii, *n. org.* vox l. *el.* thermopolium *an.* bar (*American*) *it.* mescita
oedema -atis, *n org* Irl *el. adi.* oedematicus *an.* oedema (*med*) *it.* edema
oedipicus -a-um *org.* Irl *an* oedipal *it.* edipico
offa -ae, *f.* ivl *el.* de cibo *an* dumpling *it* gnocco
officialis cursorius -is, *m org.* ivl *el.* de diribitorio cursuali *an.* post office official *it.* impiegato delle poste
officina armorum *f org* Irl *el* armamentarium, ii, *n an.* arsenal *it.* arsenale
officina atomica-ae,*f org* ivl *an* nuclear power station *it.* centrale nucleare
officina autocinetica *f org* Irl *el.* idem *an.* car repair shop *it.* autofficina
officina chartaria *f. org.* Irl *el.* idem *an* paper mill *it.* cartiera
officina electrautocinetica *f org.* Irl *el.* idem *an.* electrical shop (*cars*) *it.* elettrauto
officina salsamentaria *f. org.* Irl *el.* idem *an.* factory (coldcuts) *it.* salumificio
officina serratoria *f org* Egger *el* idem *an* sawmill *it.* segheria
officina sideralis *f* Egger *an* sky-lab *it.* skylab
officium -i, *n org* Svet. *el.* administratio de rebus publicis, ministerium an ministry (*pol*) *it* dicastero
Olympionices -is, *m/f. org.* Irl *e.l.* idem *an.* olympic campion *it.* campione olimpico
ombrometrum -i, *n. org.* Irl *e.l.* instrumentum metiendis pluviis *an.* pluviometer *it.* pluviometro

ondontotechnicus -i, *m org* Irl *el.* artifex dentibus sarciendis *an.* dental technician *it.* odontotecnico
operistitium -i, *n org* Irl *an.* strike *it.* sciopero
ophthalmoiatra -ae, *m. org.* Irl *el.* medicus ocularius *an.* ophthalmologist *it.* oftalmoiatra
opifex temporarius *m org* Irl *el.* idem *an* seasonal worker *it.* lavoratore stagionale
oppexus -us, *m org.* ivl *el.* de capillis *an.* hairstyle *it.* acconciatura
oppugnator -oris, *m org* ivl *el.* de pedifollio *an* forward *it.* attraccante
opus praestantissimum *n org* Irl *el.* idem *an.* masterpiece *it.* capolavoro
orbita[1] -ae, *f. org.* Irl *e.l.* idem *an.* rail *it.* rotaia
orbita[2] -ae, *f. org.* ivl *an.* orbit *it.* orbita
orchestra -ae, *f.* Irl *an.* orchestra *it.* orchestra
ordinatrulum gestabile -i, *n. org.* ivl *el.* idem *an.* laptop *it.* computer portabile
ordinatrum -i, *n org* ivl *el* vide: 'computratum' *an.* computer *it.* computer
ordo -icis,*m org* Irl *el* escarum descriptio, index *an.* menu *it.* menu
ordo solaris *m org.* Egger *el* idem *an* solar system *it.* sistema solare
organarius -ii, *m.* Irl *an.* organist *it.* organista
organogramma -atis, *n. org.* Irl *e.l.* Eng. chart *an.* organigram *it.* organigramma
organopoeus-i, *m org* Egger *el* idem *an* organ builder *it.* organaio
organum manubriatum -i, *n. org* ivl *el.* idem *an.* barrel organ *it.* pianola
organum musicum -i, *n. org.* ivl *e.l.* idem *an.* church organ *it.* organo
oribates -ae,*m org* Irl *el.* montium lustrator *an* mountain climber *it.* alpinista
ornamentum -i, *n org.* ivl *an* jewelry *it.* gioielli
oropedium -ii, *n org* Irl *el.* planities *an* plateau *it.* altopiano, acrocoro
orthographia -ae, *f org* Ic. *el.* de archItecttura *an.* elevation view *it.* proiezione veritcale
oryza condita *f org.* Irl *an.* rice dish *it.* risotto
oryzae cultura -ae, *f org* Irl *el* oryzarum cultus *an.* rice-growing *it.* risicoltura
oscillum -i, *n org.* Irl *an.* swing *it.* dondolo
ostiolum -i, *n org* Irl *an* hatch *it.* portello
ostiolum argentarium -i, *n. org.* ivl *e.l.* idem *an.* bank counter *it.* sportello bancario
ostiolum cursuale -i, *n org* ivl *el* idem *an* post office counter *it.* sportello postale

ostiolum fascale

ostiolum fascale -i, *n. org* ivl *el.* idem *an* parcels counter *it.* accettazione pacchi
ostium -i, *n org* ivl *el* de autocineto *an* car door *it.* portiera
ova acipenseris -n *pl.* lrl *an.* caviar *it.* caviale
ozonium -ii,*n org* lrl *el* idem an ozone *it* ozono
pabo -onis, *m. org.* ivl *e.l.* de horto *an.* wheelbarrow *it.* carriola
pabulificium -ii, *n org* lrl *el.* officina pabuli *an.* feed (factory) *it.* mangimificio
pachydermum -i, *n org.* Egger *el* idem *an* pachyderm *it.* pachiderma
paenitens -tis, *m/f. org.* ig. *el.* delator sceleratorum sociorum, criminal turning state's evidence *an.* informer *it.* pentito
paenula immeabilis *f org* lrl *el.* idem *an* raincoat *it.* irnpermeabile
pagina domestica -ae, *f. org.* ig. *e.l.* idem *an.* home page *it.* home page
paginae lusoriae *f. org.* lrl *e.l.* chartulae *an.* playing cards *it.* carte da gioco
palaeoecologia -ae, *f org.* lrl *el.* idem *an* paleoecology *it.* paleoecologia
palaeographicus -a-um *org.* lrl *el.* palaeographia -ae, *an.* paleografic *it.* paleografico
palaeolithicus -a-um *org* lrl *el.* idem *an* paleolithic *it.* paleolitico
palaeontologia -ae, *f. org.* lrl *el.* idem *an.* paleontology *it.* paleontologia
palaeopola -ae, *m. org.* lrl *el.* idem *an* antique dealer *it.* antiquario
palaestricus -a-um *org* lrl *el* gymnicus *an* gymnastic *it.* ginnastico
palaestrita -ae, *m. org.* lrl *el.* athleta palaestricus *an.* gymnast *it.* ginnasta
paleoanthropologia -ae, *m. org.* lrl *el.* humanorum fossilium studium *an* paleoanthropology *it* paleoantropologia
palingenesis -is, (eos) *f org.* Bacci *el.* idem *an* palingenesis *it.* palingenesi
palus lanternarius -i, *m. org.* ivl *e.l.* idem *an.* lamppost *it.* palo del lampione
palus portae -i, *m. org.* ivl *el.* de pedifollio *an.* goal post *it.* palo della posta
pancosmius -a-um *org.* lrl *e.l.* idem *an.* worldwide *it.* mondiale
panegyrista -ae, *m org* lrl *el* laudator *an* panegyrist *it.* panegirista
paneuropaeus -a-um *org.* lrl *el.* idem *an.* PanEuropean *it.* paneuropeo

patinatio rotalis

panicellus -i, *m. org* ivl *el.* de cibo; etiam paniculus *an.* roll *it.* panino
panifex -icis, *m. org.* lrl *e.l.* pistor *an.* baker *it.* panettiere
panificium -ii, *n. org.* ig. *e.l.* pistrina *an* bakery *it.* panificio
panis pausalis -is, *m org.* ivl *el.* idem *an* sandwich *it.* panino
panthera -ae, *f org.* lrl *an.* panther *it.* pantera
pantopolium -i, *n. org.* lrl el. emporium praegrande *an.* supermarket *it.* supermercato
papyrus-i, *f org* ivl *el* papyrum *an* paper *it* carta
paradigma -atis, *n org.* lrl *el.* exemplar *an* paradigm *it.* paradigma
paradisiacus -a-um *org* lrl *el* caelestis *an* heavenly *it.* paradisiaco
paradoxon -i, *n.* lrl *an.* paradox *it.* paradosso
paramedicus -i, *m org* ig. *el.* idem *an* paramedic *it.* paramedico
parcometrum -i, *n org* ivl *el* de commeatu *an* parking meter *it.* parchimetro
parlamentarius -i, *m org.* ivl *el.* de civitate *an* member of parliament *it.* parlamentare
parlamentum -i,*n org* ivl *el* de civitate *an* parliament *it.* parlamento
parochus -i, *m. org.* ivl *el.* de ecclesia catholica *an.* parish priest *it.* parocco
pars ex centum *f org* lrl *el* e.g. quinquagesima pars ex centum;vel 50% *an.* percent *it.* per cento
participatio lucri -onis, *f org* ivl *el.* beneficium acceptum praeter mercedes *an.* profit sharing *it.* participazione ai profitti
pasta dentaria *f org* lrl *el* idem *an* toothpaste *it.* pasta dentifricia
pasta tubulata f *org* lrl *el* idem *an* maccherone *it.* maccherone
pasta vermiculata *f org* lrl *el.* lrl *an* spaghetti (long) *it.* spaghetto
pastificium -ii,*n org* ig. *el.* idem *an* pasta shop *it.* pastificio
pastillus -i, *m. org.* lrl *an.* pill *it.* pasticca
pastillus sacchari -m *org* lrl *el* glandula durati sacchari *an.* candy *it.* caramella
patinatio -onis, *f org* ivl *el* idem *an* ice skating *it.* pattinaggio su ghiaccio
patinatio artificiosa -onis, *f org* ivl *el* idem *an* figure skating *it.* pattinnaggio artistico
patinatio rotalis -onis, *f. org.* ivl *e.l.* idem *an.* roller skating *it.* pattinaggio a rotelle

patinatio velox-onis *f org* ivl *an* speed skating *it*. pattinaggio di velocita'
patinator -oris, *m. org*. ivl *e.l*. patinatrix (*f*) *an*. skater *it*. pattinatore
patinus -i, *m org* ivl *an* ice skate *it* pattino
patinus rotalis -i, *m org*. ivl *an*. roller skates *it* pattini a rotelle
patronus -i, *m. org*. lrl *el*. defensor *an* defence lawyer *it*. avvocato difensore
paxamatium -i, *n org* ivl *el*. panis bicoctus *an*. biscuit *it*. biscotto
paxillabulum -i, *n org* lrl *el*. instrumentum paxillis,praeditum *an* rack of pegs(naut) *it* cavigliera
paxillus -i, *m. org* ivl *el* de tentorio *an* tentpeg *it*. paletto
pecunia chartacea *f. org*. Helfer *el*. idem *an*. paper money *it*. cartamoneta
pecunia collocatio -ae, *f org*. ivl *e.l*. idem *an*. investment *it*. investimento
pecunia credita-ae,*f org* ivl *an* credit *it* credito
pecunia determinata -ae, *f. org*. ivl *e.l*. idem *an*. fixed term deposits *it*. denaro legato in banca
pecunia extranea -ae, *f. org*. ivl *e.l*. idem *an*. foreign money *it*. valuta estera
pedale freni -is, *n org*. ivl *el*. de autocineto *an* brake pedal *it*. pedale a freno
pedale gasi -is, *n org* ivl *el*. pedale accelerationis *an*. accelerator *it*. pedale dell'acceleratore
pedale iuntionis -is, *n org* ivl *el*. pedale copulationis *an*. clutch *it*. pedale della frizione
pedamentum -i, *n org* ivl *el* de sclodia *an* runner *it*. pattino
pedeplana -orum, *n, pl org* lrl *el*. idem *an* first floor *it*. pianterreno
pedes -itis, *m org* lrl *an* pedestrian *it*. pedone
pedifollis -is, *m org* ivl *el* follis adhibitus in pedifollio *an*. football *it*. pallone
pedifollium -is,*m org* ivl *el* pediludium (iri) *an* soccer, football (Brit.) *it*. calcio
pediludium -ii, *n. org*. lrl *el*. folliludium (Bacci) *an*. football, soccer (Amer.) *it*. calcio
pedilusor -ris,*m org* lrl *el*. idem *an* soccer player *it*. calciatore
pedilusorius -a-um *org*. lrl el. idem an. soccer (like) it. calcistico
pedirota -ae, *f org*. lrl *el*. idem *an*. roller skate *it*. pattino a rotelle
pegma sellare -atis, *n org* lrl *el*. vel: telepherica sellaris *an*. chair-lift *it*. seggiovia

pelicrepus -i, *m. org*. lrl *e.l*. idem *an* player (*of football*) *it*. giocatore
pellicula cinematica -ae, *f org* ivl *el* vide: 'pellicula cinematographia' *an*. cinema film *it*. film
pellicula cinematographica -ae, *f org*. lrl *e.l*. taeniola, visifica pellicula *an*. film *it*. film
pellicula imprimo-ere *org* lrl *an* film it filmare
pellis -is, *f* ivl *el*. de animalibus *an*. coat *it* pelo
pellis simulata *f. org*. lrl *el*. idem *an* imitation leather *it*. similpelle
pellusia -ae, *f. org*. ivl *an*. blouse *it*. camicetta
peniculus -i, *m. org*. lrl *e.l. e.g*. peniculus dentarius *an*. brush (*small*) *it*. spazzolino
peniculus comatorius -ii, *m. org*. ivl *el*. de capillis *an*. hairbrush *it*. spazzolo
peniculus tonsorius -i, *m org*. ivl *el*. idem *an*. shaving brush *it*. pennello da barba
pensilis cellula *f org* lrl Bacci *el*. genus anabathri, machina scansoria *an* elevator (*cable*) *it* ascensore (*con funi*)
pensum scholasticum *n. org*. lrl *el*. idem *an*. homework *it*. compito
pentagonum -i,*n org* lrl *el*. pentagonum Vasintoniae aedificium, *n an*. Pentagon *it*. pentagono
pentathlum -i, *n org*. ivl *el*. de Olympiade *an*. pentathlon *it*. pentatlon
perforaculum -i, *n org*. ivl *el*. de grapheo; perforaculum chartarum *an*. punch *it*. perforatore
periegesis -is, *m. org*. lrl *el*. res periegetica *an*. tourism *it*. turismo
periegetes -ae, *m org* Egger *el* peregrinus, peregrinator voluptarius *an*. tourist *it*. turista
periodicum -i, *n org*. ivl *el*. genus editionis *an*. magazine *it*. rivista
periscopium -i, *n* lrl *an* periscope *it* periscopio
peristonium -i, *n org* ivl *el* de vestimentis; excisura *an*. neckline *it*. scollatura
peritia singularis *f. org*. lrl *e.l*. provencia doctrinae specialis *an*. speciality *it*. specialita
perlatio cursualis -onis, *f. org*. ivl *el*. idem *an*. postal delivery *it*. consegna della posta
permutatio pecuniaria-onis, *f org* ig. *el* idem *an*. money exchange *it*. scambio di moneta
permutatio titularia *f org*. ig. *el*. chrematisterium *an*. stock exchange *it*. scambio di azioni
permutator pecuniae *m org*. lrl *el*. idem *an*. moneychanger *it*. cambiavalute
perones -um **equestres** *pl. org* ivl *el*. de equitatione *an*. riding boots *it*. stivali da equitazione

perpendiculum

perpendiculum -i, *n org* ivl *el.* de horologium oscillatorium *an.* pendulum *it.* pendolo

perscriptio pecuniae *f* lrl *an* check *it* cheque

persona mutua -ae,*f org* ivl *el* actor extraneus *an.* extra *it.* comparsa

perspicillum -i, *n org* ivl *an.* glasses *it.* occhiali

perspicillum affixum -i, *n. org.* ivl *el.* affixum ad nasum est non ad aures *an.* spectacles *it* stringinaso

perspicillum solare -i, *n. org.* ivl *e.l.* idem *an.* sun glasses *it.* occhiali da sole

pertussis -is, *f org.* Badellino *el* idem *an* whooping cough *it.* pertosse

perula -ae, *f. org.* ivl *an.* handbage *it.* borsetta

petasus -i, *m org* ivl *el.* idem *an* hat *it* cappello

petasus altus -i, *m org* ivl *an.* top hat *it* cilindro

petaurista -ae, *m org.* ivl *el.* petauristria, ae, *f. an.* tightrope walker *it.* ballerino a corda

petitor -oris, *m org.* ivl *el.* de politica; candidatus nl. *an.* candidate *it.* candidato

petorritum -i, *n. org.* lrl *e.l.* nobile petorritum *an.* carriage *it.* carrozza

petra nephritica *f org.* lrl *an.* jade *it.* giada

phaenicus -a-um *org* lrl *an* phenolic *it* fenolico

phaenologia -ae,*f org* Graec. *el.* idem *an* phenology *it.* fenologia

phaenologicus -a-um *org.* Graec. *e.l.* idem *an.* phenological *it.* fenologico

phaenomenicus -a-um *org* Graec. *el* ad phaenomenon pertinens *an.* phenomenal (of the philosophy) *it.* fenomenico

phaenomenismus -i,*m org* Graec. *el* idem *an* phenomenalism *it.* fenomenismo

phaenomenologia -ae, *f org.* lrl *el.* idem, adi. phaenomenologicus *an.* phenomenology *it* fenomenologia

phaenomenon -i,*n org* Graec. *el* idem *an* phenomenon *it.* fenomeno

phagocytum *n. org.* lrl *e.l.* idem *an* phagocyte (*bio.*) *it.* fagocito

pharisaeismus -i,*m. org.* lr l *e.l.* idem *an.* pharisaism; self-righteousness *it.* fariseismo

pharisaicus -a-um *org.* lrl *el.* pharisaeus *an.* pharisaical; hypocritical *it.* farisaico

pharmaceutica -orum, *n org* Graec *el.* res medicamentaria *an.* pharmaceutics *it.* farmaceutica

pharmacologia -ae, f *org.* Graec. *el.* idem *an.* pharmacology *it.* farmacologia

pharmacopaea -ae, *f org.* Graec. *el.* medicamentorum *an.* pharmacopoeia *it.* farmacopea

phyleticus osor

pharmacopola-ae, *f org* Graec. *el* medicamentarius *an.* pharmacist *it.* farmacista, farmacopola

pharmacopolium -ii, *n. org* ls. *el.* pharmaceutica taberna *an.* pharmacy *it.* farmacia

pharmacotherapia -ae, *f org.* Graec. *el.* curatio per medicamenta *an* pharmaco-therapy *it* farmacoterapia

pharmacum -i, *n org* lrl *el.* medicina *an.* medicine *it.* farmaco

pharyngitis -is, *f. org* Graec. *el.* idem *an* pharyngitis *it.* faringe

phaseolus -i, *m* lrl *an.* french bean *it.* fagiolino

philoneismus -i, *m org.* lrl *el.* novitatum amor *an.* love (*of new*) *it.* filoneismo

phoenicus -a-um *org.* lrl *an.* carbolic *it.* fenico

phagocytosis -is, *f org* lrl *el.* adi. phagocytarius -a -um *an.* phagocytosis *it.* fagocitosi

phonema -atis, *n. org.* lrl *el.* vox *an.* phoneme *it.* fonema

phonodiscus -i, *m. org.* ivl *an.* record *it.* disco

phonographum Americanum *n org.* lrl *el.* idem *an.* jukebox *it.* jukebox

photochartula cursualis -ae, *f org* ivl *el.* idem *an.* postcard *it.* cartolina

photocopia -ae, *f. org.* ivl *e.l.* idem *an.* photocopy *it.* fotocopia

photocopiatrum -i, *n org.* ivl *el.* idem *an* photocopier *it.* copiatrice

photoelectrica cellula *f. org.* lrl *e.l.* idem *an.* photoelectric cell *it.* fotocellula

photoephemeris-idis, *f org* lrl *el* idem *an* photojournal *it.* fotogiornale

photographema -atis, *n. org.* ivl *e.l.* idem *an.* photography *it.* fotografia

photographia -ae,*f org* ig. *el.* ars vel imago *an* photography or photograph *it.* fotografia

photographo -are *org.* ivl *e.l.* idem *an.* take a photo *it.* fotografare

photographus -i, *m. org.* ivl *e.l.* idem *an.* photographer *it.* fotografo

photomachina -ae, *f. org.* ivl *e.l.* idem *an.* camera *it.* macchina fotografica

phrenologia -ae, *f org.* lrl *e.l.* idem *an* phrenology *it.* frenologia

phylarchus -i, *m. org.* lrl *an.* sheik *it.* sceicco

phyleticus -a-um *org* lrl *el* gentilis; genticus *an* racial *it.* razziale

phyleticus osor *m org* lrl *el* allophylorum osor *an.* racist *it.* razzista

physica atomica f. org. Irl el. idem *an* atomic physics *it*. atomistica
piezometrum -i, *n* org Irl *el* idem *an* piezometer *it*. piezometro
pigneror -ari *org*. Irl *e.l*. praeoccupo *an*. monopolize *it*. accaparrare
pila alsulegiae -ae, *f org*. ivl *el*. idem *an*. hockey ball *it*. palla da hockey
pila electrica *f org*. Irl *an* batterey *it*. pila
pila pontilis -ae, *f. org*. ivl *e.l*. idem *an*. bridge pier *it*. pila del ponte
pila tabellaris -ae, *f org*. ivl *el*. de ludo basipilae *an*. baseball *it*. palla
pila tenisiae -ae, *f org* ivl *el*. de tenisia *an* tennis ball *it*. palla da tennis
pilamalleus -i, *m* org Irl *an*. hockey *it* hockey
pilamalleus minutus m *org* Irl el. idem *an* miniature golf it. minigolf
pilicrepus-i, *m org* Irl *el*. idem *an* soccer player *it*. giocatore di calcio
pilleus Vasconicus -i, *m* ivl *an*. beret *it*. basco
pinna -ae, *f. org*. Irl *e.l*. idem *an*. plug (electric) *it*. spina elettrica
Pinoculus -i, *m*. Irl *an*. Pinocchio *it*. Pinocchio
pipa-ae, *f org* ivl *el* de fumatione *an* pipe *it* pipa
piperatorium -i, *n org*. ivl *el*. idem *an*. pepper shaker *it*. pepaiola
piscatus hamatilis -us, *m org* ivl *el*. piscari *an* fishing *it*. Pesca
pistillum -i, *n. org*. Irl e.l. rudicula *an*. egg beater it. frullino
pistolium -i, *n. org*. ivl *an*. pistol *it*. pistola
pistrix -icis, *f. org*. ivl *el*. panifica(*f*); vide: 'panifex' *an*. baker *it*. fornaia
pitta -ae, *f org*. ivl *el*. de cibo *an*. pizza *it*. pizza
pittacium cursuale *n. org*. Bacci *el*. idem *an*. stamp *it*. francobollo
pittacium epistulare -i, *n org*. ivl *el*. idem *an*. stamp *it*. francobollo
plancton -onis, *n*. Irl *an*. plankton *it*. plancton
plasma -atis, *n. org*. Irl *an*. plasma *it*. plasma
plastica -ae, *f org*. Egger *an*. plastic *it*. plastica
platinum -i, *n org*. Irl *an*. platinum *it*. platino
plectra -orum, *n, pl. org* ivl *el*. de ordinatro; vide: 'claviatura' *an*. keyboard *it*. tasteria
plectra selectoria -orum, *pl org* ivl *el*. de telephono *an*. telephone keys *it*. tastiera di telefono
plectrologium ordinatrale -i, *n org*. ivl *el*. de ordinatro; vide: 'plectra' *an*. keyboard *it*. tastiera

plostellum automatarium *n org* Irl *el*. idem *an*. power barrow *it*. motocarriola
ploxenum -i, *n org* Irl *el*. de autocineto *an* body (*of car*) *it*. carrozzeria
pluma nivalis -ae, *f. org*. ivl *el*. idem *an*. snowflake *it*. fiocco di neve
pluralismus -i, *m* Irl *an* pluralism *it*. pluralismo
pluvia acida *f* Irl *an*. acid rain *it*. pioggia acida
pocillum theanum -i, *n org* ivl *el* pocillum cafearium *etc. an*. teacup *it*. tazza da te'
podiolum -i, *n. org*. Irl *e.l*. parvum maenianum *an*. balcony (small) *it*. balconcino
poenaliter ago -ere *org* ivl *el*. de pedifollio *an*. foul (to) *it*. fallo
pokerianus ludus *m org* Irl *an* poker *it*. poker
poligraphium -ii, n *org* Irl *el*. idem *an* printing press *it*. stampatrice
polybolum -i, *n. org*. Irl *e.l*. idem *an*. machine-gun *it*. mitragliatrice
polyester -is, *m org* Irl *el*. polysterius-a-um *an*. polyester *it*. poliestere
poma conditiva -*n, pl* Irl *el*. conditiciorum pomorum commixtio *an*. fruit-cocktail *it* Macedonia
poma fricta -orum, *pl org*. ivl *el*. facta a pomis terrestribus *an*. potato fries *it*. patate fritte
pomarius-i, *m org* Irl *el*. pomorum venditor *an* fruit vendor *it*. fruttivendolo
pomum acre -i, *n*. Irl *an*. citrus fruit *it*. agrume
pomum Adami -i, *n org* ivl *el*. vide:'nodus gutturis' *an*. Adam's apple *it*. pomo d'Adamo
pomum terrestre -i, *n* ivl *an*. potato *it*. patata
pons gubernaroris - *m. org*. Irl *el*. de nave *an*. bridge *it*. plancia
pons pensilis -tis, *m. org*. ivl *e.l*. idem *an*. suspension bridge *it*. ponte sospeso
pons sublevabilis -tis, *m. org*. ivl *e.l*. idem *an*. drawbridge *it*. ponte levatoio
porta -ae, *f* ivl *el*. de pedifollio *an* goal *it*. porta
portarius[1] -i,*m org* ivl *el*. de diversorio *an* porter *it*. portiere
portarius[2] -i, *m org* ivl *el*. de pedifollio *an* goalkeeper *it*. portiere
portorium -ii, *n org* Irl *an*. customs *it* dogana
portus-us, *m org* Draco *el*. de ordinatro *an* port *it*. porta
postromis -idis, *f org*. ivl *el*. de equitatione *an*. curb bit *it*. freno
potio citrea *f org* Irl *an*. lemon aid *it*. cedrata
potio malosinensis *f org* Irl *an* orange juice *it* aranciata

potio valida

potio valida -ae *f org* Irl *an* liquor *it* liquore
praeceptum medici *n org.* Egger *el.* idem *an.* perscription *it.* ricetta
praeconium -ii, *n org* Irl *el.* vulgatio *an.* propaganda *it.* propaganda
praecursor -i, *m. org.* Irl *el.* praenuntius; praeparator *an.* pioneer *it.* pioniere
praedatio -onis, *f. org.* Irl *an.* raid *it.* razzia
praedo gregalis-onis,*m org* Irl *el* idem *an* gangster *it.* gangster
praefecti vicarius *m org.* Irl *el.* idem *an.* vicegovernor *it.* vicegovernatore
praefectus musicus -i, *m org* ivl *el* vide: 'moderator musicorum' *an.* conductor *it.* directore
praelectio -onis, *f org* ivl *el.* de universitate *an* lecture *it.* lezione universitaria
praemium Nobelianum *n org.* Egger *an* Nobel prize *it.* premio Nobel
praenatalis -e *org.* Irl *an.* prenatal *it* prenatale
praenuntiatio tempestatis -onis, *f* org ivl *el.* idem *an.* weather forcast *it.* previsioni
praesaepe -is, *n. org.* ivl *el.* de festo nativitatis Dominicae *an.* nativity scene *it.* presepio
praeses parlamenti-idis, *m org* ivl *el* idem *an* parliamentary president *it.* presidente
praesignatio -onis, *f org* Irl *el.* idem *an.* reservation *it.* prenotazione
praesto esto tibi -esse *org.* ig. *el.* per te age, munus tuum est *an.* selfservice *it.* fa da te
praesultrix -icis, *f org* Irl *el* idem *an* prima ballerina *it.* prima ballerina
praetergressio -onis, *f org.* Irl *el. e.g.* praetervectio autocineti *an.* overtaking *it.* sorpasso
praetoria navis *f* Irl *an* flag ship *it* ammiraglia
praevalentia punctorum -ae, *f org.* ivl *el.* de gymnastica; ecretum de victore *an.* decision *it.* giudizio
pratum festivum -i, *n org* ivl *el.* idem *an* fairground *it.* park
princeps domina *f. org.* Irl *e.l.* idem *an.* first-lady *it.* first-lady
principatus ludorum - *m. org.* Irl *e.l.* idem *an.* championship *it.* campionato
problema -atis, *n org* Irl *el* quaestio, onis, *f an* problem *it.* problema
problematicus -a-um *org.* Irl *el.* idem *an.* problematic *it.* problematico
procession multiplex -ionis, *f org.* Draco *e.l.* idem *an.* multitasking it. multitasking no. m. inv.

propaedeuticus

processorium -i, *n. org.* Draco *el. e.g.* PC- processarium centrale *an.* processor *e.g.* CPU *it.* processore
procuratio -onis, *f org* Irl *an* agency *it* agenzia
procuratio itinerum-onis, *f org* Irl *el* idem *an* travel agency *it.* agenzia viaggi
procurator (itinerum) -oris, *m. org.* Irl *el.* idem *an.* travel agent *it.* agente di viaggio
proefectus catervae -*m. org.* Irl *e.l.* idem *an.* brigadier *it.* brigadiere
profectio -onis, *f. org.* ivl *e.l.* de statione ferriviaria *an.* departure area *it.* partenza
professor -oris *m* Irl *an* professor *it* professore
proficiscentium -ii, *n. org.* Irl *e.l.* idem *an* waiting room *it.* sala d'aspetto
programma -atis, *n org.* Draco *an.* program *it.* programma
programma textuale-atis,*n org* ivl *el* de computrato *an* text processing *it* programma di testo
programma theatricum -atis, *n. org.* ivl *e.l.* idem *an.* program *it.* programma
programmabilis -is-e *adi. org.* Draco *e.l.* idem *an.* programmable *it.* programmabile
programmator-oris,*m org* Draco *el* etiam programmatrix *an.* programmer *it.* programmatore
proiectio -onis, *f. org.* Irl *el.* Eg. imaginum proiectio *an.* projection *it.* proiezione
proiectorium cinematographicum -i, *n org.* ivl *e.l.* proiectorium cinematicum *an.* film projector *it.* proiettore
proiectorium diapositivorum -i, *n org.* ivl *el.* adhibetur praecipue in erudition *an.* slide projecttor *it.* diaproiettore
proiectorium supracapitale -i, *n. org.* ivl *e.l.* adhibetur praecipue in eruditione *an.* overhead projector *it.* proiettore overhead
proiectura -ae, *f org* ivl *el.* genus fenestrae *an* bay window *it.* bovindo
promagister urbis *m org* Irl *el.* idem *an* vicemajor *it.* vicesindaco
prominentia laryngica-ae,*f org* ivl *el* pomum Adami *an.* Adam's apple *it.* pomo d'Adamo
promotio doctoralis -onis, *f. org.* ivl *e.l.* de academia *an.* graduating with doctorate *it.* laurea
promulsis -idis, *f.* Irl *an* antipasto *it.* antipasto
pronavarchus -i, *m org* Irl *an.* vice-admiral *it.* vice ammiraglio
prooemium -ii, *n org.* Irl *el.* praelocutio *an.* opening address *it.* prolusione
propaedeuticus -a-um *org.* Irl *el.* praeparatorius *an.* preparatory *it.* propedeutico

propoma -atis, n. org. lrl e.l. potio apertiva an. appetiser it. aperitivo
propraeses -idis, m. org. lrl e.l. idem an. vice-president it. vicepresidente
prosecretarius -ii, m. org. lrl e.l. idem an. pro-secretary it. prosegretario
protestans -antis, m/f. org. lrl e.l. idem (relig.) an. protestant it. protestante
protestatio popularis -onis, f org. ivl el. idem an. demonstration it. dimostrazione
prothesis dentalis -is, f org ivl an. denture it. dentiera
provectus -us, m org lrl el eg. dignitatis accessio; probatio discipulorum an. promotion it. promozione
psittacus -i, m. org. ivl el. genus avis an parrot it. pappagallo
ptochodochium -ii, n org lrl el idem an refuge (poor) it. ospizio dei poveri
ptochotropheum -i, n org lrl el. idem an food kitchen it. mendicomio
publici -orum, m pl. org. lrl el. corpus biocolyticum, sedes biocolytica an. police it. polizia
publicum subsidium n. org. lrl e.l. idem an. scholarship it. presalario
publìcus nuntius m org. lrl el. idem an public notice it. comunicato
publìcus procurator -m org lrl el idem an consul it. console
puer explorator -m. org. lrl e.l. idem an. boy-scout it. boyscout
pugil -ilis, m org. lrl e.l. idem an. boxer it boxer
pulmo chalybeius m org. lrl e.l. idem an iron lung it. polmone d'acciaio
pulpitum -i, n org. ivl el. de schola an. desk it. cattedra
pulveris hauritorium n org lrl el. idem an vacuum cleaner it. aspirapolvere
pulvis Nobelianus -eris, m. org. lrl e.l. pulvis pyrius fumo carens an. ballistite it. balistite
punctum fero -ferre, tuli org. ivl el. de athletica; punctum vincere an. score a point it. segnare un punto
purgatio gentica f. org. lrl el. idem an. ethnic cleansing it. pulizia etnica
purgator caminorum -oris, m org ivl el idem an. chimneysweep it. spazzacamino
pyelus -i, m ivl an. bathtub it. va-sca da bagno
pyraulocinetus -a-um org. lrl el. de astronave vel missili retroversus impulsa an. jet (of) it. aviogetto (di)

pyrobolarius -i, m org. lrl el. eg. aeronavis pyrobolaria. an. bomber it. bombardiere
pyrobolus -i, m. org. lrl el. pyrobolum-i, n an. bomb it. Bomba
pyrobolus atomicus -m. org. lrl e.l. idem an. atomic bomb it. bomba atomica
pyrobolus chartaceus -m org. lrl el. idem an. firecracker it. bomba carta
pyrobolus fumificus m. org. lrl e.l. idem an. smoke bomb it. bomba fumogena
pyrobolus horologicus m org lrl el. idem an. time bomb it. bomba a orologeria
pyrobolus hydrogenicus m. org. lrl e.l. idem an. h bomb it. bomba h
pyrobolus incendiarius m org lrl el. idem an. incendiary bomb it. bomba incendiaria
pyrobolus lanians - m. org. lrl el. idem an demolition bomb it. bomba dirompente
pyrobolus manualis m. org. lrl an. hand grenade it. bomba a mano
pyrobolus neutronicus m org lrl el. idem an. neutron bomb it. bornba al neutrone
pyrothecnica ars f. org. lrl e.l. idem an. pyrotecnics it. pirotecnica
python -onis, m. org lrl an. python it. pitone
pyxis magnetica -idis, f. org. ivl el. vide: 'pyxis nautica' an. compass it. bussola
pyxis nautica f org lrl el acus magnetica nautica an. compass it. bussola
quadra tosti f org lrl el. idem an toast it toast
quadrigeminus -a-um org lrl el e.g. quadrigeminus partus. an pregnancy (adj., of four) it. quadrigemellare
quadrivium -i, n org ivl el vide: 'compitum' an intersection it. incrocio
quadrum -i, n org. ivl e.l. compages autocineti etc. an. chassis it. telaio
quadrum visificum -i, n org ivl el. vide: 'monitorium' an. screen it. schermo
Quakerismus -i, m org lrl el. idem an Quaker ism it. quaccherismo
Quakerus -i, m org lrl an. Quaker it quacchero
quanticus -a-um org. lrl el. phys. an. quantum it. quantico
quantum -i, n org. lrl el. minima mensura insecabilis rerum physicarum an. quantum it quanto
quarzum -i, n. org. lrl an. quartz it. quarzo
quotus -i, m org. Badellino an quotient it quoziente

115

rabbinus

rabbinus -i, *m org* Irl *el. adi.* rabbinicus *an* rabbi *it.* rabbino
rabies -ei, *f org.* Irl *el* hydrophobia *an.* rabies *it* rabbia
rachitis -is, *f. org.* Irl *an.* rachitis *it.* rachitismo
radiatio -onis, *f org* Irl *e.l. e.g.* radiatio atomica *an.* radiation *it.* radiazione
radiographia -ae, *f org* Irl *el.* imago radiophotographica *an.* radiography *it.* radiografia
radiographica imago *f org* Irl *el.* expressio *an* x-ray *it.* lastra
radiologia -ae, *f.* Irl *an.* radiology *it* radio-logia
radiophonia -ae, f. *org.* ivl el. vide: 'radiophonium' *an.* radio *it.* radio
radiophonica statio *f org.* Irl *an.* radiostation *it.* radiostazione
radiophonium-ii, *n org* Egger *el.* radiophonum *an.* radio *it.* radio
radioscopia -ae, *f. org.* Irl *e.l.* idem *an.* radioscopy *it.* radioscopia
radiotechnice -es, *f. org.* Irl *e.l.* idem *an.* radio operator (female) *it.* radiotecnica
radiotechnicus -i, *m org.* Irl *el.* idem *an.* radio operator *it.* radiooperatore
radiotelescopium -ii, *n org.* Egger *el* idem *an* radiotelescope *it.* radiotelescopio
radiotherapia -ae, *f org.* Irl el. idem *an* radiotherapy *it.* radioterapia
radius -i, *m. org.* ivl *el.* de rotis birotae, autocineti etc. *an.* spoke *it.* raggio
radius ignifer *m org* Egger *el.* rucheta,-ae, *f* ivl *an.* rocket *it.* razzo
radius lasericus *m org* Egger *el.* idem *an* laser beam *it.* raggio laser
radius perviolaceus *m org.* Egger *el* idem *an* ultraviolet rays *it.* raggio ultravioletto
raeda Pullmaniana *f org* Irl *el.* autoconetum pullmamianum *an.* coach *it.* autopullman
ramentum flammiferum -i, *n org* ivl *el* flammifera assula Irl. *an.* match *it.* fiammifero
raphanus -i, *m org* Irl an horse radish *it* rafano
rasorium electricum -i, *n org* ivl el de tonstrina *an.* electric razor *it.* rasoio elettrico
ratio aeraria *f. org.* Irl *e.l.* idem *an.* monetary system *it.* sistema monetario
ratio negotiatoria *f. org.* Irl *el.* idem *an.* marketing *it.* marketing
ratio nummaria -onis, f. *org.* ivl *el.* ratio debiti *an.* bill *it.* conto
rationalis -e *org.* Irl *an.* statistical *it.* statistico

relego a campo

rationalismus -i, *m. org.* Irl *e.l.* idem *an.* rationalism *it.* razionalismo
rationarium -ii, *n. org* Irl *el.* rationalis doctrina *an.* statistics *it.* statistica
rationes publicae *f org.* Irl *el.* idem *an* public relations *it.* public relations
rationum cognitor, -*m org* Irl *el.* corrector *an* auditor (books) *it.* revisore dei conti
reactorium -ii, *n. org* Egger *el. eg.* reactorium nucleare *an.* reactor *it.* reattore
realis -e *org.* Irl *e.l.* idem *an.* real *it.* reale
realismus -i, *m org.* Ima. *el.* Phil. *an.* realism *it* realismo
realitas-atis, *f* Irl *el* veritas, exsistentia, praesentia *an.* reality *it.* effettivita'
receptaculum -i, *n. org.* Irl *e.l.* magnum repositorium *an.* barn, hanger *it.* capannone
receptaculum loricatum -*n org* Irl *el* cella loricata *an.* bunker *it.* bunker
receptaculum sarcinarium -i, *n org.* ivl *el.* de autocineto *an.* trunk *it.* bagagliaio
rector -oris, *m org* ivl *el* de universitate *an* rector *it.* rettore
redactor -oris, *m. org.* ivl *el.* de actis diurnis *an* editor *it.* redattore
redactor princeps -oris, *n org.* ivl *el.* idem *an.* chief editor *it.* redattore capo
reducta -orum, *n pl. org.* Irl *e.l.* idem *an.* background *it.* background
refector -oris, *m org* Irl *el* restitutor; repostor; *an.* restorer *it.* restauratore
refrigeratio -onis, *f org* Irl el infrigidatio *an* refrigeration *it.* raffreddamento
refrigeratorius -a-um *org.* Irl *el.* idem *an* cooling *it.* refrigerante
refrigero -are Irl *an.* refrigerate *it.* raffreddare
regesta -arum, *n org* Irl *an* register *it.* regesto
regestrum -i, *n org* Draco *e.l.* idem *an* register *it.* register (parte del processore
regula -ae, *f org* ivl *el.* de schola *an* ruler *it* riga
religo -are *org.* Irl *el.* iterum conecto *an.* hang-up (*tel.*) *it.* riagganciare
relatio televisifica *f org* Irl *el.* idem *an.* television chronicle *it.* telecronaca
relativitas -atis, *f org* Egger *el.* idem *an.* relativity *it.* relatività
relator -oris, *m* . Egger *an* reporter *it* giornalist
relego a campo -are *org* ivl *el* de pediludio *an* expell (from field) *it.* ammonizione

remigium -ii, *n. org.* Irl *el.* remigandi ludus *an.* rowing *it.* canottaggio
remulco -are *org.* Irl *an.* tow *it.* rimorchiare
remulcum -i, *m org* ivl *el* de autoraeda *an* tow rope *it.* cavo da rimorchio
renex -igis, *m.* Irl *an.* oarsman *it.* canottiere
renuntiatio -onis, *f org* ivl *el.* de labore *etc an* dismissal *it.* licenziamento
repagula soni -ae, *f. org.* Irl *el.* idem *an.* sound barrier *it.* barriera del suono
replum -i, *n org* clsl. *an.* loom *it* telaio
repositorium -i, *n org* ivl *el* de grapheo *an* letter tray *it.* contenitore delle pratiche
res athletica *f* Irl *el* lusus *an* athletics *it* atletica
res autocinetica *f. org.* Irl *e.l.* idem *an.* motoring *it.* automobilismo
res emo -ere ivl *an* go shopping *it* fare le spese
res exstructoria -ae, *f org.* Irl *el.* ars fabricandi *an.* construction *it.* edilizia
res nummaria *f org* Irl *an* finance *it.* finanza
respiratio artificiosa *f org.* Irl *el.* osculum salutare; *an.* artificial respiration *it* respirazione artificiale
responsalis -e *org.* Irl *e.l.* idem *an.* responsible *it.* responsabile
responsalitas -atis, *f org.* Irl *el.* responsabilitas *an.* responsibility *it.* responsabilita
responstrum -i, *n org* ivl *el.* de telephonio *an.* answering machine *it.* segretaria telefonica
restitutio -onis, *f org* Irl *el* refectio; opus refectionis *an.* restoration *it.* restaurazione
rete -is, *n. org.* ig. *e.l.* idem *an.* net *it.* rete
retiarius -i, *m. org.* ivl *e.l.* de folle volatico *an.* front-line player *it.* giocatore a rete
reticulum -i, *n org* ivl *el.* de teniludio *an* tennis racket *it.* rachetta
reticulum sarcinale -i, *n. org.* ivl *el.* de traminibus *an.* luggage rack *it.* portapacchi
retinaculum sarcinale -i, *n org* ivl *el* vide: 'reticulum carcinale' *an.* luggage rack *it.* portapacchi
rhabdomantia -ae, *f org* Irl *el* adi. habdomanticus *an.* dowsing *it.* rabdomanzia
rhabdos repanda -i, *f.* ivl *el.* de alsulegia cum pila *an.* stick (ball hockey) *it* bastone da hockey
rheuma -atis, *n org* Irl *el* asper articulorum dodor *an.* rheumatism *it.* reuma
rhododendron -i, *n org* Irl *el.* idem *an* rhododendron *it.* rododendro
rhomium -ii, *m org* Helfer *el.* sicera nautica *an* rum *it.* rum

ribesium -i, *n. org.* ivl *e.l.* genus pomorum *an.* currant *it.* ribes
Richterianus -a-um*org* Irl *an* Richter *it* Richter
ridicularius -ii, *m. org.* Irl *el.* sannio; ludius *an.* clown *it.* pagliaccio
riscus -i, *m org* ivl *el.* adhibitur itinerantibus *an* suitcase *it.* valigia
robotum -i, *n. org.* Irl *an.* robot *it.* robot
Roentgeniani radii *m org.* Egger *el.* idem *an.* x-rays *it.* raggi x
romanticismus -i, *m org* Irl *el* idem *an* romanticism *it.* romanticismo
roncor -ari *org.* ivl *an.* snore *it.* russare
rosarum cultor *m org* Irl *an* rose grower *it.* rosicultura
rota aquaria -ae, *f. org.* ivl *e.l.* idem *an.* water wheel *it.* ruota da mulino
rota cummea *f org.* Bacci *el.* cummis pneumatica (Bacci) *an.* tire *it.* gomma
rota dentaria -ae, *f. org.* ivl *e.l.* vide: 'denticulatio' *an.* gearwheel *it.* ruota dentata
rota moderatrix -ae, *f. org.* ivl *e.l.* idem *an.* steering wheel *it.* volante
rotaculum -i, *n org* ivl *el.* vide:'circumvectabulum' *an.* caroussel *it.* giostra
rotatio patinalis -onis, *f. org.* ivl *el.* de patinatione *an.* piouetta *it.* piroetta
rotula -ae, *f org.* Egger *an.* roulette *it.* roulette
rucheta -ae, *f. org.* ivl *el.* de vehicula aeria; vide: 'radius ignifer' *an.* rocket *it.* razzo
rudis -is, *f org* ivl *el.* instrumetum coquinarium *an.* blender *it.* frullino
saccharinum -i, *n* Irl *an* saccharine *it* saccarina
sacciperium dorsuale -*n org.* Irl *el.* idem *an.* backpack *it.* zaino
sacculus tabaci -i, *n org* ivl *el* idem *an* tobacco pouch *it.* borsa del tobacco
saccus dormitorius -i, *m. org.* ivl *el.* idem *an.* sleeping bag *it.* sacco a pelo
Sacellum Xystinum *n org.* Irl *el.* idem *an* Sistine Chapel *it.* Capella Sistina
sadismus -i, *m org.* Irl *el.* adi. sadisticus *an.* sadism *it.* sadismo
sadomasochista -ae, *m org* Irl *el.* idem *an* sadomasochist *it.* sadomasochista
saeptum loricae -i, *n org.* Irl *e.l.* idem *an.* balustrade (arch) *it.* balaustrata (arch)
sagittatio -onis, *f org* ivl *el.* ars arcu utentis *an* archery *it.* tiro all'arco
sagulum-i, *n* Irl *an* women's cape *it* casacchino

sal ammoniacus

sal ammoniacus *m org* Irl *el.* idem *an.* sal ammoniac *it.* ammoniaco
salifodina -ae, *f org* Irl *el* salinae,arum *an* saltworks *it.* salina
salillum -i, *n org.* Irl *el.* vasculum salis sparsium *an.* salt sprinkler *it.* spargisale
salinae -arum, *f org* Irl *el.* salifodina *an.* salt recovery *it.* salina
salmo -onis, *m org.* Irl *an.* salmon *it.* salmone
salsamentaria taberna *f org.* Irl *e.l.* idem *an.* sausage store *it.* salsamenteria
salsamentarius -ii, *m org.* Irl *el.* idem *an* sausage maker *it.* salumiere
salsamentum -i, *n. org.* Irl *el.* muria *an.* pickle (brine) *it.* salamonia
salsarium -ii, *n org.* Irl *an.* tray tray *it.* salsiera
saltuarius -ii, *m. org.* Irl *e.l.* silvarum tuitor *an.* forest ranger *it.* guardia forestale
saltus -us, *m org.* Draco *el. e.g.* saltus relativus vel condicionalis *an* jump or branch (computer) *it* salto (*elab.*)
saltus artificiosus -us, *m.* ivl *e.l.* de athletica aquatile *an.* springboard diving *it.* tuffo artistico
saltus carpae -us, *m. org.* ivl *e.l.* de certamine natatorium *an.* racing dive *it.* tuffo carpiato
saltus de turri -us, *m. org.* ivl *el.* idem *an.* high diving *it.* tuffo dal trampolino
saltus in altum -us, *m. org.* ivl *e.l.* de athletica levi *an.* high jump *it.* salto in alto
saltus perticarius -us,*m org* ivl *el* de athletica levi *an.* pole vaulting *it.* salto con l'asta
saltus triplex -us, *m org* ivl *el.* de athletica levi *an.* triple jump *it.* salto triplo
salutatorium -ii, *m org* Irl *el* idem *an* receiving room *it.* camera da ricevere
samanismus -i, *m. org.* Irl *el.* idem *an.* shamanism *it.* sciamanismo
samanus -i,*m org* Irl *el adi.* samanicus; *an* shaman *it.* sciamano
sanguisuga -ae,*m org* ivl *el* vampyrus *an* vampire *it.* vampiro
sapha automataria -ae, *f org.* ivl *el.* vide: 'autoscapha' *an.* motorboat *it.* barca a motore
sapha remigera -ae, *f org* ivl *el.* idem *an* rowboat *it.* barca a remi
sapha velifera -ae, *f org* ivl *an* sailboat *it* barca a velo
saponatum -i, *n. org.* ivl *e.l.* de tonstrina *an.* shampoo *it.* shampoo
sarabara -ae, *f org.* ivl *el.* genus bracarum *an.* pantaloons *it.* pantaloni alla turca

scapha salvifica

sarcina itineraria -ae, *f org* ivl *el.* idem *an* bagage *it.* bagaglio
sarcinarium -i,*n org* Irl *el* autoplaustrum (Bacci) *an.* van *it.* furgone
sarcoma -atis, *n org.* Irl *el.* tumor malignus *an.* sarcoma *it.* sarcoma
sarcomatosus -a-um *org* Irl *el* idem *an* sarcomatous *it.* sarcomatoso
sarculum -i, *n org* ivl *el.* idem an hoe *it.* zappa
sartor -oris, *m. org.* ivl *an.* dressmaker *it.* sarto
satanismus -i, *m org* Irl *el* cultus daemoniacus, *adi.* satanicus *an.* satanism *it.* satanismo
satelles artificiosus -itis, *m org* Irl *el* idem *an.* satelite *it.* satelite
satellites artificiosus *m. org.* Irl *e.l.* idem an. satellite *it.* satellite
saturnalia -ium, *pl.* ivl *an* carnival *it* carnevale
saxophonista -ae, *m org* Irl *el.* idem *an.* saxophonist *it.* sassofonista
saxophonum -i, *n. org.* Irl *e.l.* idem *an.* saxophone *it.* sassofono
scaenarum dispositor -oris, *m org* ivl *el* idem *an.* director (stage) *it.* regista
scaenicus vestifex - *m.* Irl *el.* actorum vestitor vel vestificus *an.* costume person *it.* costu-mista
scaenographia -ae, *f org* Irl *el adi.* scaenographicus *an.* scenography *it.* scenografia
scaenographicus -i, *m. org.* Helfer *e.l.* libellus pictographicus *an.* comic book *it.* fumetto
scalae aeronavis *f. org.* Lrl *e.l.* idem *an.* fireman's ladder *it.* scala aerea
scalae ambulatoriae -arum, *pl org* ivl *el* scalae de aeroplano *an.* gangway *it.* passerella
scalae cochleatae *f, pl org.* Irl *el.* idem *an* spiral staircase *it.* scala a chiocciola
scalae famulares *f,* pl *org* Irl *el* idem *an* backstairs *it.* scala di servizio
scalae plicantes *f, pl org* ig. *el.* idem *an* stepladder *it.* scala a libretto
scalae securitatis *f. pl. org.* Irl *an.* fire escape *it.* scala di sicurezza
scalae volubiles -arum, *f* ivl *el* scalae modernae; gradus movent *an* escalator *it* scala moble
scalarium -i, *n* ivl *el* idem *an.* stairwell *it* scale
scapha -ae, *f* Irl *el.* cymba *an* dinghy *it* canotto
scapha aeronavis *f* Irl *an* cockpit *it.* carlinga
scapha auxiliaria *f. org.* Irl *el.* lembus adiunctus an. tender *it.* scialuppa
scapha salvifica *f. org.* Helfer *an.* lifeboat *it.* scialuppa di salvataggio

scaphandrum

scaphandrum -i, *n org.* Egger *el.* idem *an* outfit (diving, space etc.) *it.* scafandro

scapus repandus -i, *m. org.* ivl *el.* vide: 'pedamentum' *an.* runner *it.* pattino

SCDI ---- *org.* lrl *el.* syndrome comparati defectus immunitatis *an.* AIDS *it.* AIDS

scepsis -is, *f. org.* lrl *el.* scepticorum methodus *an.* sceptical (behaviour) *it.* scepsi

scheda aestimationis *f. org.* ig. *e.l.* idem *an.* report card *it.* scheda di valutazione

scheda biocolytica *f. org.* ig. *el.* scheda significatoria *an.* police record *it.* scheda segnaletica

scheda inscriptionis -ae, *f* org ig. *el.* idem *an* application *it.* applicazione, modula

scheda princeps *f org* ig. *el.* idem *an* motherboard *it.* scheda madre

schedarium -i, n *org.* ig. *el.* schedae indicis *an* card index *it.* schedario

schedinummus -i, *m. org.* ivl *el.* vide: 'moneta chartacea' *an* banknote *it* banconota

schedula -ae, *f org* lrl *el.* reditus debiti *an* coupan, dividend *it.* cedola

schedula agnitionalis *f. org.* lrl *el.* idem *an* identificatiion card *it.* cartollino segnaletico

schedula emptoria *f. org.* lrl e.l. idem *an.* receipt (cash) *it.* scontrino

schedula inscriptionis -ae, *f. org.* ivl *el.* idem *an.* application form *it.* modulo

schedula perforata *f. org.* lel *an.* punch card *it.* scheda perforata

schedula volitans *f. org.* lrl *e.l.* libellulus *an.* leaflet, flier *it.* volantino

schola autocinetica *f. org.* lrl *el.* idem *an* driving school *it.* scuolaguida

schola autocinetistarum *f. org* lrl *el* idem *an* driving school *it.* autoscuola

schola elementaria -ae, *f org* ivl *el* vide: 'gymnasium' *an.* elementary school *it.* schola elementaria

scidula anagraphica *f.* lrl *e.l.* idem *an.* file (person) *it.* scheda anagrafica

scidula bibliographica *f org* ig. *el* de igne *an* library card *it.* scheda bibliografica

scidula comitialis *f org.* lrl *el.* tabella suffragio ferendo *an.* ballot *it.* scheda elettorale

scidula magnetica *f org.* lrl *el.* idem *an* magnetic card *it.* scheda magnetica

scidula mechanographica *f. org.* lrl *e.l.* idem *an.* data card *it.* scheda meccanografica

scidula telephonica *f org* ig. *el.* idem *an.* telephone card *it.* scheda telefonica

sectio chirurgica

scientificus -a-um *org* nl. *el.* de scientia *an* scientific *it.* scientifico

scirpiculus chartarius -i, *m org* ivl *el* idem *an* wastepaper basket *it.* cestino

scitum plebis *n org.* lrl *el.* ad populum provocatio *an.* referendum *it.* referendum

sciurus -i, *m. org.* lrl *an.* squirrel *it.* scoiattolo

sclodia -ae, *f org.* ivl *el.* stludio, onis *f an* sleigh *it.* slitta

sclopetatio -onis, *f. org.* ivl *el.* de sclopeto *an.* shooting *it.* tiro al fucile

sclopetator -oris, *m org.* ivl *e.l.* idem *an.* rifleman *it.* tiratore

sclopetum -i, *n. org* ivl *el.* pyroballista lrl vide: 'manuballista' *an.* rifle *it.* fucile

sclopetum automatum -i, *n. org.* ivl *el.* idem *an.* semi-automatic *it.* fucile a tiro rapido

sclopetum venaticum -i, *n.* ivl *el.* 'manuballista venatoria' *an* hunting rifle *it.* fucile da caccia

scopae -arum, *pl. org.* ivl *an.* broom *it.* scopa

scopae automatariae *f, pl org.* lrl, automaton converrens *an.* street cleaner *it.* autospazzatrice

scoparius -i, *m* lrl *an* garbage man *it.* spazzino

scopophilia -ae, *f. org.* lrl *el.* idem *an.* voyeurism *it.* voyeurismo

scriblita -ae, *f org* lrl *el* placenta compressa *an* pizza *it.* pizza

scriblita Anglica *f* lrl *an* pudding *it.* budino

scriblita inflata *f org* lrl *an.* souffle *it* souffle

scriblitariurm -ii, *n* lrl *an.* pizzeria *it.* pizzeria

scriblitarius -ii, *m* lrl *an* pizza chef *it.* pizzaiolo

scrinium -i, *n org* Draco *el.* quadrum *an* screen *it.* schermo

scriptum scaenarium -i, *n org* ivl *el.* idem *an* screenplay *it.* copione

scriptura manualis -ae, *f org.* ivl *el.* idem *an.* handwriting *it.* scrittura

scrobiculus -i, *n. org.* ivl *e.l.* de pillamalleo *an.* hole *it.* buca

scrutarius -ii, *m org* lrl *el* idem *an* second dealer *it.* rigattiere

scurra -ae, *m/f org.* ivl *e.l.* ridicularius lrl *an.* clown *it.* pagliaccio

secretarius -ii, *m.* lrl *an* secretary *it* segretario

secretarius telephonicus -m *org.* ig. *el.* idem *an.* answering machine *it.* segretario telefonico

secretissimus -a-um *org* lrl *el.* maxime reticendus *an.* top secret *it.* top secret

sectio chirurgica *f org* lrl *el.* excisorium experimentum *an* operation *it.* intervento chirurgico

secunda

secunda -ae, *f org* ivl *el* de tempore *an* second *it*. secondo

sedecimalis -is-e *org* Draco *el*. idem *an*. hexadecimal *it*. esadecimale

sedecula puerilis *f. org ig. e.l.* de autocineto *an*. child safetyseat *it*. seggiolino (sicurezza)

sedes anterior -is, *f. org.* ivl *e.l.* de autocineto etiam posterior *an*. front seat *it*. sedile anteriore

sedes comitialis *f. org* Irl *el*. idem *an*. electoral seat *it*. seggio elettorale

sedes naturalis *f. org.* Irl *el*. habitatio accommoda, habitatio instructa *an*. habitat *it*. habitat

sedes periegetica -is, *f org* ivl *el* idem *an* travel agency *it*. agenzia di viaggi

sedes vicaria *f org* Irl *el*. minor sedes *an* branch (office) *it*. succursale

sedile cubitorium -i, *n. org.* ivl *el*. sedes adhibitur foris *an*. deck chair *it*. sedia a sdraio

sedile praealtum -i, *n org.* ivl *el*. idem *an*. bar stool *it*. sgabello

segregatio nigritarum -ionis, *f org* Irl *el* idem *an*. apartheid *it*. apartheid

selectus athleta -m. *org.* Irl *el*. selecta caterva *an*. finalist *it*. finalista

seliquastrum -i, *n org* ivl *el*. vide: 'sedile praealtum' *an*. bar stool *it*. sgabello

sella electrica *f org* Irl *an* electric chair *it*. sedia elettrica

sella familiarica -ae, *f org.* ivl *el*. idem *an*. toilette *it*. gabinetto (WC)

sella graphealis -ae, *f org* ivl *el*. idem *an*. swivel chair *it*. sedia da scrivania

sella pertusa -ae, *f org.* ivl *el*. vide: 'sella familiarica' *an*. toilette *it*. gabinetto

sella plicatilis *f org* Irl *el*. de autocineto *an* adjustible seat *it*. sedile ribaltabile

sella reclinatoria *f org* Irl *el* molle subsellium, n (Bacci) *an*. coach *it*. poltrona

sella rotalis *f org.* Irl *an* wheelchair *it*. sedia a rotelle

sellula plicatilis *f. org.* Irl *e.l.* idem *an*. folding seat *it*. strapuntino

sellula reclinis *f org* Irl *el*. idem *an*. deckchair *it*. sedia a sdraio

semaphorus -i, *m org.* Egger *el*. idem *an* stop slight *it*. semaforo

semiautomatarius -a-um *org.* Irl *e.l.* idem *an*. semiautomatic *it*. semiautomatico

seminarium -i, *n. org.* ivl *e.l.* de academia *an*. seminar *it*. seminario

siphonarius

semiophorum -i, *n org.* ivl *el*. vide: 'semaphorus' *an*. traffic light *it*. semaforo

Semita -se, *m. org.* Irl *an*. Semite *it*. semita

seorsum sto -are *org* ivl *el* de pedifollio *an* off-side *it*. fuorigioco

separatio phyletica *f. org.* Irl *el*. idem *an*. segregation *it*. segregazionismo

sequester -tri, *m. org.* Irl *el*. mediator oeconomicus *an*. broker *it*. intermediario

sera -ae, *f. org.* Ic *an*. bolt lock *it*. chiavistello

series -ei, *f. org.* Draco *el. e.g.* litterarum series *an*. string (as in character string) *it*. stringa (elab.)

series malleolorum *f org.* Irl *el*. idem *an* keyboard *it*. tastiera

sermo gregarius *m org* Irl *el*. sermo proprius *an*. slang *it*. gergo

sermocinatio -onis, *f. org.* Irl *el*. collocutio *an*. conversation (lively) *it*. chiacchierata

serratrina -ae, *f. org.* ivl *el*. officina ubi lignum secatur *an*. sawmill *it*. segheria

sessibulum -i, *n. org.* ivl *e.l.* de birota *an*. seat *it*. sellino

seta abiegna -ae, *f org* ivl *el* idem *an* fir needle *it*. ago sull'abete

sideralis -e *org.* Irl *an*. spatial *it*. spaziale

sigarellum -i, *n.* ivl *an*. cigarette *it*. sigaretta

sigarum -i, *n org.* ivl *el*. vide: 'bacillum nicotianum' *an*. cigar *it*. sigaro

signale -is, *n org* ivl *el* lux signalis; de rebus ferriviariis *an*. signal *it*. segnale stradale

signum -i, *n. org.* Draco *el*. idem *an*. password *it*. parola d'ordine

signum subsistendi -i, *n org* ivl *el* de via commeatuque *an*. stop sign *it*. alto

silanus -i, *m. org.* ivl *el*. fons artificialis in horto *an*. garden fountain *it*. fontana a zampillo

silicosis -is, *f. org.* Irl *an*. silicosis *it*. silicosi

silva incaedua -ae, *f. org.* ivl *e.l.* silva non mutata a homine *an*. virgin forest *it*. foresta vergine

sinapis -is, *f. org.* ivl *an*. mustard *it*. senape

sincinium -ii, *n org* Irl *el*. idem *an* solo (performance) *it*. assolo

sindon -onis, *f. org.* Irl *e.l.* linteum; *e.g.* Sancta Sindon *an*. shroud (sindon) it. sindone

sine tecto -m, *n. an*. homeless *it*. senza tetto

sipho -onis,*m org* Irl *el* fistula; tubus *an* syphon *it*. sifone

siphonarius - ii, *m. org* Irl *el*. idem *an* fireman *it*. vigile del fuoco

sirpiculus purgamentarius *m. org.* Egger *el.* idem *an.* waste basket *it.* cestino per rifuiti
siste -ere *org.* lrl *e.l.* sta! *an.* stop *it.* alt
situla -ae, *f org* lc *el.* idem *an* bucket *it* secchio
smyris -idis, *f. org.* ivl *e.l.* adhibetur ad poliendum *an.* sandpaper *it.* smeriglio
socius pecuniarius *m org.* Chiesa *el* idem *an.* shareholder *it.* azionista
socolata -ae, *f* lrl *an.* chocolate *it* cioccolata
sodalitas -atis, *f org* lrl el. idem *an* partnership *it.* partnership
soia -ae, *f. org.* lrl *el.* idem *an.* soybean *it.* soia
solea -ae, *f* lrl *el.* idem *an* slipper *it.* pantofola
solea ferrata *f org* Egger *el.* idem *an* ice skate *it.* pattino da ghiaccio
solum inferius *n org* lrl *el.* hypogaea *an.* subsoil *it.* sottosuolo
solutio pecuniae -onis, *f. org.* ivl *e.l.* idem *an.* payment *it.* pagamento
sopor artificiosus m lrl *an* narcosis *it* narcosi
soporifer -a-um *org* lrl *an* narcotic *it* narcotico
soporo -are *org* lrl *an* narcotize *it* narcotizzare
sors -rtis, *f org* ivl *el.* sors societatis anonymae; compara cum chrematographo *an* share *it* azione
sosia -ae, *m. org.* lrl *el.* homo homini simillimus *an.* double *it.* sosia
spacelli -orum, *m.* ivl *an* spaghetti *it.* spaghetti
spatiale vehiculum reciprocum *n org* Vox L. *e.l.* idem *an.* space shuttle *it.* spola spaziale
specimen -is, *n org* lrl *el.* exemplum *an.* specimen *it.* campione
spectaculum circense -i, *n org* ivl *el* idem *an.* circus performance *it.* gioco da circo
spectaculum pyrotechnicum -n *org* Egger *el.* idem *an.* fireworks *it.* fuochi artificiali
speculare -is, *n. org.* ivl *el.* fenestra tabernaria *an.* shop window *it.* vetrina
speculator tectus -oris, *m org.* lrl *el.* idem *an.* secret agent *it.* agente segreto
speculatorium siderale -ii, *n org* lrl *el* siderale instrumentum exploratorium *an* space probe *it* sonda spaziale
spelaeologia -ae, *f. an.* speleologist *it.* speleologia
sphaerigraphum -i, *n org.* lrl *el.* idem *an.* ballpoint pen *it.* penna a sfera
spina contactus -ae, *f org* ivl *el.* de electricitate *an.* plug *it.* spina
spinacium -i, *n. org* ivl *an.* spinach *it.* spinaci

spintherogenum -i, *n org* lrl *el.* de autocineto *an.* distributor (system) *it.* Spinterogeno
spumeus -a-um *org* lrl *el* spumosus; spumiger; vinum spumans *an.* spumante *it.* spumante
stabulum autocineticum -i, *n org* ivl *el* idem *an.* garage *it.* rimessa
stadium glaciale -ii, *n org.* ivl *el.* idem *an.* ice rink *it.* stadio di ghiaccio
stannum oxydatum - *n. org.* lrl *e.l.* Syn: cassiteritum *an.* cassiterite *it.* cassiterite
stapia -ae, *f. org.* ivl *el.* de equitatione *an.* stirrup *it.* staffa
statio -onis, *f org* commoratio *el* de autocrineto *an.* waiting (parking) *it.* stazionamento
statio autocinetorum -onis, *f org.* lrl *el.* *an.* service station *it.* stazione di servizio
statio balnearis *f org* lrl *el.* idem *an.* seaside resort *it.* stazione balneare
statio benzinaria -onis, *f org* ivl *el* statio autocinetorum, lrl. *an.* gas station *it.* stazione di rifornimento
statio coenautocinetica -onis, *f org* ivl *an* bus stop *it.* fermata dell'autobus
statio discorum -ionis, *f org* Draco *el.* idem *an* disk drive *it.* drive
statio ferriviaria -onis, *f. org.* ivl *e.l.* idem *an.* train station *it.* stazione
statio montana -onis, *f. org.* ivl *e.l.* de funivia *an.* top station *it.* stazione a monte
statio sideralis *f org* lrl *el.* idem *an* space station *it.* stazione spaziale
Statuintensis -is, *m/f org* ig. *el* civis, incola Foederatarum Civitatium Americae Septentrionalis *an.* American *it.* statuintense
status finalis -us, *m org* ivl *el* de pedifollio etc *an.* final result *it.* risultato finale
stella crinita -ae, *f.* ivl *an.* comet *it.* cometa
stemma -atis, *n org* lrl *el* gentis stemma *an* family tree *it.* albero genealogico
stenodactylographia -ae, *f org* lrl *el* idem *an.* shorthand *it.* stenodattilografia
stenogramma -atis, *n org* lrl *el* idem *an* shorthand symbol *it.* stenogramma
stereophonia -ae, *f org* lrl *el.* idem *an.* stereo (phonic) *it.* stereofonia
stereotypicus -a-um *org* lrl *el* idem *an* stereotypical *it.* stereotipico
stillicidium -i, *n* ivl *an* gutter *it* canale di gronda
stilographum -i, *n org* lrl *el.* idem *an* fountain pen *it.* penna stilografica

stilus electronicus

stilus electronicus-*m org* Irl *el* graphium electronicum *an*. electric pen *it*. penna elettronica
stilus plumbatus -i, m ivl *an*. pencil *it*. matita
stilus sphaeratus -i,*m org* ivl *el*. vide: 'graphium sphaeratum' *an*. ball-pen *it*. biro
stimulo electrice -are Irl *el*. Galvanica ratione moveo, zinco illino *an*. galvanize *it* galvanizzare
stludio -onis, *f. org*. ivl *el*. vide: 'sclodia' *an*. toboggan *it*. slitta
storea -ae, *f. org*. Irl *el*. idem *an*. mat *it*. stuoia
Stradivarianus -a-um *org* Irl *el*. eg. fidula violina Stradivarianua *an*. Stradivarian *it* stradivariano
stragula laculata *f* Irl *el* idem *an*. plaid *it* plaid
strata autocinetica -ae, *f. org*. ivl *el*. via autocinetica *an*. highway *it*. autostrada
strictoria lanea -ae, *f. org*. ivl *el*. thorax laneus *an*. pullover *it*. maglione
strophium -i, *n* ivl *el* idem *an*. bra *it* reggiseno
stroppi -orum, *m. org*. ivl *el*. idem *an*. suspenders *it*. giarettiera
structura superposita *f org* Irl *el*. opus superstructum;moles superstructum *an* superstructure *it*. sovrastruttura
studens -entis, *m org* ivl *el*. discipulus; f studenttissa *an*. student *it*. studente
subconscientia -ae, *f org*. Irl *el*. idem *an*. subconsciousness *it*. subcoscienza
sublatio ponderis -onis, *f org*. ivl *el*. idem *an*. weight lifting *it*. sollevamento
subligaculum -i, *n. org*. Irl *e.l*. idem *an* panties *it*. mutandine
subligar -aris, *n* Irl *an*. underwear *it*. mutande
subligar balneare -aris, *n org*. ivl *el*. idem *an*. bathing trunks *it*. calzoncini da bagno
subministratio -onis, *f org* ivl *el* cum res emptae advenient *an*. delivery *it*. consegna
subnotatio -onis,*f org* Irl *el* subscriptio *an* subscription *it*. abbonamento
subnotator -oris, *m. org*. Irl *e.l*. idem *an*. subscriber *it*. abbonato
subnoto -are *org*. Irl *an* subscribe *it*. abbonare
subprocedura -ae,*f org* Draco *el* subprogramma an. subroutine *it*. sottoprogramma
substramen -inis, *f org*. ivl *el*. posta subpotionibus; subiex,icis, *m an* placemat *it* sottobicchiere
subtegulaneum -i, *n org*. ivl *an*. loft *it* granaio
subtertansitus ferriviarius -us, *m org*. ivl *el*. idem *an*. railway underpass *it*. sottopassaggio
subtropicus -a-um *org* Egger *el*. idem *an*. subtropical *it*. subtropico

sustinens

subucula -ae, *f* Irl *el* interula *an* shirt *it* camicia
suburbium -ii, *m. org*. Irl *e.l*. regio suburbana *an*. suburbe *it*. borgata
succenturio minor *m org* Irl *el* mil. *an* second lieutenant *it*. sottotenente
succinctorium -ii, *n* Irl *an* apron *it*. grembiule
sucus pomarius -i, *m. org* ivl *el*. idem *an* fruit juice *it*. succo di frutta
sudis antipulsoria -is, *f. org*. ivl *e.l*. de autocineto an. bumper *it*. paraurti
sufflamen -inis, *n* Irl (mech) *an*. brake *it*. freno
sufflamen disci forma - *n org* Irl *el*. idem *an*. disc brake *it*. freno a disco
sufflamen hydraulicum *n org* Irl *el*. idem *an* hydraulic brakes *it*. freno idraulico
sufflamen manuale *n org* Irl *el*. idem *an* hand brake *it*. freno a mano
sufflamen stativum *n. org*. Irl *e.l*. idem *an*. handbrake *it*. freno di stazionamento
suffragium decretorium *n org* Irl *el* idem *an* runoff (election) *it*. ballottaggio
suggestus desultorius -us, *m. org*. ivl *e.l*. de athletica aquatili *an*. springboard *it*. trampolino
sulcus capillorum -i, *m org* ivl *el* de tonstrina *an*. parting *it*. riga
sultanus -i, *m org* Helfer *an* sultan *it*. sultano
supell-ex -lectilis, *f org*. lc *an* furni-ture *it* mobili
supercalceamentum -i, *n org* Irl *el*. idem *an*. golosh *it*. galoscia
superindumentum -i, *n org* Bacci *el*. idem *an* overcoat *it*. paletot
superindusium -ii, *n org* Irl *el* idem *an* chemisier *it*. chemisier
superinstitorium -i, *n org* ivl *el* emporium *an* supermarket *it*. supermercato
superintentor -oris,*m org* Irl *el* procurator *an* superintendant *it*. soprintendente
superrealismus -i,*m org* Egger *el* idem *an* surrealism *it*. surrealismo
supersonicus -a-um *org*. Irl *el*. soni fines excedens *an*. supersonic *it*. ultrasonico
superumerale -is, *n. org*. ivl *e.l*. anaboladium *an*. shawl *it*. scialle
supranistria -ae, *f. org*. ivl *e.l*. cantrix vocis acutae *an*. soprano *it*. soprano
susstentaculum lineorum - *n org* Irl *el*. idem *an*. clothes rack *it*. stendibiancheria
sustentaculum sarcinarum *n org* Irl *el*. idem *an*. trunk(car) *it*. portabagagli (auto)
sustinens -entis, *m/f* Irl *an* patient *it*. paziente

syanidium -i, *n org nl an.* cyanide *it.* cianuro
symphonia -ae, *f.* Irl *an.* concert *it.* concerto
symphoniaci -orum, *m org* ivl *el.* idem *an* orchestra *it.* orchestra
symphoniacus -i, *m org* Irl *el* musicus *an* band member *it.* bandista
synalagmaticus -a-um *org.* Bacci *e.l.* mutuus, *e.g.* convention synalagmatica *an.* bilaterale *it* bilaterale
syndicatus -us, *m. org.* ivl *e.l.* idem *an.* trade union *it.* sindicato
syngrapha -ae, *f org ig. el.* Assignatio argentaria; viatica; personalis; *etc. an.* check *it.* assegno
syngrapha inanis *f. org.* Irl *e.l.* idem *an.* overdrawn check *it.* assegno scoperto
syngrapha nummularia *f org* Irl *el.* idem *an* promissary note *it.* cambiale
syngrapha periegetica *f. org. ig. e.l.* assignatio viatica *an.* travel check *it.* assegno di viaggio
syngraphus -i, *m* ivl *el.* idem *an* identity card *it.* carta d'identita'
syngraphus -i, *m.* ivl *an* passport *it* passaporto
synthesis -is, *f. org.* ivl *e.l.* de vestimentis masculina *an.* suit *it.* abito
syringa -ae, *f. org.* Irl *an.* syringe *it.* siringa
systema -atis, *n.* Draco *an.* system *it.* sistema
systema magnetoscopicum *n org* Irl *el* idem *an.* videosystem *it.* videosistema
tabacopolium -i, *n org* Helfer *el* taberna nicotiana *an.* tobacco shop *it.* tabaccheria
tabacum -i, *n. org* Irl *el.* herba nicotiana *an* tobacco *it.* tabacco
tabellarius -ii, *m.* Irl *an.* postman *it.* postino
tabellarum theca *f org.* Irl *el.* idem *an.* briefcase *it.* portacarte
taberna alimentaria -ae, *f org* ivl *el.* idem *an* grocery store *it.* negozio di alimentari
taberna cafaearia -ae, *f org* Irl *an* coffee shop *it.* caffeteria
taberna chartaria *f. org.* Irl *e.l.* idem *an.* stationary shop *it.* cartoleria
taberna cuppedinaria *f. org.* Irl *e.l.* idem *an.* confectionery *it.* pasticceria
taberna holitoria -ae, *f org* ivl *el* idem *an* grocery (greens) *it.* negozio di verdura
taberna nocturna *f org.* Irl *el.* idem *an* night-club *it.* night-club
taberna nugatoria *f. org* Irl *el.* idem *an.* trinket store *it.* bigiotteria

taberna textilium -ae, *f. org.* ivl *e.l.* idem *an.* clothes shop *it.* negozio di abbigliamento
tabula geographica *f org* Irl *el.* idem *an* map *it.* tarta geografica
tabula horaria -ae, *f. org.* ivl *el.* facies horologii *an.* dial *it.* quadrante
tabula indicatoria -ae, *f. org.* ivl *el.* vide: 'tabula instrumentorum' *an.* dashboard *it* cruscotto
tabula instrumentorum *f org* Irl *el.* de autocineto *an.* dashboard *it.* cruscotto
tabula latruncularia *f. org. ig. e.l.* idem *an.* chess *it.* scacchiera
tabula litteraria. *f. org.* Irl *e.l.* tabula nigra scriptoria *an.* blackboard *it.* lavagna
tabula picta *f. org.* Irl *an.* poster *it.* poster
tabula scriptoria -ae, *f. org.* ivl *el.* vide: 'tabula literaria' *an.* blackboard *it.* lavagna da muro
tabula velifera -ae, *f org.* ivl *el.* tabula aqualis cum velo maloque *an.* surfboard *it* tavola del surf
tachycardia -ae, *f. org.* Irl e.l. idem *an.* tachycardia *it.* tachicardia
tachygraphia -ae, *f. org* Irl *el.* idem *an.* tachygraphy *it.* tachigrafia
tachymetrum -i, *n. org.* Irl *el.* velocitatis index *an.* speedometer *it.* tachimetro
taena colorifica -ae, *f. org.* ivl *e.l.* taena adhibetur in machina scriptoria *an.* typewriter ribbon *it.* nastro inchiostrato
taena transportatoria -ae, *f. org.* ivl *el.* adhibetur materia ad movenda *an.* conveyor belt *it.* nastro trasportatore
taenia -ae, *f. org.* Draco *an.* tape *it.* nastro
taenia amplissima *f. org* Irl *el.* idem *an.* banner *it.* striscione
taenia embolorum *f. org.* Irl *el.* genus cinguli saepe tenentis proiectilibus *an.* cartridge belt *it.* cartucciera
taenia visifica *f* Irl *an* videotape *it.* videotape
taeniola dactylographica *f org* Irl *el.* scriptoriae machinculae fasciola *an.* ribbon (typewriter) *it.* nastro dattilografico
taeniola glutinativa *f org* Irl *el* idem *an* scotch tape *it.* scotch tape
taeniola magnetophonica *f. org.* Irl *el.* idem *an.* magnetic tape *it.* nastro magnetico
talus (integratus) -i, *m. org.* draco *e.l.* idem *an.* chip *it.* chip, microchip
tamen interurbanum -inis, *n. org* ivl *el.* idem *an.* intercity train *it.* treno inter citta'
Taoistica ratio *f org* Irl *an.* taoism *it.* taoismo

tapetarius

tapetarius -i, *m. org.* ivl *e.l.* qui tapeta parietibus superponit *an.* paperhanger *it.* tappezziere
tapirus -i, *m. org.* Irl el. idem *an.* tapir *it* tapiro
tarandrus -i, *m* Irl *el* idem *an* reindeer *it* renna
taxatio -onis,*f org* Irl *el.* pretium impositum *an* tariff *it.* tariffa
taxiraeda -ae, *f. org.* ivl *el.* autocinetum viatorium *an.* taxi *it.* tassi'
technyphion cinematicum -ii, *n org* ivl *el* officina cinematica *an.* film studio *it* studio cinematografico
tegimentum -i,*n. org* ivl *el.* tegimentum librarium *an.* book cover *it.* copertina
tegumentum -i, *n org* Irl *el.* munimen *an* prophylactic *it.* preservativo
Tela Totius Terrae (TTT) -ae, *f. org.* Draco *e.l.* TTT *an.* World Wide Web *it.* rete mondiale
telecopia -ae, *f org* ivl *el.* nuntius factus ab telecopiatro *an.* fax *it.* telefax
telecopiatrum -i, *n org.* ivl *el.* machina moderna nuntiaria *an.* fax machine *it.* telefax
telegramma -atis, *n. org.* Irl *e.l.* idem *an.* telegram *it.* telegramma
telegraphema -atis, *n. org.* ivl *e.l.* vide: 'telegramma' *an.* telegram *it.* telegramma
telelenticula -ae, *f org* Irl *el.* idem *an* telephoto lens *it.* teleobiettivo
telepathia -ae, *f* Irl *an.* telepathy *it.* telepatia
telepherica sellaris -ae, *f org* ivl *el.* de nartatione, vel: pegma sellare *an.* chair-lift *it.* seggiovia
telephonema -atis, *n. org.* ivl *e.l.* colloquium telephonicum *an.* telephone call *it.* telefonata
telephoniolus -i, *m. org. ig. e.l.* telephonicium cellulare *an.* cell phone *it.* telefonino
telephonium -ii, *n. org* Irl *el. adi.* telephonicus *an.* telephone *it.* telefono
telephonulum gestabile -i, *n org.* ivl *el.* vide: 'telephoniolus' *an.* cell phone *it.* telefonino
telescopium -ii, *n. org.* Irl *el.* idem *an.* binoculars *it.* cannocchiale
televisificus trames *m org* Irl *el.* idem *an* television station *it.* canale televisivo
televisio -onis, *f. org.* ivl *e.l.* machina moderna spectanda *an.* television *it.* televisione
televisor -oris, *m. org.* ivl *e.l.* idem *an.* television viewer *it.* telespettatore
televisorium -i, *n org* ivl *el.* vide: 'televisio' *an* television set *it.* televisore
temerator -oris, *m org* Irl *el.* falsarius *e.g.* monetae adulterator *an.* forger *it.* falsario

testimonium

tempus subsicivum -i, *n org* ivl *el.* otium *an.* leisure time *it.* ore libere
tendo -ere *org.* Irl *an.* camp *it.* cam-peggiare
teniludium -i, *n org.* ivl el. ludus *an.* tennis *it.* gioco del tennis
teniludius -ii, *m. org.* ivl *e.l.* teniludia- ae, *f an.* tennis player *it.* giocatore di tennis
tenisa -ae, *f. org.* ivl *e.l.* vide: 'teniludium' *an.* tennis *it.* gioco da tennis
tenisa mensalis -ae, *f. org.* ivl *el* idem *an.* table tennis *it.* tennis da tavolo
tenorista -ae, *m org* ivl *el* cantor vocis mediae *an.* tenor *it.* tenore
tentorium -i, *n org.* lc *el.* idem *an* tent *it* tenda
tentorium circense -i, *n. org.* ivl *e.l.* idem *an.* circus tent *it.* tendone del circo
tentorium festivum -i, *n. org.* ivl *e.l.* id adhibetur temporibus eventuum specialium *an.* tent (circus) *it.* tendone
terebra machinalis -ae, *f org.* ivl *el.* idem *an.* drill motor *it.* perforatrice
terminale -is, *n org* Draco *el* idem *an* terminal *it.* terminale *s.m.*
terminus -i, *m org* ivl *el.* de cursu athletico *an* finish line *it.* meta
terraemotus -us, *m. org.* lc *el.* idem *an* earthquake *it.* terremoto
tesqua-ae,*f org* Irl *el* tesca *an* savana *it* savana
tessera -ae, *f. org.* Irl *e.l.* tabella; scheda; scida *an.* card (or file) *it.* scheda
tessera agnitionalis *f org.* Irl *el.* idem *an.* I. D. card *it.* tessera d'identita
tessera annonaria *f org* Irl *el* idem *an* (food) voucher *it.* carta annonaria
tessera identitatis *f org.* Irl *el.* idem *an.* ID *it.* carta d'identità
tessera iteneria -ae, *f. org.* ivl *e.l.* de tramine, aeroplano *etc. an.* ticket (travel) *it.* biglietto
tessera reditus -ae, *f. org.* ivl *an.* return ticket *it.* biglietto d'andata e retorno
tesserarius -ii, *m. org.* Irl *el.* tessrarum dispensator; scidarum distributor *an* ticket master *it.* biglietaio
tesserarum diribitorium - *n. org.* Irl *e.l.* idem *an.* booking-office *it.* biglietteria
testificatio -onis, *f org* Irl *el* idem *an* certification *it.* certificazione
testificor -ari *org.* Irl *an.* certify *it.* certificare
testimonium -i, *n. org.* ivl *el.* de schola *an.* report card *it.* pagella

thea -ae, *f org ig. e.l.* potio theana *an* tea *it.* te
theatrum melodramaticum -i, *n. org.* ivl *e.l.* idem *an.* opera house *it.* teatro dell'opera
theatrum neurospasticum -i, *n org.* ivl *e.l.* idem *an.* puppet show *it.* teatro di marionette
theatrum varietatum -i, *n org* ivl *el* idem *an* variety show *it.* teatro di varieta'
theca-ae, *f org* ivl *el* idem *an* briefcase *it* borsa
theca nummaria *f org* lrl *el.* idem *an* moneybox *it.* salvadanaio
theca saponaria *f org* lrl *el* idem *an* soap dish *it.* portasapone
theca tabaci *f org* lrl *el* pyxidicula (Bacci) pyxis tabacina *an.* tobacco case *it.* tabacchiera
thecula cyprii pulveris *f. org.* lrl *e.l.* idem *an.* powder case *it.* portacipria
theinum -i, *n org* lrl *el.* idem *an* theine *it* teina
theobroma -atis, *n. org.* lrl *e.l.* faba Mexicana *an.* cocoa *it.* cacao
theristrum -i, *n* ivl *an.* summer dress *it.* vesta
thermometrum -i, *n org.* ivl *el.* idem *an.* thermometer *it.* termometro
thermopola -ae, *m. org.* lrl *e.l.* tabernae potoriae minister *an.* bartender *it.* barista
thermopolium -ii, *n. org.* lrl *el.* caupona, ubi calida venduntur, bibaria *an.* bar (coffee, liquor etc.) *it.* bar
therotrophium -i, *n* ivl *el.* idem *an* zoo *it.* zoo
thesaurus indiciorum -i, *m org* lrl *el.* elementorum certorum thesaurus *an.* data bank *it* banca di dati
Thomismus -i, *m.* lrl *an.* Thomism *it.* tomismo
thorax laneus *m* Svet. *an.* sweater *it.* maglia
thos -thois, m lrl el. idem an jackal it. sciacallo
tibia -ae, *f org* lc *el.* de musica *an* flute *it* flauto
tibia clarisona -ae, *f* lrl *an* clarinet *it.* clarinetto
tibialia -ium, *pl. org.* ivl *el.* de feminis *an* nylon stockings *it.* calze di nailon
tibialia bracaria -ium, *pl. org.* ivl *e.l.* idem *an.* panty hose *it.* collant
tibicines -um, m pl. *org* lrl el. idem an fanfare, brass band it. fanfara
tignum aequilibrii -i, *n. org.* ivl el. de gymnastica an. balance beam it. trave
titulus -i, m *org* lrl *el.* syn: emblema (arch.) *an* ornamental scroll *it.* cartiglio
tollo clavos -ere lrl *an.* unbolt *it.* sbullonare
tomentum -i, n lc *an* upholstery *it.* copertina
tonitrua -uum, *pl. org* ivl *el.* idem *an* thunderstorm *it.* temporale

tormenticulum -i, *n. org.* lrl *e.l.* idem *an.* cannon (small) *it.* cannoncino
tormentum belilcum -*n org* lrl *el* idem *an* cannon *it.* cannone
tornus -i, *m. org.* ivl *e.l.* de machina *an.* lathe *it.* tornio
torta -ae, *f org* ivl *el.* placenta *an* cake *it.* torta
tostrum -i, *n org.* ivl *el.* de instrumento domestico *an.* toaster *it.* tostapane
tractrum -i, *n. org.* ivl *e.l.* machina agricolaris etc. *an.* tractor *it.* trattore
trahea -ae, *f. org.* lrl *e.l.* idem *an.* sled *it.* slitta
trahea automataria *f org* lrl *el* idem *an* snowmobile *it.* motoslitta
tramen -inis, *n org* ivl *el* hamaxosticus *an* train *it.* treno
tramen celere -inis, *n. org.* ivl *el.* idem *an.* express train *it.* treno espresso
tramen commune -inis, *n org* ivl *el.* idem *an.* passenger train *it.* treno passeggeri
tramen onerarium -inis, *n org* ivl *el.* idem *an.* freight train *it.* treno di merci
tramen rapidum -inis, *n. org.* ivl *el.* idem *an.* express train *it.* treno rapido
trames aerius-itis, *m* lrl *an* airway *it* aviolinea
trames ferriviarius -itis, *m org* ivl *el* idem *an* railway line *it.* linea ferroviaria
transenna volubilis -ae, *f. org* ivl *el.* idem *an.* shutter *it.* persiana avvolgibile
transitus peditum -us, *m. org.* ivl *el.* transitus zebrinus *an* pedestrian crossing *it* strisce pedonali
transitus subterraneae *m. org.* lrl *el.* ductus *an.* underpass *it.* sottopassaggio
translatio argentaria *f. org ig. e.l.* translatio electronica etc. *an.* bank transfer *it* trasferimento bancario
transmodulatrum -i, *n org* Draco *el.* idem *an.* modem *it.* modem *s.m.inv.*
triangulum -i, *n. org.* ivl *e.l.* de musica *an.* triangle *it.* triangolo
tributa beneficia *f* lrl *an* pension *it.* pensione
tributum adiectum *n org* lrl *el.* tributi accessio; additamentum *an.* surtax (surcharge) *it.* sopratassa
triclinarius -i, *m. org.* ivl *e.l.* vide: 'thermopola et inservitor' *an.* bar tender *it.* barista
tripes photographicus -edis, *m org* ivl *an* tripod *it.* treppiede
trirota -ae, *f. org.* ivl *an.* tricycle *it.* triciclo

tritus panis -m org lrl *an* breadcrumbs *it* pangrattato
trochlea -ae, *f. org.* lrl *an.* pulley *it.* carrucola
tromocrata -ae, *m org* nh *el.* qui terrore utitur *an.* terrorist *it.* terrorista
tromocratia -ae, *f. org.* nh *el.* terrore regnare *an.* rule (with fear) *it.* regnare (con terrore)
trossulus -i,*m org* lrl *el.* iuvenis voluptarius *an* playboy *it.* playboy
tructa -ae, *f* ivl *el* genus piscis *an.* trout *it* trota
trulla -ae, *f org.* lc *el.* idem *an* ladle *it* mestolo
trutina personarum -ae, *f. org.* ivl *el.* de conclavi balneo *an.* weight scale *it.* bilancia
tuba -ae, *f* ivl el de musica *an* trumpet *it* tromba
tuba contrabassica -ae, *f org* ivl *el* de musica *an.* contrabass tuba *it.* contrabasso
tuba ductilis -ae, *f. org.* ivl *e.l.* de musica *an.* trombone *it.* trombone
tuber solani *n* lrl *el.* idem *an* patato *it* patata
tubulus mammatus -i, *m. org.* ivl *e.l.* de conclavi balneo *an.* shower it. doccia
tubus televisificus -i, *m. org.* ivl *e.l.* idem *an.* picture tube *it.* tubo catodico
tugurum aeroplani -i, *n. org.* ivl *el.* idem *an.* hangar *it.* hangar
tunica interior f. *org.* lrl *an.* slip *it.* sottoveste
tunicula -ae, *f org.* lrl *el.* interula; subucula *an.* sweater (sleeveless) *it.* canottiera
tunicula manicata *f org* lrl *an.* coat *it.* giubba
tunicula minima *f. org.* lrl *e.l.* idem *an.* miniskirt *it.* minigonna
tunicula spissa *f* lrl *an* overcoat *it.* giubbone
turris campanaria -is, *f. org.* ivl *e.l.* idem *an.* bell tower *it.* campanile
tympaniolum -i, *n. org.* lrl *el.* musicum instrumentum *an.* tambourine *it.* tamburello
tympanista -ae, *f. org.* lrl *el.* tympanotriba *an.* drummer *it.* tamburino
tympanum -i, *n org.* ivl *el.* de musica *an* drum *it.* timpano
typographeum -i, *n. org.* ivl *e.l.* situs editionis *an.* printing house *it.* tipografia
typographia -ae, *f. org.* ivl *e.l.* editio *an.* printing *it.* tipografia
typos -i, *m org* lrl *el.* typographicae litterae *an.* letters (type) *it.* carattere tipografico
typotheca -ae, *m. org.* ivl *el.* editor *an.* printer *it.* stampatore
typus -i, *m. org.* Draco *e.l.* genus litterarom de computrato *an.* font *it.* font *s.m. inv.*

ufologia -ae, *f. org.* lrl *e.l.* doctrina de rebus inexplicatis volantibus *an.* UFO-ology *it.* ufologia
umbella descensoria *f. org.* lrl *e.l.* idem *an.* parachute *it.* paracadute
umbraculum lampadis -i,*n. org.* lrl *e.l.* idem *an.* lamp shade *it.* paralume, abat-jour
umbrella -ae, f *org.* ivl *an* umbrella *it* ombrella
uncinatrum -i, *n org.* ivl *an* stapler *it.* cucitrice
uncus -i, *m. org.* ivl *el.* de ascensione montium *an.* hook *it.* chiodo
undae breves -arum, *f. org.* ivl *e.l.* de radiophonia *an.* short waves it. onde corte
undae longae -arum, *f org* ivl *e.l.* de radiophonia *an.* long waves *it.* onde lunghe
uniconsiliaris -e *org* lrl *el.* monoconsiliaris *an.* unicameral *it.* unicamerale
universalitas -atis, *f org* lrl *el* idem *an* ecumenicity *it.* ecumenicita'
universitas studiorum -atis, *f org.* ivl *el.* idem *an.* university *it.* universita'
univocus -a-um *org.* lc *an.* univocal *it* univoco
urceus cervesarius -i, *m. org.* ivl *e.l.* idem *an.* beer mug *it.* boccale da birra
urichaemia -ae, *f.* lrl *an.* uremia *it.* uricemia
urinator -oris, *m org* lrl el idem *an.* scuba diver *it.* sommozzatore
urologia -ae, *f. org.* lrl *an.* urology *it.* urologia
urologus -i, *m org.* lrl *an.* urologist *it.* urologo
ursulus panneus *m org* lrl *el.* idem *an* teddy-bear *it.* orsacchiotto
usura -ae, *f. org.* ivl *el.* de argentaria *an.* interest *it.* interessi
uter horticus -tris, *m org.* ivl *el.* aquam fert *an.* garden hose *it.* Tubo
utilitarismus -i, *m. org.* lrl *e.l.* idem *an.* utilitarianism *it.* utilitarismo
vaccinatio -onis, *f. org* ivl *el.* vitat morbum *an.* vaccination *it.* vaccinazione
vaflum -i, *n* ivl *el* de merenda *an* wafer *it* cialda
vagina chochleae *f. org.* lrl *e.l.* idem *an.* nut (bolt) *it.* madrevite
valvula -ae, *f. org.* lrl *e.l.* claustrum mobile, n, *an.* valve *it.* valvola
valvula tutelaris *f. org.* lrl *e.l.* operculum tutelare *an.* saftey valve *it.* valvola di sicurezza
vampyrus -i, *m org.* ivl *an* vampire *it.* vampire
vanilla -ae, *f* lrl *e.l.* idem an. vanilla *it.* vaniglia
variabilis -is, *m.* Draco *an.* variable *it.* variable
vas benzini -sis, *n org.* ivl *el.* idem *an.* gas can *it.* tanica di benzina

vasa abluo -ere, *lui org*. ivl *e.l.* idem *an*. wash dishes *it*. lavare le stoviglie
vasculum cinerarium -*n org* lrl *el* idem *an* ashtray *it*. portacenere
vaselinum -i, *n org* lrl *an*. vaseline *it*. vasellina
vatillum -i, *n org* ivl *el*. de instrumentis domesticis *an*. dust pan *it*. paletta
vattium -i, *n*. org ivl *el* de electricitate *an* watt *it*. vatio
vattometrum -i, *n*. *org*. lrl *el*. idem *an*. wattmeter *it*. wattometro
vectis -is, *m*. org. lrl *el*. machina levans *an*. jack *it*. martinetto
vehiculum ericatum -i, *n org* ivl *el* vehiculum sine rotis *an*. caterpillar lorry *it*. veicolo cingolato
velificatio -onis, *f org*. ivl *el*. de athletica aquaria an. sailing *it*. veleggiare
velificatio aerea *f* lrl *an*. gliding *it*. volovelismo
velivolum -i, *n*. ivl *an*. glider *it*. veleggiatore
velocitas -atis, *f*. *org*. ivl *e.l*. de autocineto *an*. shift lever *it*. leva di cambio
venatio Africana *f*. *org*. lrl *an*. safari *it*. safari
venditor clandestinus *m*. *org*. lrl *e.l*. praecipue rerum illicitarum *an*. pusher *it*. spacciatore
ventimolina -ae, *f*. *org*. ivl *e.l*. idem *an*. windmill *it*. mulino a vento
verbum -i, *n org* Draco *el*. idem *an* word (computers) *it*. word (del computer)
verticula -ae, *f*. *org*. lrl *an*. zipper *it*. cerniera
vertimini -im lrl *an*. about face *it*. dietro front
vesticina -ae, *f org* lrl *an* tailor shop *it* sartoria
vesticus -i, *n*. *org*. lrl *e.l*. vestifex, vestica *an*. tailor *it*. sarto
vestifex -icis, *m*. *org*. ivl *e.l*. vide: 'vesticus' *an*. dressmaker *it*. sarto
vestifica -ae, *f org*. lrl *an*. dressmaker *it*. sarta
vestificina -ae, *f org*. lrl *el*. officina vestium *an*. tailor shop *it*. sartoria
vestificus -i, *m*. *org*. lrl *el*. vestifex, vestitor *an*. tailor *it*. sarto
vestis -is, *f*. *org*. lrl *el*. syn: vestimentum, indumentum. *an*. suit *it*. abito, vestito
vestis balnearis -is, *f org* ivl *el* idem *an*. swim wear *it*. costume da bagno
vestis campestris -is, *f*. *org*. ivl *e.l*. idem *an*. sportswear *it*. abito sportivo
vestis civilis - *m*. *org*. lrl *e.l*. civile vestimentum *an*. civilian clothes *it*. borghese
vestis dormitoria -is, *f org*. ivl *el*. idem *an* pyjamas *it*. pigiama

vestis venatoria -is, *f org* lrl *el*. idem *an*. Hunting-jacket *it*. cacciatora
via autocinetica *f* lrl *an* highway *it* autostrada
via conaria -ae, *f*. *org*. ivl *e.l*. de luso conorum *an*. bowling alley *it*. pista dei birilli
via interclusa *f* lrl *an* blind alley *it* vicolo cieco
via lateralis -ae, *f org* ivl *el*. idem *an* side road *it*. strada secondaria
via principalis -ae, *f*. *org*. ivl *e.l*. idem an main road *it*. strada principale
via regionalis -ae, *f org*. ivl *el*. idem *an*. country road *it*. strada maestra
via unius cursus -ae, *f org* ivl *el*. idem *an* one-way street *it*. senso unico
via unius directionis -ae, *f org* ivl *el*. vide: 'via unius cursus' *an*. oneway street *it*. senso unico
vibramine prolabor -bi,-lapsus sum *org* ivl *el*. de nartatione *an*. wedel *it*. wedel
vibrissae -arum, *f org*. ivl *el*. de catta *an*. whiskers *it*. vibrisse
vicarius -i, *m*. *org*. lrl *e.l*. subdoctor *an*. substitute (teacher) *it*. supplente
vigiles publici -um, *pl*. *org*. ivl *e.l*. vide: 'biocolyticum' *an*. police *it*. polizia
vigiles tecti *m org* lrl *el*. idem *an*. secret police *it*. polizia segreta
villa rustica *f org* lrl *el* idem *an* farm *it* cascina
villùla -ae, *f org* lrl *an* cottage *it* cottage
vinum adustum -i, *n* ivl *an* brandy *it* acquavite
vinum Campanese -*n org* lrl *el* idem *an* champagne *it*. sciampagna
vinum Garumnicum -i, *n*. *org*. lrl *el*. idem *an*. merlot *it*. merlot
vinum Girundensis -*n org*. lrl *el*. idem *an*. cabernet (wine etc.) *it*. Cabernet
vinum roseum *n* lrl *an*. rose wine *it*. rosatello
vinum spumans -i, *n org* ivl *el* idem *an* sparkling wine *it*. spumante
violina ampla *f* lrl *an* violoncello *it* violoncello
violinista -ae, *m org* lrl *an* violinist *it* violinista
violoncellum -i, *n* ivl *an*. cello *it*. violoncello
virgula -ae, *f* lrl *an* quotation mark *it* virgoletta
viridarium -i, *n org*. ivl *an*. park *it*. parco
virologia -ae, *f org* lrl *el* adi. virologicus *an* virology *it*. virologia
virosis -is, *f org* lrl *el*. morbus viro effectus *an*. virosis *it*. virosi
virtualis -e *org* lrl *el*. idem *an* virtual *it* virtuale
virus -i, *n*. *org*. lrl *e.l*. idem *an*. virus *it*. virus
vis creatnix *f org*. lrl *an* creativity *it* creatività

127

vis magnetifca

vis magnetifca *f org.* Egger *el.* idem *an* magnetism *it.* magnetismo

vischium -i, *n org.* Helfer *an.* whisky *it.* whisky

vischium Scoticum *n org* Irl *el* idem *an* scotch wiskey *it.* wiskey scozzese

visitatiuncula -ae, *f. org.* Irl *e.l.* brevis salutetio *an.* brief visit (call) *it.* capatina

vitalismus -i, *m. org.* Irl *el.* phil. *an.* vitalism *it.* vitalismo

vitaminum -i, *n org.* Irl *an.* vitamin *it.* vitamina

vitellus -i, *m.* org ivl *el.* de cibo *an.* egg yolk *it.* rosso d'uovo

vitra ocularia -n, *pl. org.* Irl *e.l.* idem *an.* eyeglasses *it.* Occhiali

vitritergium -i, *n org* ivl *el.* etiam vitriterstrum *an.* windshield wiper *it.* tergicristallo

vitrum anterius *n. org.* Irl *e.l.* idem *an.* windshield *it.* parabrezza

vitrum antiaerium -i,*n org* ivl *el* vide: 'vitrum anterius' *an.* windscreen *it.* parabrezza

vitus -us, *m org.* ivl *el.* de autocineto *an* wheel rim *it.* cerchione

voltium -i,*n* ivl *el* de electricitate *an* volt *it* volta

Voltometrum -i, *n. org.* Irl *e.l.* idem *an.* voltameter it. voltametro

vomitoriumignium -ii,*n org* Irl *el* instrumentum ignes evomens *an* flame thrower *it* lanciafiamme

zoologus

voratrina -ae, *f. org.* ivl *e.l.* de cibo *an* snack-bar *it.* snack-bar

vuduismus -i, *m* Irl *an* voodooism *it.* vuduismo

vuduista -ae, *m.* Irl *an* voodooist *it.* vuduista

vuduorum ritus -*m pl* Irl *an* voo-doo *it.* vudu

vulcanologia -ae, *f. org.* Irl *e.l. adi.* vulcanologicus *an.* vulcanology *it.* vulcanologia

vulcanologus -i, *m. org.* Irl *e.l.* idem *an.* vulcanologist *it.* vulcanologo

vulcanus -i, *m. org.* Irl *e.l.* mons ignivomus *an.* vulcano *it.* vulcano

xenodochium -ii, *n.* Irl *an.* hotel *it.* albergo

xenophobia -ae, *f. org.* Irl *e.l.* exterarum gentium odium *an.* xenophobia *it.* xenofobia

xerographum -i, *n.* Irl *an.* pastel *it.* pastello

xiphias -ae, *m* Irl an. swordfish *it.* pescespada

xylophonistes -ae, *m org* Irl *el.* idem *an.* xylophonist *it.* xilofonista

xylophonium -ii, *n. org.* Irl *e.l.* idem *an.* xylophone *it.* xilofono

xystus -i, *m. org.* ivl el. de domo *an.* terrace *it.* terrazza

zebra -ae, *f. org.* Irl *e.l.* idem *an.* zebra *it.* zebra

zerum -i, *n. org.* Irl *e.l.* idem *an.* zero *it.* zero

zincum -i, *n org.* Irl *el.* cadmia *an.* zinc *it.* zinco

zoolatria -ae, *f org.* Irl *an.* zoolatry *it.* zoolatria

zoologus -i, *m* Egger *an.* zoologist *it.* zoologo

www.ingramcontent.com/pod-product-compliance
Lightning Source LLC
Chambersburg PA
CBHW060200050426
42446CB00013B/2919